젊은이에게 전하는

열린 한국사

한·일공동의 역사 인식을 향하여

일러두기

1 이 책의 구성은 다음과 같습니다.
- 한국과 일본의 중·고등학생들을 비롯해 일반인들이 한국사 입문서로서 읽을 수 있도록 시대별·사건별로 핵심을 간추려 엮었습니다.
- 크게 1부와 2부로 나누어 구성하고, 1부에서는 한국사의 흐름을, 2부에서는 한국과 일본의 문화 교류사를 한눈에 알아볼 수 있도록 서술하였습니다.
- 차례의 제목은 읽기 쉽게 서술형으로 지었습니다.
- 풍부한 도판과 함께 이해를 돕기 위한 읽기 자료를 삽입하였습니다.
- 본문에 나오는 인명, 지명, 사건 등은 '찾아 보기' 에 가나다 순으로 모아 두었습니다.

2 한문과 외래어를 병기하여 본문의 뜻을 잘 파악할 수 있도록 하였습니다.

3 이 책을 엮은이들은 공통의 역사 인식에 바탕하여 원칙적으로 공동 집필의 형식을 취하고자 노력하였습니다.

4 책, 잡지 등은 『 』로, 신문은 「 」로, 영화, 드라마, 그림 등은 〈 〉로 표기하였습니다.

젊은이에게 전하는

열린 한국사

【개정 신판】

정재정 이원순 안지원 서의식

한·일 공동의 역사 인식을 향하여

동아시아 3국의 시대 변천 > >

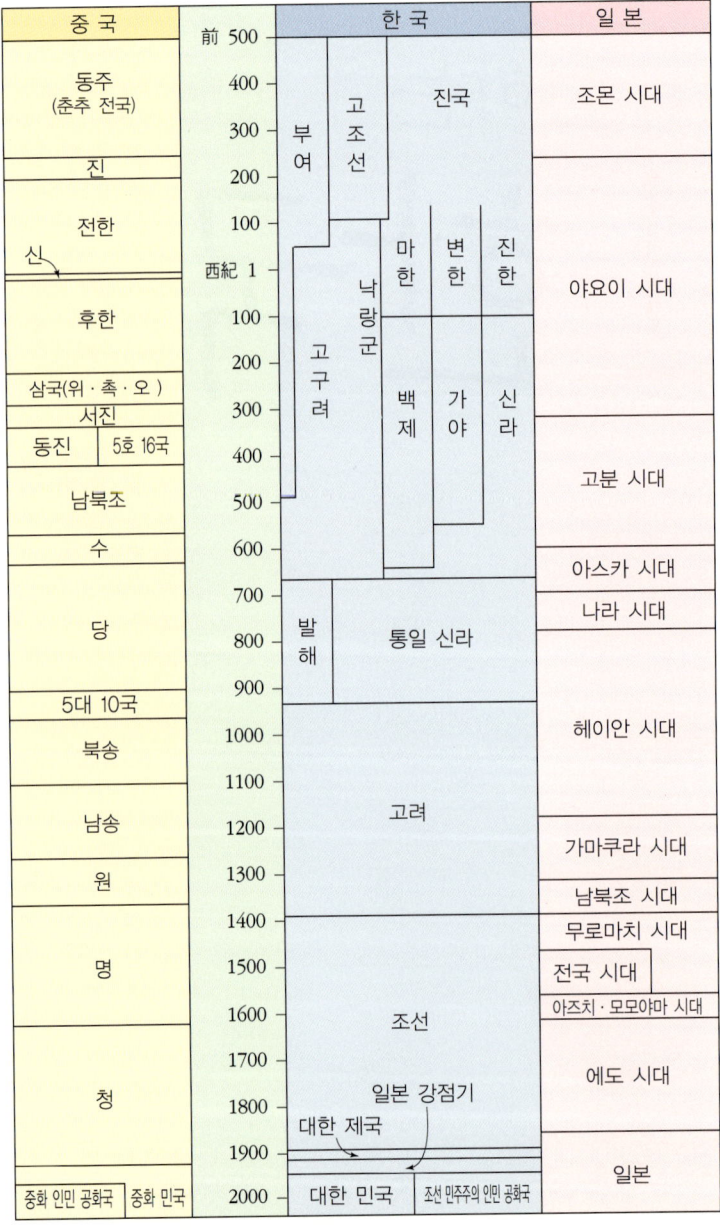

중국	한국	일본

중국	한국 연대	한국	일본
동주 (춘추 전국)	前 500 400 300	부여 / 고조선 / 진국	조몬 시대
진	200		
전한	100	마한 / 변한 / 진한	
신	西紀 1	낙랑군	야요이 시대
후한	100 200	고구려 / 백제 / 가야 / 신라	
삼국(위·촉·오)	300		
서진			
동진 / 5호 16국	400		고분 시대
남북조	500		
수	600		아스카 시대
당	700 800	발해 / 통일 신라	나라 시대
	900		헤이안 시대
5대 10국	1000		
북송	1100	고려	
남송	1200		가마쿠라 시대
원	1300		남북조 시대
명	1400 1500	조선	무로마치 시대 전국 시대 아즈치·모모야마 시대
청	1600 1700 1800		에도 시대
	1900	대한 제국 / 일본 강점기	
중화 인민 공화국 / 중화 민국	2000	대한 민국 / 조선 민주주의 인민 공화국	일본

메이지明治 (1868~1912)
다이쇼大正 (1912~1926)
쇼와昭和 (1926~1989)
헤이세이平成 (1989~)

한국의 국기 '태극기'

대한 민국의 국기. 백색 바탕에 중앙의 태극太極을 중심으로 4괘卦를 배치하였다. 흰 바탕은 한민족의 소박한 심성과 동질성, 결백성을 상징하고, 태극은 우주 만물의 나고 살고 스러짐이 음양陰陽, 남녀男女, 동정動靜의 융합과 조화 속에서 이루어지는 원리를 상징하며, 4괘는 그 변화와 균형을 상징한다.

한국의 국화 '무궁화'

대한민국의 국화. 예부터 한국을 '근역槿域' 이라고 불러왔다. 『산해경山海經』에 "동방의 군자국에 무궁화無窮花가 많다."고 하였으니, 그 유서가 깊다. 7월부터 10월까지 꽃이 피는데, 한없이 피고지고 또 핀다고 해서 무궁화라고 부른다. 이렇게 끈질기게 피는 모습이 숱한 역경을 헤치고 끊임없이 삶을 이어온 한민족을 닮았다고 해서 국화가 되었다.

한글

한글은 발음 기관(어금니, 혀, 입술, 이, 목구멍)의 발성 모양을 본뜬 14개의 초성 자음(ㄱㄴㄷㄹㅁㅂㅅ ㅇㅈㅊㅋㅌㅍㅎ)과 하늘(·), 땅(ㅡ), 사람(ㅣ)의 형상을 기본으로 만든 10개의 모음(ㅏㅑㅓㅕㅗㅛㅜㅠㅡ ㅣ) 등 24개(창제 당시는 28개)의 자모를 조합하여 하나의 음을 가진 글자로 나타내는 표음 문자이다. 모든 글자는 초성과 중성, 또는 여기에 종성을 더한 조합으로 이루어지는데, 종성은 초성을 다시 사용한다(예 : ㄴ+ㅏ=나[na]로 발음, ㄴ+ㅏ+ㅁ=남[nam으로 발음]). 된소리를 나타내기 위해서는 자음을 ㄲ,ㄸ,ㅃ,ㅆ,ㅉ과 같이 겹쳐 표기하며, 종성에서는 ㄳ,ㄵ,ㄶ, ㄺ,ㄻ,ㄼ,ㄽ,ㄾ,ㅀ,ㅄ과 같이 두 개의 자음을 함께 쓰기도 한다. 한글의 기본 자모는 24개에 불과하나, 이를 통해 모든 소리를 다 표현할 수 있고, 체계적인 음소로 구성되어 과학적이며 배우기 쉬우므로 세계에서 가장 우수한 문자의 하나로 인정받고 있다.

예) 공동의 역사 인식을 향하여
→ 共同の歴史認識に向けて

이 책의 초판이 나온 지 어느덧 8년이 되었다. 다행히 그동안 많은 독자들로부터 분에 넘치는 사랑을 받았으니 그저 고맙고 송구할 따름이다. 풍부한 내용을 담으면서도 간소하게 만들어 지적 욕구의 충족과 편리함을 동시에 추구했던 편집 의도가 독자의 마음을 움직였던 것이 아닌가 생각된다.

그런데 그 사이 양국에서는 역사교육과 관련하여 큰 변화가 있었다. 한국에서는 중·고등학교 역사 교육의 편제(교육과정)와 내용(교과서의 서술)을 둘러싸고, 일본에서는 중학교 역사 교과서의 한국 관련 기술을 둘러싸고, 국내외적으로 숱한 논란과 대립이 일어났다. 역사를 이해하는 안목과 방향의 차이가 사회 내부의 갈등을 일으키고 국제간의 신의를 무너뜨리는 요인으로 작용할 수 있다는 사실을 새삼스럽게 거듭 확인하게 된 셈이었다. 이에 집필자들은 저간의 사정에 부응하여 새로 개정판을 내기로 하였다.

한국은 같은 민족이 둘로 나뉘어 각기 정부를 구성한 세계 유일의 분단국가이므로 이에 따라 그 역사 인식 또한 독특한 측면이 있다. 그리고 한민족韓民族이 민족 단위로 형성된 것도 유례가 드물 만큼 매우 오래전의 일인데다 그 역사의 근거지가 계속 옮겨지고 축소되어 온 과정 속에서

민족 중심의 역사 인식이 자연스럽게 형성되었다. 그래서 일본인으로서는 이해하기 어려운 부분이 있으리라 짐작한다. 그러나 부디 한국을 이해하려는 마음으로 즐겁게 읽어주길 바란다.

개정판은 초판의 체재體裁와 서술敍述은 기본적으로 그대로 유지하되, 한국사의 전개를 좀 더 일목요연하게 체계적으로 이해할 수 있도록 돕는 방향에서 일부 서술 내용을 수정·증보하고 편제를 조정·정비하였다. 그리고 책의 표제를 『젊은이에게 전하는 열린 한국사–한·일 공동의 역사인식을 향하여』로 손질하였다. 이 책은 한국의 역사와 한·일 양국 교류의 역사를 간략히 정리하여 소개한 작은 역사서이지만, 이를 통해 한국인과 일본인이 함께 서로의 관계가 매우 오래되고 돈독하였음을 알고, 상대방을 잘 이해하여 친근하게 여기며, 서로 도우려는 마음을 갖게 되길 바란다. 그리하여 상대편의 처지에서 스스로를 돌아볼 수 있는 역사 이해력을 갖는 데 이 책이 조금이라도 기여하는 바가 있다면 더 바랄 나위가 없겠다.

2012년 7월 16일

서의식·안지원·이원순·정재정

한국과 일본 두 나라의 역사적 관계를 흔히 '가깝고도 먼 나라'라고 표현한다. 지리상으로 좁은 해협 하나를 사이에 두고 이웃한 가까운 나라이면서도 심정은 서로 멀리 느껴지는 사이라는 것이다. 두 나라 사이에서 한국인들에게는 여러 가지로 얽히고 맺힌 문제가 있었고, 그 과거가 아직도 풀리지 않은 응어리로 잠재하고 있기 때문이다.

현재는 물론 미래에도 서로 이웃하고 살아야 하는 지리적 관계 때문에 두 나라는 마땅히 '더 가까운 나라'가 되어야 한다. 과학과 기술의 발달이 날로 가속화하는 지금의 세계는 가히 '지구촌 시대'라 할 만하다. 이러한 현실에서, 지구 마을의 이웃인 한·일 두 나라의 국민이 한 마을의 이웃집처럼 서로 이해하고 도우며 따뜻한 정을 주고받는 사이가 되는 것은 말할 나위도 없이 바람직한 일이다. 비록 두 나라 사이에는 아직도 풀리지 않은 역사적 응어리가 걸림돌로 놓여 있지만, 발전적 역사 인식에 기초하여 서로를 이해하고 사랑하며 세계 평화를 위해 함께 노력한다면 한·일 양국은 능히 새로운 희망의 역사를 창조할 수 있을 것이다.

한·일 양국 가톨릭 교회의 수뇌들은 인류의 평화와 양국인의 사랑 나누기에 걸림돌로 여겨지고 있는 역사 인식과 역사 교육의 문제를 풀어

나가는 데 공동으로 노력하기로 약속한 바 있다. 『한국과 일본에서 함께 읽는 열린 한국사』는 그 약속을 실천하는 하나의 방안으로 펴낸 것이다. 국경과 민족의 벽을 넘어 그리스도적 평화와 사랑의 나눔을 실천하려는 양국 가톨릭 교회 수녀들의 높은 뜻이 이 책을 통해 다소나마 이루어지길 바란다. 이 책은 원래 일본의 학생들이 한국사의 흐름과 한·일의 문화 교류에 대해 관심을 갖도록 기획한 것이지만, 한국의 학생들도 같이 읽어 서로를 이해하는 데 도움이 되면 좋겠다. 또, 한·일 양국의 일반 시민들도 널리 이 책을 읽어 역사와 전통 속에서 서로를 이해할 수 있다면 더 바랄 나위가 없겠다.

자기 나라의 역사가 그렇듯이, 이웃 나라의 역사도 그 민족이 지금까지 살며 축적해 온 경험과 능력의 총체로서 존중되어 마땅한 귀한 유산이다. 그러기에 우리는 이웃 민족의 역사를 자기의 역사와 마찬가지로 바르게 이해하려는 개방적 역사 의식을 지녀야 한다. 이 작은 책이 가까운 이웃으로서 평화와 사랑을 발전적으로 나누려는 한·일 양국의 미래에 조금이나마 이바지하기를 간절히 바란다.

이원순 · 정재정 · 서의식

차례 > >> > >

동아시아 3국의 시대 변천 · 4
태극기 · 무궁화 · 한글 · 5
개정판을 내면서 · 6
초판 책머리에 · 8

시작하는 글 · 16
한국과 한국인 | 동아시아에서 한민족의 역사가 전개되다 · 18
　　　　　한반도의 자연, 그리고 한국인의 역사

| 1부 |
한국의 역사와 문화

제1편 문명의 발생과 국가의 등장
〈개관〉

1_ 비파형동검 문화권 속에서 고조선이 건국하다 · 24
2_ 고조선의 문화가 발전하다 · 27
3_ 위만 조선이 중국 세력에 밀려 무너지다 · 30
4_ 고조선 유민이 동 · 남진하며 여러 나라로 분립하다 · 31

제2편 여러 나라에서 통일 국가로
〈개관〉

제1장 신라, 고구려, 백제 가야

1_ 여러 나라가 3국으로 통합되다 · 36
2_ 3국의 사회와 문화가 발전하다 · 38
3_ 3국이 서로 겨루며 통일을 지향하다 · 40
4_ 백제와 고구려의 유민이 국가의 부흥을 꾀하다 · 42

제2장 **통일 신라와 발해**

   1_ 남북국 시대가 열리다 · 44

   2_ 남북국의 사회와 경제가 발전하다 · 45

   3_ 남북국의 문화가 발전하다 · 46

   4_ 해외로 나가 활발하게 활동하다 · 48

   5_ 신라가 후삼국으로 분열하고 발해가 멸망하다 · 50

   6_ 고려가 후삼국을 재통일하고 발해 유민을 받아들이다 · 51

제3편 · **통일 국가의 안정과 문화의 발전**

   〈개관〉

제1장 **고려의 발전과 번영**

   1_ 한층 강화된 집권적 관료 국가로 자라나다 · 54

   2_ 거란을 물리치고 여진과 겨루다 · 55

   3_ 문벌들이 귀족 사회를 이루다 · 56

   4_ 거국적으로 팔관회와 연등회를 열다 · 57

   5_ 고려가 세계에 알려지다 · 58

   6_ 무신이 정변을 일으켜 집권하다 · 60

   7_ 몽골이 침입하자 맞서 싸우다 · 61

   8_ 40년간의 대몽 항전을 접고 원과 강화하다 · 62

   9_ 사회의 동요 속에 신진 사대부가 등장하다 · 63

   10_ 귀족 문화가 융성하고 불교문화가 꽃피다 · 65

   11_ 과학과 기술이 발달하다 · 67

   12_ 침입하는 왜구를 물리치며 무장 세력이 성장하다 · 69

제3장 조선의 성립과 발전

1_ 유교 민본 정치를 지향하다 · 70

2_ 세종 대왕이 한글을 창제하다 · 71

3_ 조선 문화가 활짝 피다 · 72

4_ 유교 양반사회가 정립하다 · 74

5_ 조선 성리학이 발전하다 · 76

6_ '왜란'과 '호란'의 국난을 극복하다 · 78

7_ 평화와 신의를 지키는 외교 활동을 펴다 · 80

8_ 국가 중흥을 위해 노력하다 · 82

9_ 향촌 생활이 변화하고 서민 문화가 자라나다 · 83

10_ 실용적 학문이 일어나다 · 86

11_ 국학의 꽃이 피어나다 · 87

12_ 과학과 기술을 연구하다 · 88

13_ 서학을 익히고 천주교회를 세우다 · 89

14_ 조선 사회가 격변하며 농민이 요동하다 · 91

제4편 구미歐美와의 만남과 근대 사회

〈개관〉

제1장 근대화의 시련과 주권 수호 운동

1_ 서양 세력의 침입을 막다 · 94

2_ 일본과의 갈등 속에 정변이 일어나다 · 96

3_ 서양 문물을 받아들여 제도를 개혁하다 · 98

4_ 동학을 펼쳐 백성을 구하려 하다 · 100

5_ 청 · 일 전쟁에 승리한 일본이 내정을 간섭하다 · 102

6_ 대한제국이 수립되고 민중 운동이 일어나다 · 104

7_ 일본이 러 · 일 전쟁을 일으키고 통감 통치를 자행하다 · 106

8_ 국권회복을 위한 항일 투쟁을 전개하다 · 108

9_ 근대 문물이 수용되고 사회 생활이 바뀌다 · 110

제2장 일본의 통치 정책과 국가 독립을 위한 항쟁

1_ 조선 총독이 '무단 통치'를 하다 · 114

2_ 3 · 1운동이 일어나다 · 117

3_ '문화정치'를 표방하여 한국인을 분열시키다 · 119

4_ 한반도를 병참 기지로 만들다 · 122

5_ 황국 신민을 육성하고 전쟁에 동원하다 · 124

6_ 일본인이 몰려오고 한국인은 밀려나가다 · 126

7_ 한국의 문화와 정신을 지키자 · 128

8_ 나라의 독립을 위해 투쟁하다 · 130

제5편 남북 분단과 대한민국의 발전

〈개관〉

1_ 광복을 맞았으나 남북으로 분단되다 · 134

2_ '한강의 기적'을 이룩하다 · 136

3_ 민주주의가 발전하다 · 138

4_ 가족 규모가 줄고 도시 인구가 늘다 · 140

5_ 문화 역량이 증대되다 · 142

6_ 남 · 북한이 교섭하며 갈등하다 · 144

| 2부 |

한국과 일본의 문화 교류
문화 교류의 역사를 바르게 이해하자

제1장 원시시대, 동북아 대륙과 일본 열도의 문화 교류
  1_ 육지와 해양을 통해 문화 교류가 진전되다 · 152
  2_ 선사 문화가 교류하고 벼농사를 전하다 · 153

제2장 삼국에서 일본 열도로 향한 사람들, 그리고 문화
  1_ 삼국이 '왜'와 교류하다 · 154
  2_ 일본 열도로 집단을 이루어 이주하다 · 155
  3_ 야마토가 도항 이주민 문화를 수용하다 · 156
  4_ 학식과 기술 문화를 전하다 · 157
  5_ 일본이 견수사 · 견당사를 파견하고 백제 · 고구려 유민을 받아들이다 · 159

제3장 통일 신라 및 고려의 대일 통교 경색과 민간의 문화 교류
  1_ 통일 신라와 일본이 소원해진 가운데 문화 교류를 이어가다 · 160
  2_ 발해와 일본의 교류가 빈번해지다 · 162
  3_ 고려에 들어와서도 일본과의 소원한 외교 관계가 지속되다 · 163
  4_ 왜구를 둘러싸고 고려와 일본의 대립이 심해지다 · 164

제4장 조선에서 일본으로 향한 문화의 흐름

1_ 조선 문화가 일본으로 흐르다 · 165

2_ 조 · 일 간의 무역 활동이 활발히 전개되다 · 166

3_ 일본 사신이 조선의 문물을 청해 가져가다 · 167

4_ 전쟁 중에도 문화가 건너가다 · 168

5_ 통신사행이 문화 교류에 이바지하다 · 170

6_ 통신사의 단절로 문화 교류가 옹체되다 · 172

제5장 일본의 근대화와 문화 흐름의 역전

1_ 근대의 서양 문명이 동양으로 밀어닥치다 · 173

2_ 한국이 근대 문화를 수용하려고 노력하다 · 174

3_ 일본 문화가 한국으로 전해지다 · 176

4_ 한국인과 함께 살아가려는 일본인도 있었다 · 178

제6장 한국과 일본의 새로운 관계와 문화 교류

1_ 일본에 살고 있는 한국인 · 180

2_ 국경을 넘나들며 문화가 서로 영향을 주고 있다 · 182

3_ 미래 세대에 바라는 교류의 자세 · 185

책을 마치며 · 188

도판 목록 · 190

용어 설명 · 192

찾아 보기 · 200

한국인과 일본인은 가까운 거리에 이웃하여 현재를 살고 있지만 서로 다른 환경 속에서 지금까지 각자 독특한 역사와 문화를 만들어 냈다. 그리하여 이제는 처지가 다르고, 생각이 다르며, 이해관계도 다르게 되었다. 그러나 우리 양국민은 서로 이해하고 협력하여 평화를 이루고 함께 발전해야 한다.

그러자면 서로 상대방이 처한 현실과 그렇게 된 내력을 올바로 아는 것이 무엇보다 중요하다. 즉 상대방의 역사를 아는 것이 이해의 출발이다. 내가 보아서 아는 것만으로는 상대방의 처지를 올바로 이해하기 어렵다. 그의 이야기를 진지하게 들어볼 필요가 있다.

한국과 일본은 지구상에서 독자성을 유지하며 지금까지 살아남은 마지막 '동이東夷'라 할 수 있다. 동이에는 여러 갈래의 종족이 있었지만 대부분이 중국 화하족華夏族에 의해 정복, 흡수당하고 말았다. 이제 둘만 남은 셈이다. 일본인의 기원에 관하여, 특히 한국인과의 관계를 둘러싸고 여러 설이 있지만, 오늘날의 일본인 중 상당수가 삼국에서 건너간 '도래인渡來人'의 후예인 것이 엄연한 사실이고, 일본어의 계통에 관해, 특히 한국어와의 관계를 둘러싸고 여러 설이 있지만, 어순과 단어 등에서 한국어와 일본어만큼 많은 유사점을 지닌 언어를 찾아보기 어려운 것도 사실이다.

한국과 일본은 원시 · 고대부터 지금까지 매우 긴밀하게 교류해 왔다. 인적 · 물적 교류가 끊이지 않았으며, 문화의 발전에 서로 큰 영향을 미쳤다. 몽골의 강제로 고려인이 일본 공격에 동원된 적도 있고, 또 거꾸로, 일본이 16세기 말과 20세기 초에 조선을 대거 침략한 적도 있지만, 양국민은 대체로 선린을 유지하며 신의를 쌓아 왔다. 우리는 피차 상대방을 공격했을 때가 역사상 가장 불행한 시기였음을 기억하여 서로 존중하는 태도를 가져야 한다.

일본은 지금까지 독자의 문화를 형성하여 발전해 왔다. 그렇지만 이는 한국도 마찬가지다. 언어, 문자, 음식, 의복 등 거의 모든 면에서 한국 문화는 다른 문화와 구별된다. 한국 문화를 중국 문화의 한 형태로 생각한다든가 한국의 역사를 중국 역사의 일부처럼 여겨서는 곤란하다. 세계적 대국으로 발전한 중국과 인접해 살면서 그 문화의 영향을 받지 않을 수 없었지만, 신석기 시대에 빗살무늬토기 문화권, 청동기 시대에 비파형동검 문화권을 형성한 이래 동이의 한민족韓民族은 줄곧 중국 문화와 대별되는 독자의 문화를 발전시켜 왔다. 일본인은 흔히, 한반도가 일본이 중국 문화를 받아들이는 데 단지 교량의 역할을 하였을 뿐이라 생각하는데, 이는 한국인과 한국 문화에 지나치게 어둡고 사실을 잘 모르는 사람의 안목이다.

일본인이 한국의 역사, 그리고 한국과의 역사를 올바로 이해하고 또 한국인이 일본의 역사, 일본과의 역사를 올바로 이해한다면 서로 친근감과 유대감을 더욱 강하게 느낄 수 있을 것이다. 이 책은 이를 위한 첫 출발이다.

동아시아에서 한민족의 역사가 전개되다

오늘날, 세계 곳곳에서 활동하고 있는 한민족韓民族의 주된 생활 영역은 동아시아 대륙에서 동남으로 뻗어 있는 한반도이다. 그러나 오랫동안 한민족의 생활 영역은 중국 동북 지방의 대부분과 러시아 땅인 연해주沿海州, 그리고 한반도 전체에 걸친 광대한 지역이었다. 그 후 동아시아에 여러 민족이 등장하여 활로의 개척을 위해 서로 격렬하게 충돌하는 긴 역사 과정이 전개되면서, 힘에 밀린 한민족은 동북부의 넓은 지역을 점차 상실하고 좁은 한반도로 생활 무대를 옮겨, 오늘에 이르는 간난艱難과 자긍自矜의 삶을 부단히 살아 왔다.

한민족은 중국 동북 지방의 북부 및 몽골, 시베리아 등지에 자리 잡고 활동해 온 호족胡族(흉노, 돌궐, 몽골 등 북방 여러 종족들의 총칭)과 중국 대륙의 서방에서 기원한 한족漢族, 그리고 바다 건너 일본 열도의 일본족 등 세 민족과 서로 긴밀하게 접촉·교류하는 가운데, 어떤 때는 협력하기도 하고 또 어떤 때는 다투기도 하면서 수천 년을 살아왔다. 주로 유목 생활을 하던 북방 호족은 기회만 있으면 남방 농업 사회인 중국과 한반도에 군사적 압박을 가해 고난을 안겨 주었다. 그리고 서방 중국 대륙의 한족漢族도 항상 한민족에 대해 군사적 공격과 정치적 압박을 번갈아 가하였다. 남방 열도에서 생활하던 일본족은 근대에 들어와 한반도와 동아시아 전역을 침략하여 큰 상처를 입혔다.

이들 주변 세 민족과 긴 세월에 걸쳐 접촉하며 여러 형태의 도전을 끊임없이 받는 가운데 민족의 자존自尊을 지키고 문화를 발전시켜야 했던 한민족의 역사는 시련과 창조가 교차하는 역사였다. 한민족은 이런 역사를 거치며 민족적 삶의 무대를 지켜내고 개성적인 문화를 발전시키며 오늘날까지 자주적으로 살아 온 것이다.

한반도의 자연, 그리고 한국인의 역사

백두산에서 동서로 흐르는 두만강과 압록강을 사이에 두고 중국 동북 지방과 육지로 이어진 한반도는, 백두산을 정점으로 북에서 남으로 뻗어 있는 백두대간白頭大幹과, 이로부터 동쪽으로 갈라져 나간 장백정간長白正幹, 서쪽으로 갈라져 여러 갈래로 뻗어 나간 13 정맥正脈, 그리고 그 사이사이에 펼쳐진 산골짜기와 평야로 이루어져 있다.

한반도는 남북의 길이가 약 1,000km이고 면적은 약 22.3만㎢이며 국토의 65.3%가 산지이다. 높은 산맥이 동쪽에 남북으로 길게 자리 잡고 있어 대부분의 큰 강은 서와 남으로 흐르며, 그 하류 지역에 비교적 넓은 평야가 발달하여 예로부터 곡창 지대를 이루어 왔다. 동해안은 해안선이 비교적 단조로우나, 서·남해안은 굴곡이 심한 리아스식 해안이며, 연·근해에는 3,400여 개나 되는 크고 작은 섬이 아름다운 경관을 이루고 있다. 한편 서해안은 조석 간만의 차가 심하고, 갯벌이 세계적으로 손꼽힐 만큼 넓고 길게 발달해 있다. 동해와 남해에는 한류와 난류가 교차하여 수산 자원이 넉넉하다. 현대 산업 활동을 뒷받침하기에는 부존자원賦存資源이 부족한 편이나, 농업 중심의 경제 생활을 영위하는 데는 큰 지장이 없었다.

온대인 한반도는 사계절의 구분이 명확하다. 북부는 대륙성 기후에 가까우나, 추운 겨울철에도 삼한사온 현상이 있어 지내기가 어렵지 않다. 연 강수량이 논농사를 짓기에 넉넉하지는 않으나, 다행히 여름철 성숙기에 많은 비가 내려 별 지장은 없다.

변화 있는 사계절과 온화한 기후, 쾌청을 자랑하는 가을철의 하늘, 대륙적이되 적당한 높이의 산, 리아스식 해안과 수많은 도서島嶼로 이루어져 있는 자연 경관은 평온하고 근면하며 인정 많은 심성을 갖춘 한국인을 길러냈다.

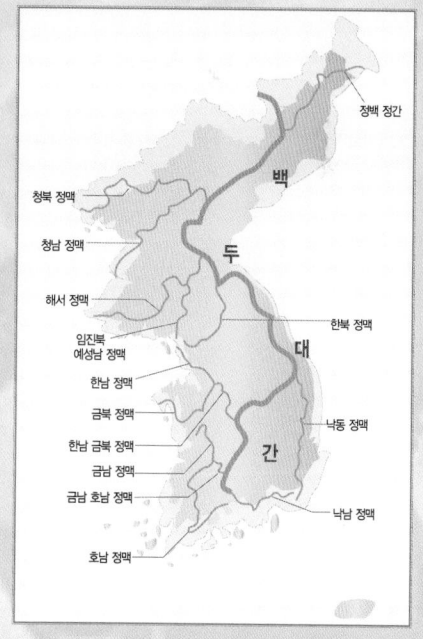

한국의 산세(산경도)

마애삼존불의 미소(충청남도 서산)

제1편

문명의 발생과 국가의 등장

개관　　　　신석기 시대가 시작되던 때부터 난하灤河와 대릉하大陵河, 요하遼河 유역은 동이東夷의 여러 부족들이 사는 중심지였다. 이들은 기원전 6~5천년 경에 빗살무늬토기를 만들어 쓰고, 기원전 3천5백년쯤에 이르러서는 큰 신전과 제단을 지어 여신을 숭배하며, 죽은 이를 위해 적석총을 만들어 주는 등 황하黃河 유역의 화하족華夏族과 확연히 구별되는 독자의 문화를 발전시켰다. 동이문화권은 만리장성萬里長城 부근부터 만주滿洲, 연해주沿海洲를 거쳐 한반도 및 일본 남부에 이르는 광역에 형성되었다. 후기 신석기 문화를 토대로 정치사회로 발전한 동이족은 그 문화권의 중심부인 대릉하·요하 유역에서 기원전 2천 3백년 무렵에 국가를 건설하고 국호를 조선朝鮮이라 하였다. 단군壇君은 조선의 임금을 부르던 말이다. 단군의 조선 건국 사실은 그동안 문헌상 설화식 기술로서 전해 오던 것이었으나 이른바 '요하문명' 이 발견됨으로써 그 실체성이 한층 확실해졌다. 그러나 문헌 자료가 워낙 적어 보잘것없고, 관련된 고고 유물이 중국에 분포하는 까닭에 옛 조선의 역사를 밝히 알기는 아직 난망한 형편이다.

　조선은 청동기의 제작 기술을 습득하여 넓은 지역에 정치적 영향력을 미치는 광역 국가로 발전하였다. 조선의 비파형동검琵琶形銅劍은 당대 최고 수준의 무기였다. 그러나 조선은 철기 문화로 이행하는 중국의 변화에 적절히 대응하지 못한 채 시대의 흐름에 뒤처지고 말았다. 중국의 상商·주周

뾰족바닥 빗살무늬토기와 평바닥 빗살무늬토기들
우리 나라 신석기 시대를 대표하는 토기로서, 겉면에 나무나 뼈로 각종 기하학적인 무늬를 새겼다.

교체기에 조선의 지배 세력은 태양의
아들이라 칭하며 신정을 펼치던 단군을
몰아내고, 새로운 수장을 세워 기자箕子라고
부르며 합의 정치를 행하는 등 대대적
개혁을 도모하였지만, 철기로 중무장한
주周의 군대에 패배하여 세력의 태반을 잃고
말았다. 이에 많은 조선인들이 정체성을
잃고 중국의 연燕 · 제齊 · 조趙 지역에
뿔뿔이 흩어졌다. 세력이 크게 위축된 기자
조선의 중심 세력은 국력을 다소간 회복하여
한때 연燕과 맞설 만큼 성장하기도 하였으나,
기원전 194년에 위만衛滿에게 정권을
빼앗기고 동쪽으로 밀려나 나라 이름을
진辰으로 바꿨다.

"황하 유역의 화하문화권과 명확히 구별되는 동이문화권의 범위를 보여준다."

위만의 조선은 그 손자 때까지 유지되다가 기원전 108년에 한漢에 멸망하였으며, 한은 이
지역에 군현郡縣을 설치하여 직접 통치에 나섰다. 한에 밀린 진국辰國 지배 세력의 과반은
한반도 남부로 이동하고, 일부는 그 자리에 남았다. 이에 진국은 정치적 구심점을 잃고
실질적으로 와해되어 수많은 소국으로 분립하였다. 그 가운데 남쪽으로 내려 온 세력은
78개 안팎의 소국을 이뤘는데, 이들은 각기 세 개의 한韓으로 나뉘어 진국 체제의 연맹
관계를 한동안 그런대로 유지하였다.

1 _ 비파형동검 문화권 속에서 고조선이 건국하다

청동기 문화　　신석기 시대 사람들은 토기를 불로 굽는 과정에서, 가열하면 녹아서 금속을 내는 돌이 따로 있다는 사실을 알게 되었다. 처음 뽑아낸 금속은 구리였다. 그러나 구리는 매우 유연하여 도구를 만들어 쓰는 재료로는 적절하지 않았다. 인류가 구리에 주석을 혼합하여 비교적 단단한 물질, 곧 청동을 처음 얻게 된 것은 기원전 3천 7백 년경의 일이다.

　청동은 누구나 쉽게 얻을 수 없는 귀한 금속이었다. 광석에서 구리와 주석을 각각 뽑아내고 이를 섞어 청동을 만드는 기술을 터득하기도 어려웠지만, 한데露天서 구할 수 있는 광석이 많지 않았기 때문이다. 따라서 청동으로는 주로 장신구나 제기, 무기 정도를 만들어 썼을 뿐이고, 농기구는 여전히 석기를 사용하였다. 청동기의 대부분은 싸움에서 이긴 집단이 독차지하고, 복속한 집단의 수장에게 소수만 나누어 주었다. 청동기 문화는 지배자의 문화였다는 데 가장 큰 특징이 있다.

비파형 동검과 세형 동검＊ 고조선 사람들이 대거 한반도로 이동할 무렵에 비파형동검이 세형동검으로 변화하였다.

비파형동검 문화권

청동기 문화를 대표하는 유물은 동검이다. 빗살무늬토기를 사용하던 사람들은 기원전 2천 5백 년 무렵에 청동기의 제작법을 알게 되면서 주변 지역과 다른 독자의 청동기 문화를 개척하였다. 이들은 특히 비파형동검을 만들어 썼는데, 칼날을 비파처럼 만들어 파괴력을 극대화했다는 점 외에, 칼몸에 슴베를 두어 자루에 끼워 쓰도록 만듦으로써 필요에 따라 검으로만이 아니라 창으로도 쓸 수 있도록 한 점, 칼몸 가운데로 한 줄 또는 두 줄로 등날을

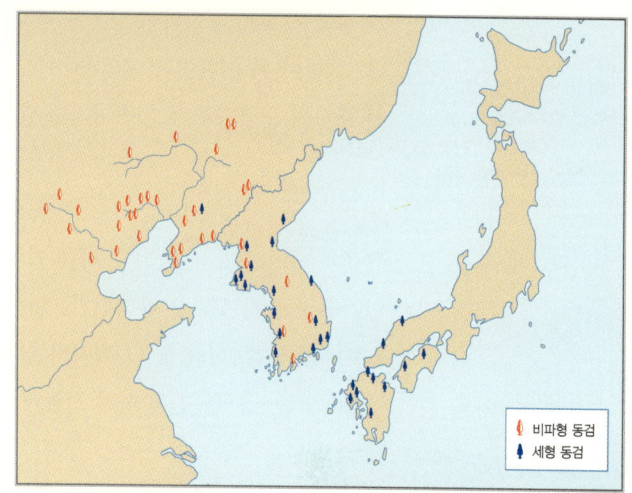

비파형 동검과 세형 동검 출토지*

대어 견고성과 기능성을 높인 점 등에서 매우 우수한 무기였다. 지금까지 발견된 가장 이른 시기의 비파형동검은 기원전 1천 년경의 것이나, 이보다 훨씬 전부터 이를 사용했을 것으로 짐작된다.

청동은 만들기 어려운 인공의 재료이므로 청동기를 가질 수 있는 자와 그렇지 못한 자 사이에 확연한 구분이 생겨났다. 이에 사유私有의 관념이 발생하고 신분과 계급이 형성되어 종래의 공동체 관계가 무너졌다. 청동제 무기를 더 많이 확보하기 위한 정복 활동이 진행되면서 승리한 집단과 패배한 집단 사이에 지배와 복속의 새로운 관계가 성립하였으며, 집단 내에서는 권력의 서열이 정해졌다.

지배 집단은 복속한 집단의 기존 지배질서를 보호해 주는 대신 공납을 요구하였다. 그리하여 체계적인 지배를 위해 관료 및 군사 체계가 갖추어지고 수취 제도가 마련되었다. 이에 국가가 형성되고 통치 체제가 갖추어졌다.

치우

『사기史記』에 의하면 황제黃帝 때 치우蚩尤가 있었다고 하는데, 치우는 대릉하 유역의 예맥족濊貊族 사회를 이끌던 대수장大首長이었던 것으로 보인다. 당시 예맥족 사회는 크고 작은 여러 집단들로 형성되었는데, 작은 집단의 수장이 큰 집단의 수장을 형兄이라고 불렀다. 치우의 형제가 81인이었다는 중국 역사책의 기록은

형제 81인

형제적 질서에 입각한 맥족의 사회구성 형태는 훗날 고구려에까지 그대로 계승되어 소형小兄, 대형大兄, 태대형太大兄 같은 관직으로 남게 된다.

그 정도로 많은 집단의 수장들이 형제적 질서 위에 연맹체를 구성했음을 전하는 내용이다. 그러나 치우가 이끈 예맥족 사회는 황허 유역에 살던 중국 화하족 집단과의 대결에서 패하여 구심력을 잃고 흩어지고 말았다.

환웅과 홍익인간

치우 이후에, 흩어진 예맥족 사회를 다시 결집시킨 이는 하늘 임금의 아들임을 자칭한 환웅桓雄이었다. 환웅은 널리 인간을 이롭게 한다는 홍익인간弘益人間의 정치 이념을 내세우고, 바람(風=공기), 비(雨=물), 구름(雲=벼락)을 그 세력의 상징으로 내세운 큰 집단들을 중심으로 여러 세력을 통합하였다. 홍익인간은 마치 하늘의 숱한 별들이 서로 싸우지 않고 공존하면서 아름답게 밤하늘을 수놓듯이 우리 모두가 그렇게 서로 조화를 이루며 평화롭게 살아가자는 이념이었다. 그래서 이들은 해와 달, 그리고 북극성을 중심으로 하늘을 도는 북극5성 및 북두칠성의 별을 각기 자기 집단을 상징하는 별로 삼고 서로 연대하여, 하늘에서와 같이 땅에서도 모두에게 이익이 되는 평화의 질서를 구현하기 위해 힘썼다. 이와 같은 사상과 이념은 훗날 삼국에까지 계승되어 고구려 고분 천장 벽화의 별자리 그림日月星辰圖을 남기게 하였다.

단군왕검의 조선 건국

해를 섬기는 환웅 집단은 곰을 숭배하는 동이족의 다른 집단과 혼인을 통한 연맹 관계를 맺고 주변의 읍락들을 아울러 세력을 더욱 확장하였다. 생산력의 발전에 따라 사회가 분화하면서 이처럼 계급 질서를 이루고 큰 세력으로 발전한 집단이 대략 아홉 정도 있었으므로 주변의 다른 민족들은 이들을 9이九夷라고 불렀다. 9이는 형제처럼 선후의 구별은 있으나 서로 대등한 처지에서 대 연맹체를 형성하였다.

이웃한 황허 유역에서 국가적 체계를 갖춘 큰 세력이 형성되자 이들로부터 스스로를 보호할 필요를 느낀 9이의 여러 수장들은 기원전 2천 3백 년 경에 함께 모여 환웅 집단의 수장을 '단군왕검' 곧 신정神政을 펼치는 임금님으로 추대하고 정식으로 나라를 세워 조선朝鮮이라 하였다. 단군은 해님 왕으로서 환웅의 뜻을 대대로 계승하며 홍익인간의 이념에 입각하여 나라를 다스렸다. 단군의 조선을 예부터 고조선古朝鮮이라 부른다.

2 _ 고조선의 문화가 발전하다

고조선 문화   고조선 사람들은 하늘 아래의 세계가 땅과 바람과
물과 불의 4원소로 이루어져 있다고 믿었다. 그래서
땅 위에서 이루어지는 인간 세상의 일을 목숨과 질병, 농사와 음식, 선악
과 형벌 등 크게 세 가지 분야로 나누고 풍백風伯, 우사雨師, 운사雲師로
하여금 각각 관장하게 하였다. 또한, 이들은 천체의 움직임을 관찰하
여 시간과 날씨를 미리 아는 등 일찍이 천문에 능하였고, 360여 일로
이루어진 1년을 주기로 인간의 할일이 날마다 따로 정해져 있다고 생
각할 만큼 과학적이고 근면한 풍속과 문화를 지녔다. 그리고 마늘과 쑥 등의
식물을 약재로 이용할 줄 아는 등 의약학적 지식에도 해박하였다.

미송리식 토기*
고조선의 대표적 토기

고조선 사회   고조선 사람들은
하늘을 숭배하여, 해
가 하늘을 다스리는 천제天帝라고 생각하고
단군을 천제의 아들로 믿었다. 북극성을 위
시한 뭇별들은 천제의 아들과 신하들이었다.
그래서 큰 세력을 이룬 집단들은 북극5성과
북두칠성의 각 별을 자기 집단의 상징 별로
삼아 역대의 조상들과 함께 제사하였다.

단군왕검의 영정*

난숙한 청동기 문화 단계로 진입한 후에도 고조선에서는 석기
를 이용하여 농사를 지었는데, 사회가 안정됨에 따라 농업 기술
이 크게 발전하였다. 고조선의 왕은 지배세력 전체를 대표하고
또 통치할 권력을 지녔지만, 동시에 천제의 아들로서 날씨를 농
사에 알맞도록 조절하여 백성을 먹여 살릴 의무도 있었다. 왕은 사직단을 세워 농사의 신
에게 제사하는 한편, 흉년에 대비하여 곡식을 잘 저장할 수 있도록 토기를 많이 만들어
널리 보급하였다.

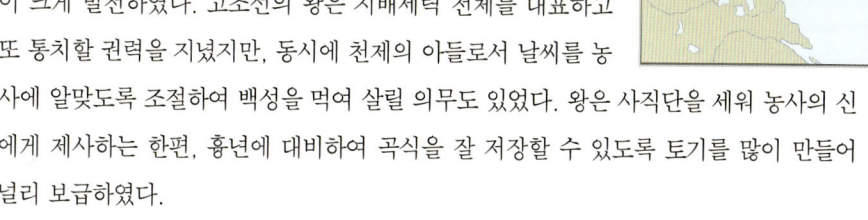

고조선 전성기의 세력권*

고조선을 단군 조선에서 기자 조선으로 계승되었다고 전한다. 기자에 대해서는 여러 가지 설이 있으나 거서간居西干의 다른 표기로 보는 것이 가장 타당하리라 여겨진다. 거서간을 고조선에 속한 여러 소국의 왕 곧 간干들이 모두 모여 합의로서 공립共立한 '간들의 수장首長'을 가리키는 뜻이었다. 즉 기자는 특정한 사람의 이름이 아니라, 단군에 이어 등장하여 합의체 제2 조선을 이끈 새로운 성격의 왕을 지칭하던 일반 명사이다.

고조선 사회의 변동

기원전 11세기 중국의 상商, 주周 교체기는 동아시아의 문화 기반이 청동기에서 철기로 바뀌던 시기에 해당한다. 이 무렵 고조선에서도 문화 변화에 대응하여 정권이 교체되었다. 제정일치의 신정적 단군 체제가 한계를 드러냈기 때문이었다. 이에 가장 큰 세력의 수장을 새로운 왕으로 추대하니 그가 기자箕子이다. 기자는 각 지역 수장들의 합의를 이끌어 조선 사회를 통치하였다. 기자는 정권을 잡은 후 8조항의 법을 만들어 고조선 사회를 안정시켰다고 전한다. 한편 단군을 내던 환웅 집단은 이러한 결정에 따르지 않고 동쪽으로 이동하여 따로 부여夫餘를 세웠다.

기자 조선에서는 점차 철기 문화가 보급되어 철제 농기구를 써서 농사를 짓기 시작하였다. 이에 생산력이 크게 높아지고 문물이 발전하였다. 생산이 늘어나 중앙에 조세를 내고도 남게 되자 각 지방에서 군사력을 길러 새로 대두하는 세력도 생겨났다. 춘추 전국 시대와 같은 분립적分立的 양상은 단지 중국에서만 일어난 일이 아니었다. 기자 조선에서도 많은 수의 작은 나라가 성립하여 서로 경쟁하기도 하고 협력하기도 하며 발전하였다.

위만은 연왕 노관盧綰의 부장副將이었는데, 노관이 모반을 도모하다가 발각되어 흉노로 달아나자 조선으로 망명하였다고 전한다. 그런데 그가 올 때 동이 옷을 입고 북상투를 틀었으며, 나라를 차지한 뒤에도 국명을 여전히 조선이라 한 것 등으로 미추어, 그는 원래 연 지역에 잔류해 살던 조선 유민의 후예였다고 생각된다.

위만 조선

중국의 춘추 전국 시대에 북방의 제후국들이 발달한 철기 문화를 토대로 세력을 확장하자 조선의 많은 소국이 이들에게 정복당하고 흡수되었다. 이에 기자 조선이 크게 위축되어 중심 세력도 동쪽으로 밀려나 요하遼河를 건넜다. 그러더니 기원전 2세기 초에 준왕準王이 위만衛滿에게 나라를 빼앗기고 말았다. 위만은 본디 동이족 출신으로서, 살던 지역이 연燕에 편입되자 연의 장군으로 활약하다가 조선으로 망명해 온 사람이다.

조선의 중심부를 차지한 위만은 중국과의 무역을 독점하고 차익을 내서 이를 기반으로 권력을 강화하였다. 그는 주周의 정치 제도를 도입하여 독자성을 띤 여러 소국의 왕들을 각각 상相으로 편제하고 중앙 집권적 국가 체제의 구축을 도모하였다. 하지만 많은 소국 세력이 위만의 통치를 받아들이지 않았으며, 위만에게 복속했던 세력도 시간이 흐를수록 이탈하는 경향을 보였다. 기자 조선의 주력 세력은 위만에 복속하지 않은 동부 지역으로 옮겨 가 따로 진국辰國을 칭하며 위만 조선과의 왕래를 끊었다.

조선 사회가 이처럼 다양한 이해관계로 서로 얽히자 사회가 복잡해져서 자기 집단의 이익을 무엇보다 더 중시하는 풍조가 만연하였다. 주장이 관철되지 않으면 무리를 이끌고 나라를 빠져나가는 지배 세력도 있었다. 이러한 분열의 양상은 한이 침입해 왔을 때 이를 효과적으로 막아내지 못하고 자멸하고만 결정적 원인으로 작용하였다.

진국

기자 조선에 속한 여러 소국의 지배 세력은 저마다 일정한 별을 자기 집단의 상징으로 내세우는 관습이 있었으므로 이들이 형성한 조선을 다른 이름으로 '별들의 나라' 곧 '진국辰國'이라고도 불렀다. 많은 소국들이 권역별로 진한辰韓, 마한馬韓, 변한弁韓의 삼한三韓을 이루고, 삼한 전체를 진국이라 칭하며, 삼한 중 가장 큰 세력을 이룬 진한에서 진국 곧 삼한 전체의 왕인 진왕辰王(=기자箕子)을 내는 구조였다. 그러다가 기자 조선 사람들이 나라의 중심부를 위만衛滿에게 빼앗기고 동쪽으로 밀려나게 되자, 위만의 조선과 구분하기 위해 자기 나라를 진국이라고만 칭하게 되었다.

위만에 의해 가장 큰 타격을 입은 세력은 역시 나라의 중심부를 차지하고 있던 진한이었으나 변한 역시 세력이 크게 위축되었다. 이에 진국은 겨우 명목만 유지하게 되었으며, 진한 및 변한의 지배층 일부는 살길을 찾아 뿔뿔이 흩어져 마한 땅으로 이주하기 시작하였다. 한편, 기자 조선의 마지막 왕인 준왕準王은 나라를 위만에게 빼앗기자 세력과 지위를 모두 잃고 측근 세력만 거느린 채 마한 땅으로 들어가 스스로 한왕韓王이라 일컬었으나, 얼마 지나지 않아 후손이 끊어지고 말았다.

진국과 삼한 『후한서後漢書』는 삼한이 모두 진국에서 나왔으며, 진왕辰王이 삼한 전체의 왕이라고 기록하였다. 이는 진한이 옛 진국이라고 한 『삼국지三國志』의 서술과 다른 내용이라서 그 신뢰성을 두고 논란이 일었으나, 최근에 『후한서』쪽이 더 신뢰도가 높다는 견해가 새로 제시되었다. 후기 기자조선을 진국이라 불렀고, 진국을 형성한 세 개의 연맹체에 속한 소국들의 일부가 개별적으로 남하하여 한반도 남부에서 삼한을 이뤘다는 것이다.

3 _ 위만 조선이 중국 세력에 밀려 무너지다

한제국의 침략 　한 무제漢武帝는 비단길을 개척함으로써 북방의 흉노 세력을 몰아내고 경제 발전의 전기를 마련한 다음, 위만 조선이 누리는 중계 무역의 이권에 주목하였다. 그리하여 그는 기원전 109년에 육군 5만과 수군 7천을 동원하여 위만 조선을 공격하였다. 조선은 철기 시대鐵器時代로 진입한 후에도 철로는 주로 농기구를 만들고 철제 무기의 개발에는 다소 소홀했으므로 그 약점을 노린 무제가 전면 공격을 감행한 것이었다.

고조선 사회의 붕괴 　당시 조선의 왕은 위만의 손자인 우거왕右渠王이었는데, 처음에는 한의 대군에 대항하여 잘 버텼으나 전쟁이 거의 1년을 끌게 되자 화평을 원한 지배 세력의 분열과 배반으로 결국 살해당하고 말았다. 이에 대신大臣 성기成己가 성안의 사람들을 독려하면서 항전하였으나 끝내 적을 물리치지 못하고, 기원전 108년에 왕검성이 함락됨으로써 위만 조선이 멸망하였다. 위만 조선의 패망은 이웃의 진국에게도 큰 타격을 주어 결국 조선 사회 전반을 해체해 무너뜨리는 계기로 작용하였다.

한군현의 설치 　한은 위만 조선을 멸한 후 그 영토에 낙랑군樂浪郡 · 임둔군臨屯郡 · 진번군眞番郡 · 현도군玄菟郡의 4군을 차례로 설치하고 태수太守를 임명하여 직접 지배하기 시작하였다. 그러나 초기에 임명된 태수는 현지에 부임하지 않았으며, 실제로 이들 4군을 다스린 것은 위만 조선의 주화파主和派 세력이었다. 한은 이들을 매개로 주변의 동이東夷 세력을 제어하고, 중원 문화를 보급하여 중국화하며, 교역을 통해 많은 이득을 챙겼다.

여러 가지 철기*

한군현의 변동 　한의 군현 지배는 중국 내부의 정세만이 아니라 옛 조선 지배 세력의 동향에 크게 영향을 받으며 이루어졌다. 토착의 조선 유민이 중국인에 의한 직접 통치에 강력하게 반발하였으므로 한은 기원전 82년에 진번군과 임둔군을 각각 낙랑군과 현도군에 합치고, 그 7년 후에는 현도군을 북방으로 이동시켰다. 이로써 한이 설치한 군현은 실질적으로 낙랑군만 남게 되었으나 토착 세력의 반발은 계속되어 23년에는 토착 호족인 왕조王調가 낙랑 태수를 살해하는 일까지 벌어졌다. 왕조를 중심으로 한 조선 유민의 반항 운동은 7년간이나 계속되었다. 그러나 이러한 움직임에도 불구하고 낙랑군은 313년에 고구려가 이를 몰아낼 때까지 그대로 존속하며 한반도의 정세에 큰 영향을 미쳤다.

4 _ 고조선 유민이 동·남진하며 여러 나라로 분립하다

조선 유민의 이동

위만 조선이 내분으로 멸망하고 한의 군현 지배가 시작되자 이를 받아들이기 어려웠던 세력은 본거지를 떠나 사방으로 흩어지게 되었다. 이와 같은 급격한 사회 변동은 동쪽의 진국 사회에도 큰 파장을 미쳐 민족의 연쇄적 대이동을 촉발하였는데, 대부분의 세력이 남쪽의 마한 땅으로 들어갔다. 이에 지금의 황해도 일대에 있던 마한의 중심 세력도 역시 남쪽으로 이동하게 되었다. 마한은 변한과 진한의 대규모 세력이 마한의 여러 소국과 뒤섞임으로써 마한 사회의 기존 질서를 혼란에 빠뜨릴 것을 우려한 나머지 이들을 한반도 동남부 방면으로 유도하였다.

역사쪽지

가

가加눈, 삼한의 한韓이나 간干과 마찬가지로, 저마다 자신에 속한 하호를 통주統主하기 위해 관료를 거느리고 군사력을 갖춘 소국의 왕을 부르던 고유어이다.

변·진한 민의 잡거雜居와 도항渡航

한반도의 동부 및 남부 지역은 일찍이 마한에 편입된 지역으로서 이미 많은 사람들이 국가를 형성하여 살고 있었다. 그러므로 이동해 온 변·진한 사람들은 선주민이 드문 산골짜기로 제각기 찾아들어, 이곳저곳에 소규모로 흩어져 서로 섞여 살게 되었다. 그리고 거주하기에 마땅한 곳을 찾지 못하였거나 거주지의 확보를 둘러싼 분쟁에서 밀린 일부 세력은 배를 만들어 타고 아예 일본의 규슈九州 또는 혼슈本州 남부로 건너가기도 하였으니, 삼한 사람의 대규모 일본 이주가 이때부터 본격화되었다.

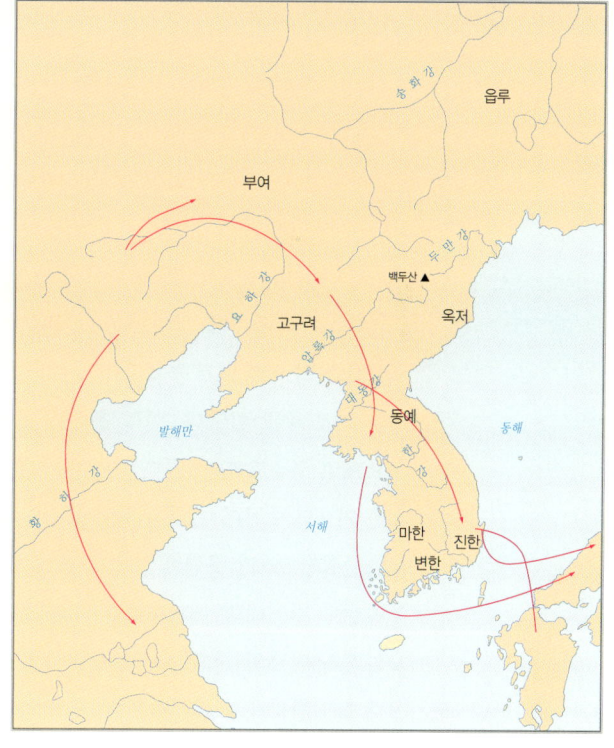

고조선 유민의 이동*

북방의 여러 나라

고조선이 붕괴되고 많은 세력이 남쪽으로 이동했지만, 북방에는 여전히 다수의 조선 유민들이 남아 삶을 이어갔다. 한이 설치한 낙랑군 지역을 중심으로 그 북방에는 앞서 기자 조선이 세워질 때 이탈하여 독립한 환웅─단군계의 부여夫餘와 현도군을 몰아내고 독자성을 확보한 고구려高句麗가, 동북쪽에는 남·북 옥저沃沮가, 그리고 동남쪽에는 동예東濊가 있었다. 이들 나라는 각각 자리 잡은 곳의 지형과 지세, 인구와 산업 등에 따라 그 정치적 발전 단계나 제도 풍습 등이 다소간 달랐지만 서로 근사한 언어를 사용하였고, 서로 한 갈래에서 나온 종족이라는 역사의식을 지녔다. 그리고 그 사회는 가加가 하호下戶를 노복奴僕처럼 부리는 노예제 사회였다는 점에서 대동소이하였다.

부여의 흥망

환웅─단군계와 그 추종 세력들이 조선을 이탈하여 따로 부여를 세운 것은 중국의 상商·주周 교체기보다 앞선 시기였다. 하늘 임금의 아들인 동명東明이 부여를 세웠다고 선하는데, 부여의 영역은 오늘날 중국의 동북3성東北三省을 거의 모두 아우르는 넓은 지역이었다.

부여는, 고조선과 마찬가지로, 가加라고 부른 소국의 왕들이 각기 자기 영토를 다스리면서 이웃의 가들과 연맹하여 형성한 국가였다. 초기의 부여 왕들은 신정神政을 펼쳤으므로 가뭄이 들거나 홍수가 나서 농사가 잘 되지 않으면 그 책임을 지고 쫓겨나기도 하였다. 중앙 정치에 참여하는 가들은 마가馬加·우가牛加·구가狗加·저가猪加 등 가축의 이름을 딴 관명으로 불렸으며, 자기 영토 외에도 귀족 관료로서 나누어 통치하는 읍락들을 따로 두고 있었다. 이들 읍락은 도읍으로부터 사방으로 뻗은 길을 따라 발달해 있었으므로 사출도四出道라고 하였다. 각 읍락에는 잘 사는 백성도 있었지만, 대부분의 백성은 가加의 노복이나 다름없는 처지에서 농사나 목축에 종사하였다.

기원전 5세기 무렵에 부여 전역에 철기가 보급되면서 가加들의 독자성이 더욱 강해져, 전쟁이 일어나면 제가諸加가 각자 자기 민을 이끌고 스스로 싸웠다. 부여의 법은 매우 엄격하여 남의 물건을 훔쳤을 때는 그 값의 12배를 보상하게 하였으며, 중한 범죄자는 제가가 합의하여 처결하였다. 제가의 사회적 위치와 정치적 권한이 높고 강하여 이들이 죽었을 때는 순장殉葬을 행하였다.

그러나 부여는, 기원전 2세기 초에 위만이 기자 조선의 중심부를 차지하고 또 기원전 2세기 말에 한이 위만 조선을 멸하여 직접 지배하는 정세의 변화에 잘 대응하지 못하였다. 이에 쇠퇴와 회복을 거듭하다가, 영역의 남쪽 변경에서 일어난 고구려에 의해 5세기 말에 흡수, 해소되고 말았다. 이 과정에서 부여를 이탈하여 삼한 사회로 흘러들어 간 세력이 적지 않았으며, 그 일부는 계속 남하하여 바다를 건너 일본 열도에까지 이르기도 했다.

남방의 여러나라

한반도 남부의 서쪽에는 주로 마한이 자리를 잡았고, 동·남쪽에는 진한과 변한이 서로 섞여 살았으며 더러는 마한의 몇몇 소국도 있었다. 마한에 속한 소국이 54국, 진한과 변한에 속한 소국이 각각 12국으로서 모두 78개국이었다고 전한다. 삼한이 북방에 있었을 때는 진한이 가장 우세하여 여기서 삼한 전체의 왕인 진왕辰王을 냈으나, 남방으로 이동한 후에는 마한이 가장 컸으므로 이곳의 목지국目支國 왕이 진왕이 되었다. 이동하여 내려온 진한은 처음에 마한에 복속하였으나 기원전 1세기 중엽에 독립하여 신라新羅를 세웠고, 변한은 1세기 중엽에 가야加耶로 발전하였다. 그리고 마한에서는 기원전 1세기 후반에 북쪽 한강 유역에서 백제百濟가 일어나 새로운 사회 변동의 구심점이 되었다.

남북 지역에 건설된 여러 나라 *

제2편

여러 나라에서 통일 국가로

요동 지방에서 만주를 거쳐 한반도에 이르는 넓은 지역 곳곳에 성립해 있던 소국小國 연맹체들은 기원전 1세기 중엽부터 차례로 새로운 형태의 고대 국가古代國家로 재편되기 시작하였다. 먼저, 진한辰韓의 6개 소국 지배층이 신라新羅를 세웠으며(기원전 57), 압록강 중류 지역에서 일어난 주몽朱蒙 세력이 새로 고구려高句麗의 주도권을 쥐고 국가 체제를 재정비하였고(기원전 37), 한강 유역에서 온조溫祚가 백제百濟를 일으켜 마한馬韓의 소국들을 다시 통합하기 시작했다(기원전 18). 한편, 한반도 남부의 변한弁韓에 속한 12개 소국 중 반수는 신라에 흡수되고, 나머지 반은 가야加耶 연맹체를 구성하였으나 강력한 통합 왕권을 만들어내지 못한 채 제각기 발전하다가 6세기에 이르러 차례로 붕괴하고 말았다.

한국사에서 7세기 후반까지의 3국 시대는, 큰 세력을 형성한 한족漢族과의 경쟁에서 패배해 사방으로 흩어진 동이족의 여러 갈래 중에서 만주 및 한반도로 이주한 종족들이 국가를 세워 전열을 정비하고 한족에 대해 조직적인 반격을 시도하던 시기이다. 따라서 3국의 문화는 열세한 한민족이 강대한 한족 세력에 맞서 독자성을 유지하며 살아남기 위한 방향을 제각기 제시하는 성격을 띠었다. 3국

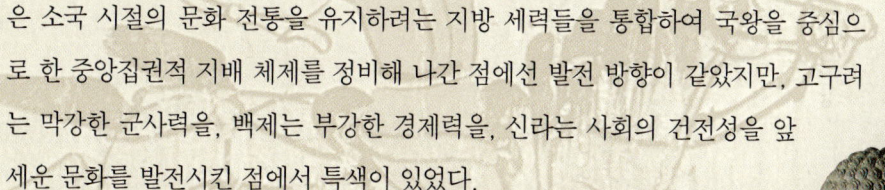

은 소국 시절의 문화 전통을 유지하려는 지방 세력들을 통합하여 국왕을 중심으로 한 중앙집권적 지배 체제를 정비해 나간 점에선 발전 방향이 같았지만, 고구려는 막강한 군사력을, 백제는 부강한 경제력을, 신라는 사회의 건전성을 앞세운 문화를 발전시킨 점에서 특색이 있었다.

이 중에서 신라가 먼저 가야를 병합하여 국제적인 외교 능력을 보강한 다음, 사회 구성원 사이의 신의와 애국심을 중시하는 건전한 문화 기반에 토대하여 나머지 3국을 통일하였다(676). 그러나 신라의 통일은 조상들의 활동 무대이던 중국 동북 지역에까지 미치지 못하였고, 또 고구려 유민 대부분을 포함하지 못한 한계를 지닌 것이었다. 이러한 역사 과정에서 말갈·여진 등이 한민족韓民族의 범주로부터 점차 배제되어 별도의 민족으로 분화되어 갔다.

고구려의 옛 영토에서는 발해渤海가 일어나 따로 발전하였다. 발해는 고구려를 계승한 나라였으므로, 신라는 이를 '북국北國'이라고 불러 남북으로 갈라선 동족의 나라로 인식하였다. 한민족의 통일은 고려高麗가 발해의 유민遺民을 받아들이고 압록강 유역까지 영토를 확대함으로써 미흡하나마 어느 정도 모양새를 갖추게 되었다

경주 석굴암 본존불상

1 신라, 고구려, 백제 가야

1_ 여러 나라가 3국으로 통합되다

4세기 후반 4국의 형세도

신라 경제력이 향상하여 하호下戸들이 성장함에 따라 이들을 잘 통제할 수 없게 된 진한 소국의 왕들은 서로 통합하여 하나의 큰 나라를 세워 지배력을 강화하기로 합의하였다. 이에 기원전 57년 박혁거세朴赫居世를 추대하여 국왕으로 삼고 신라新羅를 건국하였다. 신라의 건국에 참여한 진한의 소국은 처음에 6국이었다가 12국으로 늘어났다. 6국의 지배층은 각기 '부部'라는 정치체를 구성하여 신라의 중앙 정치에 참여하였다. 신라의 지배층은 6부가 낸 군사력을 통합·운용하여 외적에 대한 방위력을 높이고, 하층민에 대한 통치력을 강화할 수 있었다. 신라를 이룬 6부 지배층의 일부는 수도에 머물며 국가 정책을 논의·결정하여 집행하였으며, 일부는 지방에서 자기 소국을 이전처럼 다스렸다. 영토 전체를 군과 현으로 편성하고 지방관을 보내 일률적으로 통치하기까지는 시간이 얼마간 더 필요하였다.

고구려 위만 조선이 망한 후 이주하지 않고 그대로 남은 정치 세력들은 자기 땅에 들어선 중국 군현에 대항하면서 그 영향력으로부터 벗어나기 위해 투쟁을 전개하였다. 이러한 움직임을 주도한 정치 세력이 고구려高句麗였다. 고구려는 일찍이 고조선을 형성한 소국 연맹체의 하나였는데, 한漢이 현도군을 설치하고 들어오자 이에 맞서 싸우며 내부의 결속력을 다져 나가는 한편, 중국 문화를 받아들여 사회 발전에 힘썼다. 그러나 고구려 세력은 결국 군현 세력에 밀려 사방으로 흩어지고 말았다.

분열된 고구려 세력을 다시 통합하여 새 왕조 국가로 재건한 이는 주몽이었다. 주몽은 부여에서 태어나 성장한 사람이었는데, 부여의 남부 외곽 지역으로 옮겨 온 그는 압록강 중류 지역에서 일어나, 옛 고구려를 이루던 정치 집단들을 통합하여 기원전 37년에 왕조 국가를 건설하고 국호를 그대로 고구려라고 하였다.

한과의 투쟁 과정에서 막강한 군사력을 형성한 고구려는 국초부터 영토 확장에 힘써 동예와 옥저, 부여 등을 차례로 통합하고 직접 지배하였다. 그리고 마침내 중국 군현을 몰아냈다(313).

백제

일찍이 한반도에 자리잡고 발전하던 마한은 북쪽에서 내려오는 유이민의 파동에 끊임없이 시달렸다. 기원전 2세기 말부터는 한에 망한 위만 조선의 유민들이 계속 남하해 들어왔는데, 유이민 파동은 그 때마다 발달한 철기 문화를 전하는 계기가 되기도 하였으나, 안정적인 정치 발전을 가로막는 구실도 하였다.

마한의 여러 소국들을 통합할 새로운 정치적 기준을 제시한 이는 온조였다. 온조는 압록강 유역의 졸본부여卒本夫餘 출신으로, 이 곳에 고구려가 들어서 발전하자 무리를 이끌고 남하하여 한강 유역에 자리를 잡고 기원전 18년에 백제百濟를 건국하였다.

백제는 처음에 한강 하류의 한 소국에 지나지 않았으나, 마한의 여러 소국 지배층들을 차례로 흡수하여 넓은 영역을 가진 국가로 성장하였다.

이에 만주와 한반도의 여러 나라는 신라 · 고구려 · 백제로 통합되어 통일의 주도권을 놓고 서로 다투는 삼국시대로 접어들었다. 3국은 4세기 초까지 국경 부근에서 서로 충돌하기도 하였으나 각자 국가 체제를 정비하는데 주력하였고, 4세기 중엽부터는 대규모의 군사를 동원한 정복 전쟁을 본격적으로 전개하였다.

불꽃 무늬 맞새김 금동관(고구려) *
왕과 왕비의 금제관장식(백제) *
서봉총 금관(신라) *

가야

한반도 동남부에 자리잡은 변한 세력은 선진 제철 기술을 바탕으로 질 좋은 철을 생산하여 낙랑樂浪, 왜倭 등과 교역함으로써 튼튼한 경제력을 쌓고 빠르게 발전하였다. 변한의 지배 세력들은 기원전 1세기 말경, 지금의 경상남도 김해에 있던 가락국駕洛國을 중심으로 결집하여 가야加耶 연맹을 이루고 공동의 이익을 추구하였다.

금동관(가야)

>> ▶ **고대 일본은 과연 한반도 남부를 지배하였는가?**　과거 일본의 일부 학자들은 『일본서기日本書紀』의 6세기 중엽 기사에 보이는 '임나일본부' 를 고대 일본이 한반도 남부를 지배하기 위해 설치한 통치 기구였다고 생각하고, 광개토왕릉비의 신묘년조 기사가 이를 뒷받침하는 증거라고 주장하였다. 그러나 민간 역사학자들로 구성된 제2기 한일역사공동연구위원회가 2010년 3월에 제출한 최종 보고서를 통해 이른바 '임나일본부설' 은 역사 사실이 아니라는 데 양국의 학자 의견을 같이 했다고 밝힘으로써 공식 폐기되었다. 일본의 야마토大和 세력이 한반도 남부에서 활동했을 수 있지만, '임나일본부' 라는 공식 기구를 설치해 지배 활동을 했다고 볼 수는 없다는 것이다.

2 _ 3국의 사회와 문화가 발전하다

○ **귀족 중심의 사회와 문화** 　3국을 형성한 소국 출신의 왕족과 그 후예는 세습 귀족으로서 국정을 장악하고 정치·경제·사회·문화 등 모든 면에서 특권을 누렸다. 상위의 관직을 독점하였을 뿐 아니라, 정해진 토지와 백성으로부터 부세賦稅를 거둘 권리를 가졌고, 일상생활 전반을 규제하는 신분 제도를 마련하여 하급 신분의 상승을 억제하였다. 신분 제도로는 신라의 골품제骨品制가 유명하다.

무용총 수렵도* 고구려에서 사냥은 군사 훈련이자 가장 인기 있는 체육 종목이었다.

군사 대국 고구려　고구려인들은 국초에 산골짜기의 좁은 평지에서 생활하였으므로 물산이 풍부하지 못하여 늘 근검 절약하는 정신이 몸에 배었고, 중국의 잦은 침입을 받았으므로 자주 국방에 힘썼다. 따라서, 고구려는 일찍부터 강한 사회 결속력을 보였으며, 전투력이 뛰어나 중국인들이 두려워하는 대상이 되었다. 군사 대국으로 성장한 고구려는 중국의 침입으로부터 한민족을 보호하는 방파제 구실을 하였다. 고분 벽화에 고구려인의 진취적이고 역동적인 기상이 잘 나타나 있다. 또, 고구려인들은 가무를 즐겼는데, 이는 군사 중심 사회가 지니기 쉬운 경직성을 풀어 내는 구실을 하였다. 그러면서도 여럿이 같은 춤을 추는 군무群舞를 좋아하여 조직의 협동과 화합을 중시하였다.

황룡사 복원 모형* 황룡사는 569년에 완성된 신라 최대의 사찰로서, 신라 삼보三寶 중 2보인 장육존상丈六尊像과 9층 목탑이 이 절에 있었고 솔거率居가 그린 금당 벽화가 있었으나, 1238년 몽골군의 침입으로 소실되었다.

문화 성국 신라　신라 문화는 강한 주체성과 건전성을 지녔다. 불교를 받아들이면서도 이를 국왕의 신성한 권위를 뒷받침하고 국가의 평안함과 번영을 기원하는 호국 신앙으로 발전시켰으며, 전쟁이 일어나면 승려도 전투에 참가하여 외적을 물리쳤다. 또, 화랑도花郞徒를 통해 충효와 신의를 중시하는 인재를 길러 그 문화를 건전하게 유지하였다.

신라인은 황금을 다루는 금속 공예 기술이 매우 뛰어났다. 금관 등 왕과 왕비의 장신구를 통해 이를 알 수 있다. 그리고 건축이 발달하여 큰 규모의 사찰과 석탑을 많이 건립하였다. 그 가운데서도 높이가 80여 미터나 되는 거대한 9층 목탑을 배설한 황룡사皇龍寺가 유명하다.

황룡사 9층 목탑 모형도

○ 경제 부국 백제

백제는 4국 중에서 가장 넓은 평야 지대를 차지하고, 여기서 나오는 풍부한 물산을 기반으로 중국, 일본 등과 해상 무역을 전개하여 경제력을 쌓아 번영하였다. 그러므로 그 문화는 웅장하면서도 온화한 성격을 띠었다. 작은 석재를 이용하여 목조 건축을 쌓듯이 세운 미륵사지 석탑彌勒寺址石塔에서 백제인의 웅장한 기상을, 서산 마애삼존불磨崖三尊佛의 온화한 미소에서 자상하고 풍요로운 심성을 엿볼 수 있다.

백제는 뛰어난 건축 기술을 지닌 나라였다. 신라의 황룡사 9층 목탑과 불국사 3층 석탑을 조성한 사람이 백제의 기술자였다고 하며, 일본의 고대 사찰과 목탑 중에는 백제 건축술의 영향을 받은 것이 많다고 알려져 있다.

마애삼존불(충청남도 서산) ＊ '백제의 미소'라 불리는 서산 마애삼존불은 맑고 꾸밈 없는 백제미의 극치로 알려져 있다.

교역의 나라 가야

가야加耶는 국제간의 해상 교통로에서 중심적인 위치에 있었으므로 일찍부터 주변 여러 나라와 교역하면서 발전하였다. 가야인의 발달한 제철 기술로 만든 철제 갑옷과 마구, 환두대도(둥근 고리 자루 큰 칼) 등은 인기 있는 교역 물품이었다. 이 무렵 왜倭는 가야의 토기 제작 기술을 받아들여 스에키須惠器와 같은 양질의 토기를 생산하게 되었다. 한편 가야 유적에서는 외래적인 요소를 지닌 유물이 많이 출토되는데, 하지키土師器, 스에키 계통의 토기와 벽옥제碧玉製 석촉 등의 유물이 많아 왜와의 교역이 매우 활발했음을 알 수 있다.

가야인들은 교역을 통해 이룬 경제력으로 넉넉한 생활을 하면서 음악과 춤을 즐겼다. 이들은 12줄로 된 현악기를 만들어 연주하였는데, 이 악기를 가야금伽倻琴이라고 부른다. 가야금은 신라로 전해져 한국의 주요 전통 악기로 발전하였다.

가야는 초기에 김해의 가락국이 이끄는 금관가야金官加耶를 중심으로 발전했으나, 4세기 말엽에 그 세력이 약해지자 5세기부터는 함안의 안라국安羅國과 고령의 반파국伴跛國이 맹주가 되어 가야를 이끌며 대가야大加耶라고 칭하였다.

가야의 갑옷 ＊

가야의 말 얼굴 가리개 ＊

3 _ 3국이 서로 겨루며 통일을 지향하다

백제 전성기(4세기 중엽)＊

4세기 — 백제가 마한 전체를 통합하다

백제는 3세기에 지배 체제를 정비하여 중앙 집권 국가로 발전하였다. 국가 조직을 정비한 백제는 4세기 후반에 적극적으로 영토 확장에 나섰다. 북으로 황해도 일대를 장악하고 고구려의 수도인 평양성平壤城까지 공격하였으며, 남으로 마한 전 지역을 확보하였다. 평양성에서는 백제의 공격을 막던 고구려왕이 전사하기도 하였다.

백제는 밖으로 가야와 동진東晉, 왜 등과 긴밀한 외교 관계를 맺고 고구려를 견제하였다. 특히 중국의 동진으로부터는 불교를 전해 받았는데, 백제는 불교를 보호하여 그 사상을 왕조 국가 체제의 안정에 활용하였다.

5세기 — 고구려가 영토를 크게 확장하다

한편, 백제의 공격으로 국왕이 전사한 데 충격을 받은 고구려는 태학太學을 세워 인재를 양성하고, 율령律令을 반포하며 불교를 수용하여 사회 통합에 나서는 등 국가 발전을 위한 기반을 다졌다.

국가 조직을 정비한 고구려는 4세기 말 광개토대왕廣開土大王 때부터 백제에 대한 반격에 나서는 한편, 사방으로 정복 전쟁을 벌이기 시작하였다. 광개토대왕은 왜의 침입을 받은 신라가 구원을 요청하자, 기병을 파견하여 왜군을 물리치고 가야를 압박하였으며, 북으로 부여를 통합하고 랴오허 건너편까지 진출하여 중국 동북 지역 대부분의 땅을 되찾았다. 뒤이어 즉위한 장수왕長壽王은 수도를 국내성에서 평양성으로 옮기고(427), 남진 정책을 적극적으로 추진하였다. 이에 백제는 한강 유역을 잃고 도읍을 웅진熊津(지금의 공주)으로 옮기게 되었다.

5세기 말에 고구려는 역사상 최대의 판도를 이루고 동아시아의 강대국으로 위세를 떨쳤다. 그러나 고구려는 거듭되는 전쟁으로 집권 세력에 대한 불만이 쌓이고 경제가 침체되어 6세기 한때 분란의 위기를 맞기도 했다.

고구려 전성기(5세기 말)＊

6세기 — 신라가 가야를 병합하고 한강 유역을 차지하다

신라는 4세기 후반에 김씨가 정권을 잡고 왕위를 세습하면서 발전의 전기를 맞았다. 5세기에는 백제와 동맹을 맺어 고구려의 압박에 대응하였으며, 6세기로 접어들자 국가 조직을 중앙 집권적 형태로 바꾸고 비약적으로 발전하기 시작하였다. 6세기 전반, 신라는 금관가야를 병합하여 낙동강 유역으로 진출하였다. 6세기 중엽에는 한강 하류의 땅마저 차지하고, 이어서 후기 가야 연맹의 맹주인 대가야를 정복하여 낙동강 서쪽 일대를 장악한 다음, 동해안을 따라 함흥 평야까지 진출하였다.

7세기 전반 — 고구려가 수·당의 침입을 물리치다

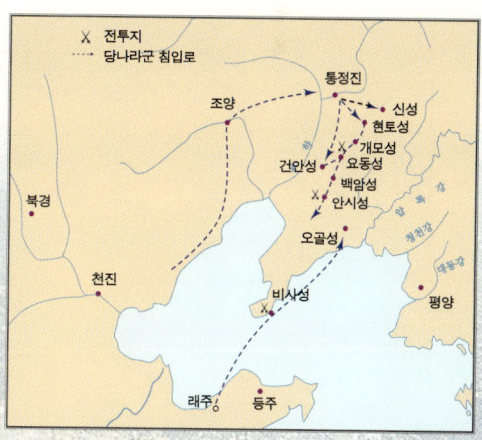

신라 전성기(6세기 중엽) *

6세기 말에 수隋가 오랫동안 분열되었던 중국을 통일하자, 고구려는 수와 동아시아의 패권을 놓고 정면으로 충돌하게 되었다. 7세기에 들어와 수는 대규모의 군사를 동원하여 고구려를 침입하였다(612). 이 때 고구려 을지문덕乙支文德 장군은 살수薩水(지금의 청천강)에서 수의 정예병을 전멸시켰다. 얼마 후에 수는 무리한 전쟁으로 인한 국력 소모를 견디지 못해 멸망하고 말았다.

수가 망한 뒤에 중국을 다시 통일한 당唐도 국가 체제를 정비하자 곧 고구려를 침입해 왔다. 그러나 강한 군사력을 지닌 고구려를 이기기는 힘들었다. 7세기 중엽에는 당 태종太宗이 직접 대군을 이끌고 쳐들어왔으나, 안시성安市城 싸움에서 패하여 물러났다(645).

7세기 후반 — 신라가 한반도를 통일하다

고구려가 수·당과 치열한 전쟁을 치르는 동안, 백제는 신라의 서쪽 땅을 공격하여 차지하였다. 위기에 처한 신라는 당과 군사 동맹을 맺고 백제를 멸망시켰다(660). 백제가 무너지자, 나·당 연합군은 고구려를 공격하였다. 고구려는 처음에 이를 잘 물리쳤으나, 계속된 전쟁으로 국력이 약해진데다 권력을 둘러싸고 내분이 일어나 멸망하고 말았다(668).

수·당의 고구려 침입

백제와 고구려를 멸한 뒤, 당은 신라를 쳐서 한반도 전체를 지배하려 하였다. 이에 신라는 백제, 고구려의 유민과 합세하여 당군을 몰아내기 위한 전쟁에 나섰다. 그리하여 신라는 오랜 전쟁 끝에 마침내 대동강 이남에서 당군을 완전히 몰아내고 한반도 통일을 완수하였다(676).

4 _ 백제와 고구려의 유민이 국가의 부흥을 꾀하다

백제 유민의 부흥운동

백제의 지배층은 사비성이 함락된 후에야 뒤늦게 백제를 부흥하기 위해 나섰다. 왕족인 복신福信이 승려 도침道琛과 손잡고 주류성周留城에서 백제 부흥 운동을 일으켜, 일본에 사신을 보내 구원을 요청하는 한편 체류 중이던 왕자 부여풍夫餘豊의 귀환을 촉구하였다. 일본의 사이메이齊明 천황은 즉시 구원에 나서, 아들인 나까노오오에(훗날의 덴치천황天智天皇)로 하여금 북큐슈로 가서 구원병의 파견을 직접 지휘하도록 하였다. 일본은 661년부터 세 차례에 걸쳐 3만 여 군사를 파견하여 백제 부흥군을 지원하였다.

복신은 귀국한 부여풍을 왕으로 옹립하고, 임존성任存城에서 군사를 일으킨 흑치상지黑齒常之 등과 호응하여 여러 성을 되찾는 성과를 거뒀으나, 내분이 일어나 도침을 죽인 후 부여풍에 의해 살해되고 말았다. 부여풍은 세력을 수습하여 일본의 원병과 함께 나·당 연합군에 맞섰다. 그러나 663년에 백강白江(또는 白村江) 전투에서 참패함으로써 지도력을 상실하고 고구려로 망명하니, 그 후 몇몇 사람이 분전하였으나 결국 백제의 부흥 운동은 실패로 끝났다.

백제·고구려 유민의 부흥운동

고구려 유민의 부흥운동

고구려가 멸망한 후 당은 평양에 안동도호부安東都護府를 설치하고 관리를 파견하여 직접 지배에 나섰다. 이에 대형大兄 검모잠劍牟岑을 비롯한 고구려의 유민들이 각지에서 일어나 당에 대항하였다. 검모잠은 한성漢城에서 보장왕寶藏王의 외손인 안승安勝을 왕으로 옹립하고 부흥 운동을 일으켰으며, 고연무高延武는 국내성에서 유민을 결집하여 당군을 공격하였다.

신라는 당 세력을 몰아내고 통일을 완수하기 위해 고구려 유민의 부흥 운동을 지원하였으나 당의 반격으로 패퇴하고 말았다. 그러자 부흥군 내부에서 분열이 생겨 안승이 검모잠을 죽이는 일이 일어났다. 당군은 이틈을 노려 대규모 반격을 개시하였다. 이에 북방의 주요한 성들이 함락되고 부흥군의 연대가 무너지고 마니, 안승은 부흥군의 잔여 세력을 이끌고 신라 땅으로 들어갔다. 신라는 이들 유민을 금마저金馬渚(지금의 익산)에 집단 이주시키고 안승을 보덕국왕報德國王에 임명하여 대우했으나, 이로써 고구려의 부흥 운동은 그 막을 내리게 되었다.

◯ 부흥운동 실패 후 유민 지도자

임존성에서 백제의 부흥 운동을 이끌었던 흑치상지는 주류성이 무너지자 당에 투항한 후 당으로부터 관직을 받고 토번(티벳)과 돌궐(투르크)의 토벌에 참가하였다. 그는 이 토벌에서 무공을 세워 연국공燕國公의 지위에까지 올랐지만 마침내 모함을 받아 사형당하고 말았다. 고구려 유민의 아들인 고선지高仙芝도 이와 비슷한 운명을 걸었다. 고선지 역시 뛰어난 군사 전략가로서 토번과 서역 정벌에서 크게 이겨 명성을 떨쳤으며 우우림군대장군右羽林軍大將軍에까지 임명되기도 하였으나 결국 무고誣告에 의해 처형되었다. 나라를 잃고 당에 들어간 유민의 삶은 대부분 이처럼 비참하였다.

한편 고구려 부흥 운동을 이끌었던 고연무는 안승과 함께 신라에 투항하였다. 그는 신라군과 연대하여 압록강을 건너, 당나라 군사를 돕던 말갈족 군사를 격파하며 당나라 군사를 한반도에서 몰아내는 데 앞장섰다. 그리고 신라가 안승을 보덕국 왕으로 봉하자 함께 금마저로 이주하여 그를 보필하였다. 신라로 투항한 백제와 고구려의 유민 지도자들은 각기 자기 나라의 남은 백성을 이끌고 나당전쟁에서 활약하였다.

1 _ 남북국 시대가 열리다

○ **남북국의 관계** 신라와 당이 고구려를 멸하였으므로 발해는 처음에 이들과 적대하면서 돌궐 및 일본과 친교하였으나, 점차 대외 정책을 바꾸어 당 문화를 받아들이고 통일 신라와도 통교하였다. 통일 신라와 발해는 서로 경쟁하듯 발전하여 당과 함께 동아시아 번영의 주축을 이루었다. 남북국은 모두 우리 조상들이 세운 국가였으므로 그 제도에 공통점이 많았다. 신라가 5소경小京을 둔 데 반해 발해가 5경京을 둔 것은 하나의 예이다. 또, 남북국은 정치 운영에서 귀족들의 합의를 무엇보다 중시한 점에서도 일치하였다. 신라는 화백和白 회의에서, 발해는 정당성政堂省 회의에서 국가의 중요한 일을 합의로 결정하고 시행하였다. 이러한 합의 정치 체제는 고려의 도병마사사都兵馬使司와 도평의사사都評議使司 및 조선의 비변사備邊司로 그 맥이 끊이지 않고 계승되었다.

통일 신라와 발해의 형세도

통일 신라

통일 후, 신라는 전국을 9주 5소경으로 나누고 주 밑에 군과 현을 두었으며, 지방관을 파견하여 다스렸다. 그리고 백제와 고구려의 유민을 신라인과 똑같이 대우하여 민족 융합에 힘쓰는 동시에, 4국의 문화를 아울러 통일 문화로 발전시켰다. 원효元曉의 화쟁 사상和諍思想이 이질적인 문화를 통일 문화로 융합해 내는 데 밑거름이 되었다. 화쟁 사상은 특정한 교설이나 사상에 얽매이지 않고 한 마음으로 그 본질을 파악해 대립과 투쟁을 화해시킴으로써 조화와 융합을 지향한 사상이다.

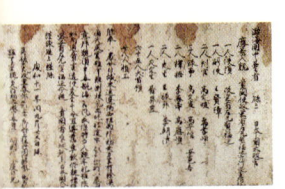

발해 중대성첩 사본 841년 발해의 중앙 조직인 중대성中臺省에서 일본 태정관太政官에 보낸 국서이다.

해동성국 발해

고구려가 멸망한 뒤 한반도 북부와 중국 동북 지방에는 진국震國이 들어섰다. 진국은 후에 나라 이름을 발해로 고쳐 새로운 발전을 다짐하였다. 고구려를 계승한 나라로서, 일본에 보내는 국서에 '고려高麗'라고 썼고, 일본도 발해를 그렇게 불렀다. 온돌 장치, 굴식돌방무덤, 기와나 석등 같은 유물과 유적을 봐도 고구려의 문화적 요소를 계승한 것임을 알 수 있다. 당은 처음에 진국을 인정하지 않다가, 국가 체제가 정비되자 발해라고 부르며 정식으로 국교를 맺었다. 신라인들은 발해를 '북국北國'이라고 불러 같은 뿌리에서 나온 국가로 인식하였다. 이로써 한국의 역사는 통일 신라와 발해가 양립하는 남북국의 형세를 이루게 되었다.

2 _ 남북국의 사회와 경제가 발전하다

○ **사회 구성**　　유민들이 힘을 합쳐 당군을 몰아내는 과정에서 삼국은 한 겨레이
므로 하나의 통일 국가를 이루고 살아야 한다는 '삼한 일통 의식三韓
一統意識'이 높아졌다. 신라가 한반도를 통일하자 하나의 민족이라는 의식은 더욱 고양
되었다. 통일 신라는 백제, 고구려의 지배층에게 신라 관등을 주어 지배층 신분을 유지
하게 하고, 확대된 전 국토를 일원적인 행정 조직으로 개편하여 삼국의 일반 백성들도
차별을 받지 않고 살게 하였다.

통일 신라는 왕족인 진골眞骨이 최고의 지배 신분층을 형성하고, 진골이 아닌 나머지
지배층은 관등을 기준으로 두품頭品을 나누는 골품제를 시행하였다. 국가의 모든 관직은
각각에 해당하는 관등을 정해, 두품층이 아무리 승진하여도 진골이 독점하는 고위 관직
에 오르지 못하도록 하였다.

발해는 고구려 왕족 출신의 귀족들이 중심이 되어 지배층을 이루고, 말갈인들이 피지
배층을 이루는 사회 구성을 보였다. 발해가 외국에 파견한 사신의 성씨에 고구려 왕족인
고씨高氏가 많은 사실에서 이를 알 수 있다.

○ **경제 생활**　　통일 신라는 영토가 넓어지자 전국의 토지를 측량하고 백성의 경
제 상태를 조사한 다음, 차등적으로 부세를 거둬 빈부의 차를 조정
해 나갔다. 6세기 무렵부터 신라는 전조田租를 거두는 것을 하나의 권리(수조권收租權)로
파악하여 귀족관료들에게 이를 녹읍祿邑으로 나누어 주어 보수로 삼게 하였다. 녹읍은 국
왕 중심의 집권적 관료 국가 체제를
유지하는 정치·경제의 중추로서, 통
일 후 한때는 전국의 토지를 일률적으
로 파악하기 위해 이를 폐지하고 녹봉
祿俸으로 바꿔 지급하기도 하였다. 하
나의 토지에 대해 소유권과 수조권이
병존하고 조화·대립한 것이 한국 중
세 토지 소유 관계의 큰 특징이다.

신라 촌락 문서* 도다이지東大寺
쇼소인正倉院에 소장되어 있는 통일
신라 시대의 문서로서, 서원경西原
京(지금의 청주) 부근의 4개 촌락에
대해 촌명村名, 촌역村域, 호구戶
口, 우마牛馬, 토지土地, 수목樹木
의 실태와 그 변화를 3년마다 조사
한 내용이 기록되어 있는데, 이 문서
를 통해 통일 신라는 군현제에 입각
하여 지방 촌에 이르기까지 자세한
사정을 파악하고 있었다는 것을 알
수 있다. 이 문서는 통일 신라 시기
촌락의 경제 상태 및 국가의 납세 기
반 파악 방식을 이해하는 데 중요한
자료이다.

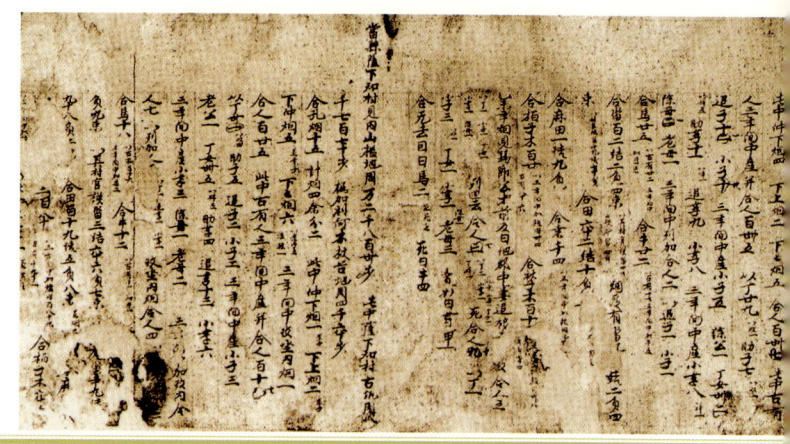

3 _ 남북국의 문화가 발전하다

불국사 (경상북도 경주)

불국사와 석굴암 오늘날까지 전하는 신라 사찰로 불국사佛國寺와 석굴암石窟庵(본래의 이름은 석불사石佛寺)이 있다. 불국사는 이상적인 세계를 건축으로 표현한 사찰이고, 석굴암은 아미타불이 사는 세계를 조형한 석굴 사찰이다. 여기에는 국가가 근심 걱정 없는 평안한 세상이 되기를 바라는 신라인들의 염원이 담겨 있다.

불국사 경내에는 3층 석탑과 다보탑을 비롯한 많은 국보급 건축물이 남아 있다. 그리고 석굴암 석굴은 신라 조형 예술의 결정체로서 세계에 널리 알려져, 불국사와 더불어 세계 문화 유산으로 지정되었다.

향가 삼국 시기의 사람들은 노래가 신성神性의 주술력을 가졌다고 믿었다. 신라에서도 무당과 박수가 기원하는 내용을 노랫가락에 담아 부르는 전통이 있었다. 이러한 신가神歌는 불교가 들어온 후 고유의 정형 시가定型詩歌인 향가鄕歌로 발전하였다. 향가의 노랫말을 글로 써서 나타낼 때에는 예부터 내려오는 우리식 한자 표기 방식을 썼으므로 누구나 쉽게 읽고 따라 부를 수 있었다. 향가의 작가는 주로 승려나 화랑 등 식자층이었지만, 일반민의 정서와 어우러져서 국민 모두가 널리 애창하였다.

감은사와 대왕암 신라 불교는 국왕의 신성한 권위를 뒷받침하고 국가의 평안함과 번영을 기원하는 호국 신앙의 성격이 강하였다. 여러 곳에 규모가 큰 호국 사찰이 건립되었는데, 그 중에서 감은사感恩寺는 불교의 힘으로 일본의 침략을 물리치기 위해 세운 사찰이었다. 여기에는 동해의 큰 용이 되어 죽어서도 나라를 지키겠다는 문무왕文武王의 뜻이 담겨 있다. 문무왕은 감은사에서 건너다 보이는 바다 가운데 대왕암大王岩에 묻혔다.

감은사 터와 감은사지 3층 석탑

교종과 선종

신라에서 불교는 처음에 왕실과 지배층들이 중심이 되어 받아들였으나, 통일 후에는 점차 일반 민중들에게까지도 널리 신봉되기에 이르렀다. 그리하여 위로는 국왕으로부터 밑으로는 일반 민중에 이르기까지 모든 신라인들이 한결같이 우러러 받드는 종교로서 큰 사회적 역할을 하였다.

통일 후에 불교에 대한 이해가 깊어지자, 신라의 승려들은 교학과 교리를 둘러싸고 활발한 논의를 전개하여 이를 저술로 남겼다. 원효元曉와 의상義湘 등이 대표적인 저술가였는데, 이들의 저술은 중국과 일본에 전해져 영향을 미치기도 하였다.

8세기 말에 신라 불교계에는 새로운 경향이 나타났다. 경전과 교학을 중시해 온 이전의 불교 이해 경향인 교종敎宗과 달리 복잡한 교리에 의거하지 않고 심성을 닦는 데 치중한 새 경향을 선종禪宗이라 하는데, 선종은 신라 말에 지방 호족豪族들의 후원으로 크게 번성하였다.

발해의 석등* 발해 상경성 옛 절터를 외롭게 지키는 거대한 석등. 6m의 거대한 높이와 기둥돌 위, 아래에 새겨진 강건한 느낌의 연꽃 무늬 부조가 당시 절의 규모와 나아가 발해의 국력까지 짐작케 한다. 현재 이곳은 발해 상경유지 박물관이 들어서 있다.

발해의 문화

발해의 문화는 고구려 문화를 근간으로 당 문화를 수용하여 가미한 형태를 띠었다. 발해 3대 문왕文王의 두 딸인 정혜공주貞惠公主와 정효공주貞孝公主 무덤이 발견되었는데, 고구려와 당의 묘제를 종합한 양식으로 만들어졌다. 발해가 인재 양성을 위해 당에 많은 유학생과 유학승을 보냈기 때문에 지배층 문화에서는 당 문화의 영향이 컸으리라 짐작된다. 그러나 지방 사회에서는 고구려와 말갈의 토착 문화가 강하게 남아 있었다.

발해에서도 불교 문화가 융성하였다. 발해의 수도였던 곳에서 수많은 절터가 발견되었고, 여기서 불상, 석등, 돌사자, 와당 등 불교 관계 유물이 적잖이 나왔다. 이 유적 유물에서도 직선적이고 소박한 고구려의 예술 양식이 기본을 이루었다는 것을 확인할 수 있다.

불탑과 가람伽藍 배치

불탑佛塔(탑파라고도 한다)은 인도의 무덤 양식에서 기원한 불교 건축물로서, 석가모니가 죽은 후 그 유골을 나누어 탑을 세운 데서 불탑이 건립되기 시작하였다. 불탑은 시대와 지역에 따라 사정에 맞게 다른 재료와 형태로 세워졌다. 대체로 중국에서는 전탑塼塔이, 한국에서는 석탑石塔이, 일본에서는 목탑木塔이 주류를 이룬다. 3국 시대에는 9층, 5층, 3층 석탑이 많이 세워지다가, 통일 후에는 3층 석탑으로 정형화되었다. 불탑은 불상을 모신 금당 및 기타의 여러 건물과 어우러져 하나의 사찰을 형성한다. 금당과 불탑의 배치를 보면, 초기에는 금당 앞에 큰 탑을 하나만 세운 가람 배치를 보이다가, 통일 후에는 불탑의 크기가 작아지면서 쌍탑식으로 정착된다. 이는 불교의 주된 신앙 대상이 탑에서 불상으로 옮겨간 데 따른 변화이다.

4 _ 해외로 나가 활발하게 활동하다

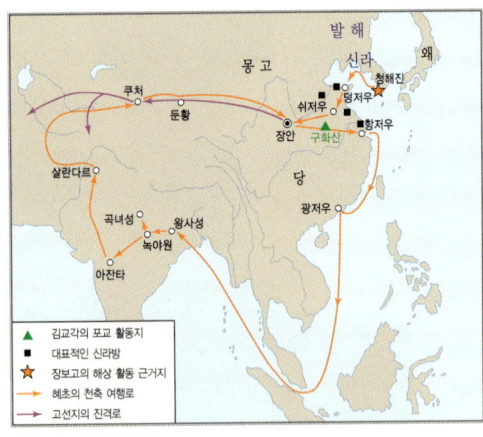

신라, 고구려의 해외 활동＊

당에서 활동한 고구려와 백제 유민들

고구려와 백제가 멸망한 후에 그 유민 중에는 당에 들어가 활동한 사람들이 많았다. 흑치상지黑齒常之는 백제 유민으로, 국가 멸망 후 부흥 운동을 벌이다가 당군에 투항하여 당으로 건너갔다. 그는 당의 장수가 되어 서역의 공략에 참가해 공을 세우고 당의 고위직에 올랐다.

고선지高仙芝는 고구려 유민의 후손이다. 그는 파미르 고원을 넘어 서역의 사라센 제국을 세 차례나 원정하였는데, 제2차 원정 때(751) 중국의 제지술이 서양에 전해지게 되었다.

이정기李正己는 안녹산安祿山의 난이 일어나 당의 정국이 혼란해지자, 절도사라는 지위를 이용해 지금의 산둥성 일대를 차지하고 독립하여 중앙 정부에 대항하였다. 그는 당의 수도인 장안으로 통하는 대운하를 장악하여 국력을 쌓고, 자손을 이어 가며 55년 동안 이 지역을 통치하였다(765~819).

부석사＊ 경북 영주시 부석면 봉황산 중턱에 있는 신라 때 절로 676년 의상이 왕명을 받들어 지은 화엄종 사찰이다.

의상과 혜초

신라는 통일 후 당에 많은 구법승을 파견하였는데, 그 중에서 대표적 승려가 의상이었다. 의상은 당에 가서 중국 화엄종華嚴宗의 학문을 배우고 돌아와 부석사浮石寺 등 많은 사찰을 건립하고 제자를 육성하여 신라 화엄종의 발전에 기여하였다. 의상은 중국 승려들에게도 존경을 받았으며, 『화엄일승법계도華嚴一乘法系圖』를 지어 중국 화엄종의 발전에도 일정한 영향을 끼쳤다.

신라 승려 중에는 멀리 인도까지 갔던 승려도 많았다. 그 중에서 혜초慧超가 유명한데, 혜초는 당을 거쳐 해로를 통해 인도에 들어가 불교 성지를 순례하고, 육로로 서역을 거쳐 다시 당으로 돌아와 많은 저술을 남겼다. 그가 지은 『왕오천축국전往五天竺國傳』은 동서 교섭사 및 인도사를 연구하는 데 귀중한 사료로 이용된다.

김교각

김교각金喬覺 스님은 신라의 왕자로서, 죽을 때까지 당에 머무르며 포교 활동을 하였다. 그는 중국의 4대 불교 명산 가운데 하나인 구화산九華山 지역을 중심으로 활동하며 정성을 다한 빈민 구제를 통해 불교를 널리 알렸는데, 이에 감화를 받은 중국인들이 지금도 지장왕보살地藏王菩薩로 부르며 높이 추앙하고 있다.

장보고

장보고張保皐는 일찍이 당에 건너가 무관으로 활약하였는데, 신라에서 해적에게 잡혀가 노예가 된 사람들의 비참한 처지를 보고 분개하여 관직을 그만두고 귀국하였다. 그는 해로의 요충지인 청해淸海(오늘의 완도)에 진을 설치하고, 점차 중국 및 일본으로 통하는 해로를 장악, 해적을 소탕하고 무역 활동을 전개해 '해상왕' 이라는 칭호를 얻었다. 또한 장보고는 중국에 법화원法華院이라는 절을 세워 신라 승려의 구법 활동을 지원하면서 현지 교민 사회의 구심점으로 활용하였는데, 일본 승려 엔닌圓仁도 장보고 선단의 도움으로 당에 들어가 법화원에 머물렀다.

최치원

신라는 당의 발달한 학문을 배우기 위해 많은 유학생을 파견하였다. 그들 중 당에서 실시한 관리 채용 시험에 합격해 문명文名을 떨친 이들이 적지 않은데, 최치원崔致遠이 대표적인 인물이다. 그가 중국에서 벼슬할 때 난을 일으킨 황소黃巢를 치기 위해 지은 『토황소격문討黃巢檄文』은 당 문인에게 널리 칭송된 명문으로 유명하다.

역사쪽지

통일 신라 시기의 해외 활동

통일 신라 시기는 현대를 제외하고 한국인의 해외 활동이 가장 활발했던 시기이다. 한민족은 어려운 환경을 이겨 내며 중국을 물론 중앙아시아, 인도에까지 진출하여 활동했으며, 현지에서 슬기를 발휘하여 그 이름을 남겼다. 또한, 이 시기에는 아라비아의 상인들이 드나들며 활발한 무역활동을 벌였다.

적산 법화원※ 장보고가 산동성 문등현 적산촌赤山村에 세운 절. 일본의 저명한 승려 엔닌은 일기에서 당시 법화원에는 재당 신라인들의 발길이 끊이지 않았다고 하였다.

5 _ 신라가 후삼국으로 분열하고 발해가 멸망하다

신라 말기 사회 혼란

8세기 후반에 이르러 귀족의 수가 많아지자 동질성이 사라져 서로 견제하고 싸우는 모습을 보였다. 하급 관료층은 출세를 위해 힘있는 귀족에게 모여들었으며, 귀족들은 이들을 끌어모아 왕위에 도전하였다. 왕위 쟁탈전과 모반 사건이 끊임없이 일어나면서 신라 사회는 혼란에 빠졌다.

9세기에 들어서서는 지방 세력까지 이에 연루되기 시작했고, 왕위 쟁탈전에서 밀린 귀족 중에는 지방으로 내려가 막강한 경제력과 인력을 토대로 독자적인 군사력을 기르는 경우도 생겨났다. 사회가 혼란한데다 흉년까지 겹치자, 전국의 많은 농민들이 도적 떼로 변하여 노략질을 일삼고 인명을 해쳤다. 국가는 이에 강력히 대응했지만, 그럴수록 이들은 서로 세력을 끌어모으고 조직력을 갖추어 농민군으로 발전하였다.

후삼국

사회가 혼란해지자 지방에서 거두는 조세가 크게 감소하여 9세기 말에는 신라의 국정 운영이 몹시 어려워졌다. 이에 유력한 지방 세력은 농민군의 약탈과 중앙 정부의 과도한 수탈로부터 스스로를 보호하기 위해 사병 조직을 강화하고 마치 독립 세력처럼 행세하였다. 독립적인 지방 세력과 농민군의 지도자들은 성주城主 혹은 장군將軍이라고 자칭하며 호족豪族으로 군림하였다.

호족들은 서로 싸우며 통합되어 대 호족으로 성장하였다. 그 중에서 견훤甄萱이 후백제後百濟를(892), 궁예弓裔가 후고구려後高句麗(901, 나중에 국호를 태봉泰封으로 바꿈)를 세워 독립하였다. 이에 한국 역사는 삼국이 다시 정립하는 듯한 모습을 띠게 되었는데, 이를 후삼국이라고 한다.

발해의 멸망

발해는 15대 왕 대인선大諲譔을 끝으로 거란국에 의해 멸망하였다 (926). 건국한 지 229년 만의 일이었다.

발해는 고구려계의 지배층이 말갈족과 잘 융합되지 못하였던 데다가 화산 폭발과 지진 등 자연재해가 겹쳐 사회가 혼란에 빠졌으므로 거란의 침입에 효율적으로 대처할 수 없었다. 발해가 멸망한 후 거란군이 곧 철수하였으므로 그 중심 지역은 한동안 버려져 방치되었다.

6 _ 고려가 후삼국을 재통일하고 발해 유민을 받아들이다

고려의 건국   견훤甄萱과 궁예弓裔는 각기 백제·고구려의 원한을 갚겠다고 나섰다. 그러나 이는 각 지역 농민들의 신라 정부에 대한 반감을 직설적으로 표현한 것일 뿐, 신라 사회의 모순을 극복하고 민족적 역량을 결집할 새로운 이념이 될 수는 없는 시대착오적인 주장에 불과하였다. 특히 궁예는 전제 군주로 행세한데다가 성격이 포악하여 그의 신하들로부터도 지지를 받지 못하였다. 궁예의 폭정이 날로 심해지자, 신하들은 궁예를 내쫓고 왕건王建을 새 왕으로 추대하였다. 왕건은 고려의 건국을 선언하며 왕위에 올랐다(918).

왕건릉＊ 개성시 중심가에서 3.5㎞ 떨어진 송악산 기슭에 위치한 흙무덤으로 왕건과 신혜왕후 유씨를 함께 묻었다.

민족의 재통일   신라의 국권이 유명무실해진 가운데, 후삼국의 쟁패는 왕건과 견훤의 대결로 압축되었다. 견훤은 성급하게 신라와 서남해 지방으로 전선을 확대하여 호족을 무력으로 제압하려고 한 반면, 왕건은 신라에 우호적인 태도를 취하고 각 지역의 호족 세력을 포섭하여 견훤의 후백제를 포위하는 형세를 조성해 갔다. 그는 자신을 낮추고 상대를 높이는 태도로써 많은 호족의 지지를 얻었다.

이때 발해가 멸망하여 그 유민들 다수가 귀순하자, 고려는 고구려를 계승한 국가로서 이들을 받아들여 우대하였다. 태조 왕건은 유력한 여러 호족과 친인척 관계를 맺음으로써 신의를 얻어나간 끝에 결국 신라의 투항을 이끌어냈고, 이에 허탈감과 위기감에 빠진 후백제를 멸하여 후삼국을 통일했다(936). 이로써 고려는 한민족 모두를 통일한 국가가 되었다.

'고려'라는 국호에 담긴 역사 의식   고려는 고구려를 계승한 나라라는 의식을 담은 국호이다. 고려의 건국 주체 세력이 이미 멸망한 고구려를 되살리려 한 것은 고구려 문화의 올바른 계승을 통해 신라 사회가 안고 있는 여러 가지 모순과 병폐를 극복할 수 있다고 믿었던 까닭이다. 이들은 신라가 좁은 영토에 안주하여 자주적·진취적 기상을 잃고 점차 당 문화의 영향에 깊이 물들어 가며 스스로의 역사 전통을 잊어 가는 데 위기감을 느꼈던 것 같다. 고려가 꾸준히 북진정책을 추진한 데서 이를 엿볼 수 있다.

그러나 고구려를 계승한다는 역사 의식은 삼국의 대립적 분파 의식을 벗어나지 못한 것으로, 민족 전체의 고른 발전을 추구하는 데는 한계가 있는 생각이었다. 한민족이 삼국의 대립적 분파 의식을 극복하여 균형 발전을 꾀하게 된 것은 삼국 공통의 모태로서 고조선을 주목하고 그 계승 의식을 내세운 조선 왕조가 성립하기에 이르러서의 일이다.

제3편

통일 국가의 안정과 문화의 발전

개관   閣章奎   고려가 후삼국을 통일한 936년부터 조선이 일제에 나라를 빼앗긴 1910년까지 1천 년 가까운 기간 동안 한반도에는 중앙 집권 체제를 갖춘 통일 왕조가 유지되었다. 이 기간은 한민족이 고조선의 멸망 후 긴 세월 지속된 분열과 대립의 시대를 청산하고 민족의 역량을 하나로 결집하여, 수차에 걸친 외세의 침입을 물리침으로써 국가의 자주와 자존을 지켜 낸 시기이다. 일제 강점기의 불행한 역사를 극복할 수 있었던 힘이나, 남북 분단의 아픔을 넘어 통일을 향해 끊임없이 노력할 수 있는 힘이 모두 이 때 축적된 통일 국가의 역사 전통과 문화 능력에서 나왔다.

고려는 한반도 내의 후삼국을 통일하고 발해 유민을 받아들여, 한민족 전체를 아우른 통일 국가를 이뤘다. 고려는 불교를 정신 생활의 이념으로, 유학을 국가 질서의 이념으로 내세우고, 중앙 집권적 귀족 관료 국가로 발전하였다. 고려(918~1392) 474년간은 동아시아의 패권을 두고 우리 민족이 북방 호족 및 서방 한족과 다투던 시기여서, 고려만이 아니라 중국도 거란 · 여진 · 몽골 등으로부터 군사적인 도전과 정치적 압박을 받아 계속 시달려야 했다. 고려는 이러한 침략 세력에 대항하여 국가의 독자성을 유지하면서 자주적인 민족 문화를 창조하는 격동의 역사를 전개하였다.

한편 조선은 고려와 달리 유교적 왕도 정치의 구현을 지향하고, 유학의 학문적 성취 능력을 중시하는 집권적 양반 관료 국가로 발전하였다. 그리하여 전기에는 정치적 안정과 민족 문화 발전에 큰 성과를 거뒀다. 그러나 16세기 말부터 반 세기 동안 일본과 청淸으로부터

네 차례나 침략을 받아 이를 물리치는 과정에서 정치적, 경제적으로 심한 혼란을 겪었으며, 18세기를 전후해서는 이를 극복하고 국가의 중흥과 민족 문화의 부흥을 이룩했지만, 세계사의 큰 조류에 뒤져 근대 제국주의 열강의 세계 분할 정책 속에서 마침내 일본에 의해 무력으로 강점되고 말았다. 한민족은 도도히 밀어닥치는 제국주의 침략을 앞두고 민족의 역량을 하나로 결집시키지 못한 채 끝내 이민족의 지배를 받게 되었다.

한민족이 지금까지 독자성을 유지하며 자주 국가로 남은 것은 그 시대 최고 수준의 문화 능력을 배우고 익히기 위해 노력하는 동시에 조상 대대로 내려온 전통문화를 유지하고 발전시키기 위해 애쓴 결과이다. 우리말이 중국과 다르므로 따로 글자를 만들어 쓸 필요가 있다는 인식이 한글의 창제로 이어졌듯이, 우리 자신의 정체성에 토대를 둔 인식과 태도가 무엇보다 중요함을 이 시기의 역사가 증언하고 있다.

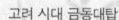

고려 시대 금동대탑

1 _ 한층 강화된 집권적 관료 국가로 자라나다

고려의 5도 양계* 고려는 전국을 양광도, 서해도, 교주도, 전라도, 경상도의 5도와 북계와 동계의 양계로 나누고, 5도에는 안찰사를, 양계에는 병마사를 파견하였다. 삼경은 초기에는 수도인 개경과 서경(평양), 동경(경주)이었으나, 후기에는 동경 대신에 남경(서울)이 포함되었다.

훈요십조

고려 태조가 후대 왕에게 사적적으로 전한 정치 지침서로서 모두 10조로 이루어졌다. 불교와 유교, 풍수 지리 사상에 대한 그의 생각과 제왕으로서 갖추어야 할 태도, 전통 문화에 대한 자부심, 고구려 계승의 역사 의식 등이 잘 나타나 있다.

새로운 체제의 정비 고려는 귀족 관료를 중심으로 한 중앙 집권적 정치 체제를 정비해 나갔다. 고려는 처음에 호족 연합 정권으로 출발하여 후삼국을 통일한 후에는 각 지방에 세력 기반을 지닌 큰 규모의 호족들을 왕권 아래에 흡수하여 중앙 귀족층으로 개편하고, 소규모의 호족들은 지방에 거주하며 왕권을 대행하는 향리鄕吏 호장戶長 층으로 편제했다. 당唐·송宋의 제도를 참고하면서도 고려 고유의 중앙 조직을 마련하여 중앙 집권적인 통치 조직을 정비하는 한편, 호족 공신 세력을 축출하였다. 그리고 왕권의 강화에 따라 지방 통치 체제도 정비하여, 국왕이 지방의 주州·부府·군郡·현縣에 관리를 파견하여 직접 백성을 다스리는 집권 체제를 한층 강화하였다.

이원적 국가체제 고려는 정치와 종교를 분리하여 관료 체제와 교단 체제로 크게 나누고, 유교와 불교를 각각의 정신적 지주로 삼아 정국과 사회를 이끌었다. 이는 태조 왕건이 후대 왕들에게 유언으로 전한 훈요십조訓要十條에 잘 나타나 있다. 고려의 지배층은 유교를 공부하여 과거科擧를 통해 문·무 관료가 되거나, 출가하여 불교를 공부하고 승과僧科를 거쳐 교종 또는 선종 교단의 고위 승려가 됨으로써 지배 신분을 유지하기도 하고, 종교적·문화적 지도자로 활동하기도 하였다. 국왕은 이러한 관료 체제와 교단 체제를 통합한 국가 질서의 최고점에 군림하는 정치·종교 양면의 수장으로서, 정부 기구의 관료 임명권자이자 교단의 사찰 주지 임명권자였다.

2 _ 거란을 물리치고 여진과 겨루다

○ **동아시아의 새 정세** 고려의 건국과 초기 발전기는 일본의 헤이안平安 시대였다. 이 시대의 일본은 귀족 정치의 전성기로, 평화를 누리며 독자적인 일본 문화를 발전시키고 있었다. 이와는 대조적으로, 중국 대륙에서는 10세기 초부터 5대 10국 시대의 대혼란이 계속되었다. 이 혼란은 송宋이 등장하여 중국 전토를 통일함으로써 진정되었다. 송은 이후 300여 년간 중국을 지배하였으나, 동북 지역에서 잇따라 출현한 거란과 여진의 군사적 압박에 계속 시달리다가, 중국사의 중심 무대인 황허 유역의 중원 땅을 이들에게 내주고 양쯔강 유역으로 옮겨 가지 않을 수 없었다(1127). 한반도 및 중국 대륙의 국가들은 북방 민족의 연이은 흥기로 남침의 압박을 받게 되자 위기감을 느끼며 독자적인 생존을 모색해 나갔다.

거란과의 투쟁 거란족이 세운 요遼는 993년부터 1019년까지 고려에 대해 3차에 걸친 침략 전쟁을 감행했다. 1차 침략 때 고려는 서희徐熙의 외교 활동으로 싸우지 않고 침략군을 물리쳤으나, 그 후 두 차례의 침략 전쟁에서는 개경까지 점령당하며 치른 격렬한 군사적 대전 끝에 힘겹게 승리하여 국난을 극복하였다. 전쟁이 끝난 후 고려는 북방 민족의 남침에 대비하기 위해 한반도 북부에 천리장성을 쌓았다.

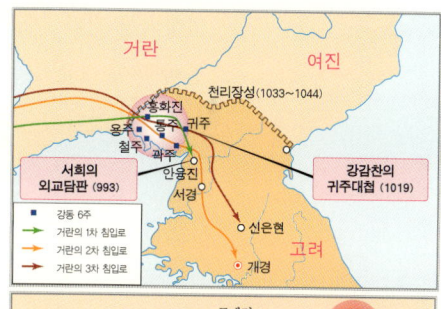

여진과의 겨룸 중국 동북 지방의 중부를 원주지로 하여 반목·반농 생활을 해 오던 동이계의 여진족은 거란족이 세운 요遼의 국세가 기울자 1125년에 금金을 세우고 요를 쳐 중국 동북 지방을 지배하게 되었다.

이에 앞서 고려는 북진 정책에 따라 두만강 이남 한반도 동북부 지방에 살던 여진족을 내몰고 그 지방에 동북 9성을 쌓아 차지한 바 있었다. 그러나 금은 세력이 강해지자 고려에 동북 9성을 돌려줄 것을 요구하고 사대 관계를 취하라고 압력을 가해 왔다. 고려 조정에서는 반대의 소리가 높았으나, 당시 고려의 실권을 장악하고 있던 이자겸李資謙이 정권 유지를 위해 9성을 돌려주고 금의 사대 요구를 수락하는 결정을 내렸다. 이로써 고려는 금과 무력 충돌은 피할 수 있었으나, 국위를 손상시킨 이 결정은 뒷날 묘청妙淸이 반금·자주를 내세우고 난을 일으키는 빌미가 되었다. 묘청은 서경 천도와 금과의 일전을 주장하며 서경에서 반란을 일으켰으나 실패하였다.

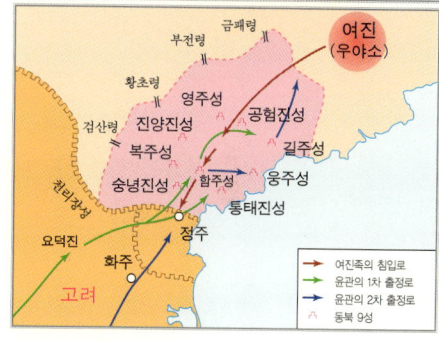

(위)거란과의 투쟁*
(아래)여진과의 투쟁*

3 _ 문벌들이 귀족 사회를 이루다

역사쪽지

재상지종宰相之宗

고려에는 왕실과 통혼할
수 있는 15개의 가문이 있
었는데, 이들을 '재상지
종'이라 불렀다. 본문에 언
급된 문벌 외에 철원 최씨,
평양 조씨, 정안 임씨, 청
주 이씨, 황려 민씨 등이
이에 해당한다.

문벌 귀족

고려 초기의 귀족들은 왕실과 혼인을 맺거나 지방의 호족적 기반을 토대로 국정 운영에 참여한 이들이었다. 그러나 점차 유교적 교양을 닦고 과거 시험을 거쳐 중앙의 관직에 진출하는 새로운 귀족들이 나타났다. 이 중 고위 관료층은 그 정치적 지위와 경제적 기반을 제도적으로 세습할 수 있는 특권을 보장받았다. 이들의 자손은 과거를 보지 않고서도 음서蔭敍를 통해 관직에 나아갔으므로 여러 대에 걸쳐 중앙의 고위 관직을 차지하였고, 정해진 범위의 가문끼리만 서로 통혼하며 영향력을 키워 문벌을 형성하였다. 경원 이씨, 경주 김씨, 파평 윤씨, 해주 최씨, 안산 김씨 등이 대표적인 문벌 가문이다. 그 가운데 왕실과 통혼하여 외척이 된 후 그 지위를 이용하여 정치와 경제를 거의 독점하면서 정국을 주도한 문벌도 생겨났다.

음서 제도와 공음 전시

고려는 관직을 문반文班과 무반武班으로 나누고, 종9품에서 정1품에 이르는 18등급의 품계品階를 둔 정치 제도를 마련하였다. 그 가운데 문무文武 5품 이상 관리의 자손은 과거를 통하지 않고 관리로 채용될 수 있는 음서의 혜택을 받았으며, 관직에 따라 받은 전지田地 및 시지柴地의 일부를 공음전功蔭田으로 상속할 수 있는 권리를 가졌다. 그러나 음서 출신 가운데 40%가 넘는 인물들이 과거를 보아 다시 합격한 사실은 과거 급제가 관리 생활을 하는 데 유리했음을 보여 준다.

외척 문벌의 반란

경원慶源 이씨李氏는 오늘날 인천 지방의 호족 가문으로, 이자연李子淵이 세 딸을 문종文宗의 비妃로 들이면서 당대 최고의 문벌로 성장하였다. 손자인 이자겸李資謙은 둘째 딸을 예종睿宗의 비로 들여 낳은 원자元子를 인종仁宗으로 즉위시키는 데 결정적인 역할을 하였고, 셋째와 넷째 딸을 인종의 비로 삼게 하여 왕실의 외척으로서 막강한 권력을 휘두르며 마침내 왕위까지 넘보게 되었다. 그러나 혼란의 와중에서 인종의 의중을 헤아린 신료들과 다른 문벌들이 손을 잡고 전격적으로 이자겸을 제거함으로써 그 세력은 몰락하였다.

4 _ 거국적으로 팔관회와 연등회를 열다

○ 불교의례의 사회적 기능 고려 태조는 후삼국을 통일한 후 사회 통합을 이루기 위해서 전국의 모든 지역에서 민심과 밀착되어 있던 불교를 이용하여 새로운 문화 의식을 창출하고자 했다. 특히 불교의 의례적 측면을 주목하였는데, 불교가 전통문화와 결부된 의례를 통해 백성을 동원하는 힘을 가진다고 생각했기 때문이다. 태조는 후대 왕들에게 유훈으로 남긴 「훈요십조訓要十條」에서, 봄에는 연등회를, 가을에는 팔관회를 국가적인 행사로 매년 크게 개최하라고 당부하였다.

팔관회 태조 왕건은 건국 후 최초의 국가 행사로 팔관회八關會를 개최하였다. 팔관회는 본디 위령제와 액막이의 성격을 가진 불교 의례였다. 그러한 팔관회를 고구려의 제천 행사인 동맹東盟과 연결하여 추수 감사제 성격의 절기 행사로 개최한 것이었는데, 이로써 고려는 고구려를 계승한 나라임을 내세울 수 있었다.

팔관회는 11월 보름을 전후하여 사흘 동안 개경에서 열렸는데, 가장 중요한 의식은 국왕이 구정毬庭에서 중앙의 백관과 전국에서 모인 관원들로부터 조하朝賀를 받고 함께 음악을 감상하며 가무와 백희百戱를 즐기는 것이었다. 팔관회가 열리는 기간은 공휴일로 정해졌고, 궁궐이 개방되었으며, 통행금지도 해제되어 공연이 계속되었으므로 백성들은 밤새워 도성을 돌아다니며 구경하고 즐겼다.

연등회 연등회는 대궐에 등불을 밝히고 술과 다과를 마련하여 군신이 함께 다양한 문화 행사를 즐기던 불교 행사이다. 더불어 부처와 천지신명도 즐겁게 함으로써 국가와 왕실의 태평을 비는 뜻을 담고 있었다. 따라서 이때 태조에 대한 제사를 지내 국가 의식을 고취하는 것이 주요한 의례가 되었다. 연등회는 팔관회와 함께 신라 때 시작되어 고려에 들어와 국가적 행사로 자리 잡았는데, 고려 초에는 중국처럼 1월 15일의 상원上元에 열렸으나 고려의 기후에 맞추어 주로 2월 15일에 개최하게 되었다. 연등회는 개경만이 아니라 전국의 향읍에서 거국적으로 개최되어, 한 해의 농사를 시작하면서 온 국민이 등불을 밝혀 풍년을 기원하는 축제였던 점에서 추수 감사제의 성격이 강한 팔관회와 대비된다.

역사쪽지

고려 팔관회는 만국 박람회였다

팔관회의 조하 의식 중에는 외국인이 왕에게 하례하는 순서가 있었다. 이때 송과 여진·거란·왜, 멀리는 아라비아의 상인들까지 와서 공물을 바치고 하례하였다. 개경開京의 외항인 벽란도碧瀾渡는 이들이 타고 온 배로 붐볐고, 무역도 활발히 이루어졌다. 이들은 개경에 있는 외국인 전용 객관客館에 묵으며 팔관회를 더욱 즐거운 분위기로 만들었다.

구정毬庭

군령 알게 격구를 할 수 있도록 만든 큰 운동장을 구정이라 하였는데, 대규모의 국가 행사나 군대의 훈련 장소로도 이용되었다.

5 _ 고려가 세계에 알려지다

○ **Corea** 고려는 국제 교역을 활발히 전개하였다. 개경開京에 이르는 예성강 어귀의 벽란도碧瀾渡가 국제 교역항의 구실을 하였다. 개경에는 송상宋商을 비롯한 여러 나라 상인이 오갔는데, 그 중에는 아라비아 상인도 있었다. 이들은 고려가 팔관회八關會라는 불교 행사를 열 때 사신과 함께 찾아와 토산품을 바치며 교역을 하였다. 아라비아 상인들이 주로 가져온 물품은 향료, 상아, 공작 등 고려에서 나지 않는 귀한 것들이었다. 이 때, 아라비아 상인을 통해 고려라는 나라 이름이 서구까지 알려져 'Corea'로 불렸다.

한국이 서양에 처음 알려진 것은 인도로 불교를 공부하러 간 신라 승려들을 통해서였다. 이미 8세기에도 아라비아 상인들이 신라에 들어온 적이 있었는데, 이들은 해도海圖에 한국 남해안의 섬들을 'Sila'로 표기하였다. 그러다가 10세기부터 'Cory'라고 표기하기 시작했는데, 아랍인들의 해도를 바탕으로 만든 스페인 지도 등에 이러한 해도의 일부가 남아 전해지고 있다. 'Cory'는 나중에 'Corea', 'Corée'로 통일되고, 19세기 후반에 이르러 'Korea'라는 영문 표기가 쓰이기 시작하면서 점차 이것이 주된 표기로 정착되었다.

중국과 교역

고려는 송·요·금과 사행 무역使行貿易 및 민간 무역을 통해 교역하였다. 특히 송과의 교역이 활발하였는데, 송이 늘어나는 재정 지출을 충당하기 위해 상인들의 상업 활동을 보호, 장려하였기 때문이었다. 고려가 수출하는 물품 중에서 종이는 중국 전역에 유통되면서 좋은 품질로 인기를 얻었다. 그러나 송이 금에 밀려 남쪽으로 옮겨 간(남송南宋) 이후에는 교역이 뜸해졌다. 요·금에는 곡식과 농기구 등을 수출하고, 모피와 말 등을 수입하였다. 북방에서 정권 교체가 일어나 사회가 혼란해졌을 때는 고려 쌀이 높은 가격으로 거래되었다.

고려의 대외 무역로*

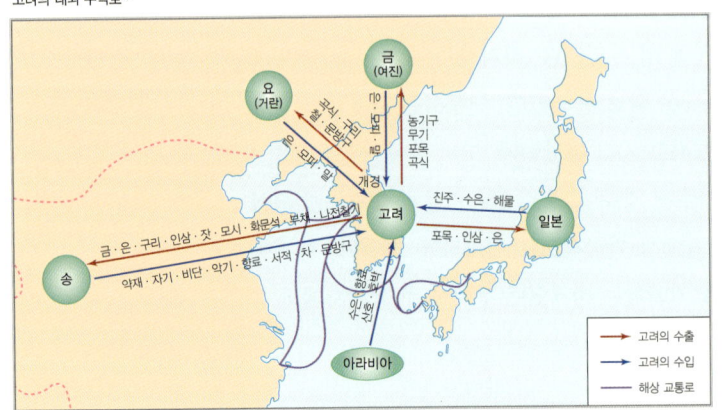

일본과 교역

고려는 일본과 외교 관계를 맺기 전부터 민간 차원에서 교역하다가, 11세기 중엽 일본 사신이 고려에 온 것을 계기로 교역을 더욱 확대하였다. 일본과의 교역에서는 쓰시마 섬이 중심 역할을 하였다. 고려는 쓰시마 도주對馬島主에게 관직을 주어 특별히 대우하고 금주金州(지금

의 경상남도 김해시) 객관에서 무역하도록 하
였다. 그러나 일본의 장원 귀족들이 무역
으로 부를 축적하기 위해 적극 많은 상인
을 고려로 보내오자, 고려는 진봉선進奉
船을 1년에 1회 2척으로 제한하는 등 규
제를 가하였다. 일본과의 교역은 무인
정권 때도 꾸준히 이어졌으나, 고려 말
기에 왜구가 침입하기 시작하면서는 거
의 단절되고 말았다.

여진문자명동경＊ 여진의 문자가
모두 28자 양각되어 있는 구리 거
울로 문자의 뜻은 아직 밝혀지지 않
았으나 고려와 여진과의 교류 관계
를 보여주는 유물의 하나이다.

목간 짐에 매다는 나무 꼬리표로
도후쿠지東福寺(화물의 주인), 진피陳
皮·송松(화물의 내용) 등의 글씨로
미루어 보아 일본으로 가던 화물이
었음을 알 수 있다.

고려의 수도 개경과 벽란도

개경은 고려의 수도이다. 태조 왕건이
즉위한 이듬해에 수도를 철원에서 이
곳으로 옮겼다. 북쪽의 송악산에서 남쪽의 한강 하류 평야로 이어지는
배산임수背山臨水의 지형으로, 한 나라의 수도로서 훌륭한 지세를 갖추었다.
왕경인 개경 외에 서경西京(지금의 평양), 동경東京(지금의 경주)을 두어 이를
삼경이라고 불렀다.

벽란도는 개경에서 10여km 떨어진 항구로서, 물살이 빨라 위험했으나
수심이 깊었기 때문에 선박의 운행이 자유로워 국제항으로 성장하였다. 원래
예성항으로 불렸으나 그 곳에 있던 벽란정碧瀾亭을 따라 벽란도라고 고쳐
부르게 되었다. 고려 중기에는 송, 일본뿐 아니라 남양과 아라비아의 상인들이
드나들며 활발한 무역 활동을 벌였다.

고려 시대 해상의 요충지였던 예성강 하류의 벽란도＊ 개경에서 30리 떨어져 있
고 수심이 깊어 국제항으로 성장할 수 있는 조건을 갖추었다.

6 _ 무신이 정변을 일으켜 집권하다

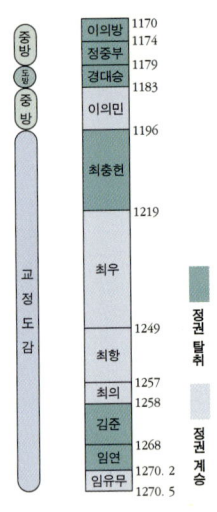

〉〉

고려의 무신 정권 집정 연대표*

무신 정변

고려의 무신武臣은 문신과 비교하면 제도적으로 차별 대우를 받았다. 군사 행정과 군대 지휘권은 문신들이 쥐었으며, 무신은 승진에 한계가 정해져 있어 재상이 될 수 없었다. 게다가 무신은 사회·경제적으로도 홀대를 받고 있었으므로, 외적의 거듭된 침입을 막아내고 내부의 정변을 진압하는 과정에서 그들의 지위가 점차 향상되자, 그동안의 차별을 심각하게 의식하며 문벌 귀족에 대한 불만을 키워 갔다. 반면, 문벌 귀족들의 횡포는 날로 심해져 문반 5품의 관리가 무반 3품 대장군의 뺨을 때리는 일까지 벌어졌다. 이 사건을 계기로, 왕을 시종하던 무신들이 마침내 군사 쿠데타를 일으켜 왕을 죽이고 정권을 장악하였다(1170).

정변 후 혼란

무신들은 정변을 일으켜 정권을 장악했으나, 문벌 귀족이 그동안 누려 온 특권을 대신 차지하고 개인적 권력 기구를 강화하여 정권을 유지하는 데만 급급했을 뿐, 사회적 문제들을 개선하려는 의지를 보이지 않았다. 이에 집권 무신들 사이에 정권 다툼이 일어나, 26년 동안 4번이나 정권이 교체될 만큼 매우 혼란한 정세가 이어졌다. 그 속에서 무거운 세금의 부담에 시달리던 농민들과 부당한 신분 차별에 항거하는 천인들이 들고일어나 전국이 민란에 휩싸였다.

최씨 정권의 등장

이런 혼란은 막강한 사병을 거느리고 있던 최충헌崔忠獻이 집권하면서 수습되고 정국이 안정되었다. 최충헌은 문벌을 이룬 고위의 무신 가문 출신으로, 미천한 하급 무인 출신의 이전 집권자들과는 달랐다. 그는 새로운 정치 기구를 설치하여 국정을 장악하고, 반대 세력과 민란을 가차 없이 진압하였으며, 국왕까지도 자기 뜻대로 폐위시키고 옹립하였다. 이후 최씨 정권은 최우崔瑀-최항崔沆-최의崔竩로 이어지며 60여 년간 고려를 지배하였다.

역사쪽지

고려와 일본의 무인집권

고려의 무인 집권은 1170년에 시작하여 강화도에서 몽골과 격렬한 투쟁을 하던 무신 정권이 무너지는 1270년까지 100년간 지속되었다.
한편, 일본의 무사 집정은 1192년 미나모토 요리토모源賴朝의 집권으로 시작되어, 집권 구조나 행정 담당자의 변화는 있었으나, 1867년 도쿠가와德川 막부가 종말을 맞기까지 675년이란 긴 세월에 걸쳐 계속되었다. 이러한 역사 전개의 차이는 양국의 문화가 서로 크게 달라지는 배경으로 작용하였다.

만적의 난 최충헌이 집권한 후 그 집안의 노비였던 만적萬積이 "장수와 재상의 씨가 어찌 따로 있겠는가. 때가 오면 누구나 할 수 있다. 각자 자기 상전을 죽이고 노비 문서를 불살라 우리나라를 노비가 없는 곳으로 만들자."면서 다른 노비들을 선동하여 반란을 도모하는 사건이 일어났다. 이 모의는 결국 밀고 때문에 실패하고 말았으나, 무신 정변 후에 하극상의 풍조가 만연한 고려 사회의 한 단면을 보여준다.

7 _ 몽골이 침입하자 맞서 싸우다

몽골의 침략

12세기 초엽부터 14세기 중반까지 2세기는, 아시아만이 아니라 유럽까지 뒤흔들어 놓은 강력한 정치 세력이 활동한 시기이다. 바로 막강한 기마 부대를 주축으로 세계적 대 제국을 이룬 몽골蒙古족이었다. 몽골은 서남아시아를 제압하고, 나아가 두 차례에 걸쳐 서양 원정을 단행한 후, 국호를 원元으로 고치고 북경北京으로 천도하여 동아시아 경략을 적극 추진하였다. 고려는 1219년에 거란족을 평정하기 위해 공동 작전을 제안한 일을 계기로 몽골과 처음 접촉하게 되었다. 그 후 몽골이 군사적 후원의 대가로 고려에 무거운 공물을 요구하였고 고려가 이를 불쾌히 여김으로써 불화가 싹텄다.

강화도 천도

양국 관계가 긴장된 상황에서 몽골 사신이 본국으로 돌아가는 길에 압록강 변에서 살해당한 사건이 일어났다. 몽골은 이를 고려의 소행이라 주장하며 1231년 쳐들어와 수도인 개경을 지나 남하하며 잔학한 약탈을 서슴지 않았다. 관민이 합심하고 초적의 무리까지도 합세하여 몽골군의 공격에 맞섰지만, 고려가 입은 피해는 엄청났다. 최씨 정권의 집정자 최우는 해전에 약한 몽골의 기병에 맞서 산성과 섬으로 들어가 몽골에 대항하기로 하고, 1232년 7월 한강 하구의 강화도로 천도를 단행하여 장기전의 태세를 갖추었다.

귀중한 문화재의 소실

강화도 천도 후, 본토에서의 전쟁은 대부분 중앙 정부의 지원 없이 지방 향리와 농민, 승려들의 주도로 이루어졌다. 따라서 열세 속에 진행된 싸움은 처절하였고 피해는 엄청났다. 사람들이 수없이 살해되고, 심한 약탈로 국토는 황폐해졌으며, 귀중한 문화재가 많이 불타 사라졌다. 1019년 송에 이어 두 번째로 조성된 대구 부인사符印寺의 초조대장경初雕大藏經이 1232년에 소실되었고, 1238년에는 신라의 선덕여왕이 삼국 통일을 염원하며 도읍 경주 한복판에 세운 황룡사구층목탑이 불탔다. 황룡사구층목탑이 소실된 것은 신라 최대의 사찰인 황룡사 전체가 사라졌음을 의미하는 동시에 천년 고도인 경주가 혹심하게 유린당했음을 상징하는 사건이었다.

삼별초 항쟁 유적 항파두리성(북제주군 애월읍 고성리에 위치) ※ 해발 190~215m 지점에 있는 항파두리 토성은 삼별초가 1271년 9월에 제주도로 들어와 군사력을 재정비하는 시기에 축성한 것이다. 높이 5m, 너비 3.4m, 총 길이 6km에 이르는 외성을 쌓고 안에 다시 석성으로 800m의 내성을 쌓은 이중 성곽이었으며, 각종 방어 시설뿐 아니라 궁궐과 관아까지 갖춘 요새였다.

역사쪽지

원의 일본
침공 실패 원인

일본 침공이 실패한 원인은 당시 일본의 정권을 장악하고 있던 가마쿠라鎌倉 막부의 실력자 호조北條씨의 완강한 저항과 때마침 일본을 지나간 태풍에 그 직접적인 원인이 있었지만, 고려 조정의 미온적인 태도와 전쟁에 동원된 고려 사람들의 비협조에도 크게 기인하였다. 그러나 일본은 침공에 함께 참여한 고려를 달갑지 않게 생각하여 오랫동안 소원하게 대하였다.

8 _ 40년간의 대몽 항전을 접고 원과 강화하다

40년 전쟁

몽골군은 40년 가까이 6차에 걸쳐 계속 공격을 해 왔지만, 빠른 물살 때문에 좁은 해협 너머로 바로 건너다보이는 강화도로 진입하지는 못하였다. 몽골군은 그 대신 한반도 전역을 휘저으며 갖은 분탕질을 다하였다. 그런데도 최씨 정권이 각종 세금을 여전히 평상시처럼 거두었으므로 항전하던 국민의 고난은 날이 갈수록 가중되었다. 오랜 전란으로 점차 피폐해진 민심은 몽골의 6차 침입 때부터 이제 그만 항전하고 몽골과 강화하자는 쪽으로 돌아서기 시작하였다. 1258년에 그동안 대몽 항전을 주도해 온 최씨 정권이 무너지자, 고려의 조정은 전쟁의 종결을 서둘러 이듬해에 몽골과 강화하였다. 그리고 마침내 1270년에 왕정이 복고되고, 개경으로의 환도가 단행되었다.

삼별초의 항쟁

최씨 정권에 의해 조직되어 무신 정권의 친위 부대로 활동하던 삼별초三別抄군은 정부의 강화 정책에 강력하게 반대하면서, 새 국왕을 내세우고 전라도 남해안의 진도를 근거지로 삼아 몽골군과 몽골에 굴복한 정부에 항전하였다. 일본 원정을 준비 중이던 원의 국왕 쿠빌라이는 몽골군과 고려 정부군을 동원하여 삼별초에 대한 토벌에 나섰다. 열세에 몰린 삼별초군은 근거지를 바다 건너 제주도로 옮겨 3년 간 더 항쟁하다가 결국 평정되고 말았다.

원의 일본 침공

고려와 강화한 이후 몽골의 중요한 외교 문제는 일본에 대한 조치였다. 몽골은 일본에 대해 회유를 하면서 고려에 협조를 요청하였다. 1266년부터 여러 차례 회유를 시도하였으나 성과가 없자 몽골은 일본 침공을 계획하고 고려에 병사와 함선, 군량미 등 군수 물자의 조달을 강요하였다. 그리하여 고려군은 몽골군을 따라 1274년과 1281년 두 차례에 걸쳐 일본을 침공하였으나, 결국 실패하였다(일본사의 文永·弘安之役). 2차에 걸친 전쟁으로 고려는 막대한 인명 피해와 경제적 손실을 입었으며, 일본 침공을 위해 몽골이 설치했던 임시 행정 기구(정동행성征東行省)는 그 후에도 상당 기간 존속하여 고려에 폐해를 끼쳤다.

9 _ 사회의 동요 속에 신진 사대부가 등장하다

역사쪽지

고려양

몽고풍이 고려에서 유행하기
도 하였지만 거꾸로 고려의
음식·복식·무늬·장식·
채색 등이 몽골에서 '고려양
高麗樣'이라 불리며 널리 유행
하였다.

원의 간섭   40년 가까운 투쟁 끝에 원과 강화한 고려는 원에 정복된 다른 나라
들과 달리 독립 국가로서의 지위를 보전하였다. 그러나 그 후 거의
90년 동안 고려는 왕세자를 원의 수도인 북경에 보내 머물게 하다가 왕위에 오를 때에
야 귀국할 수 있었고, 국왕과 관련된 칭호나 관제를 격하당하며, 정치 기구를 축소해야
만 하는 수모를 겪었다. 또 한반도의 동북 지방 일부와 제주도를 원의 직속령으로 내주
었으며, 금·은·인삼·약재·호피·도자기 등의 특산물을 해마다 원으로 보내는 괴로
움을 견뎌야 했다.

역사쪽지

공민왕과 노국공주

노국공주魯國公主는 몽골의
공주였지만 공민왕의 반원
자주 국가 운동을 전폭적으
로 지원하며 공민왕을 지킨
평생의 후원자였다. 공주가
난산 끝에 일찍 세상을 뜨자
공민왕은 몸소 그린 공주의
초상화 앞에서 슬피 울며 식
음을 전폐하다시피 하였고,
아름다운 능원陵園과 영전影
殿을 건립하여 공주를 추모
하였다.

사회 변화   원의 간섭이 계속되는 동안 고려 사회는 안으로 크게 변하였다. 그
하나가 친원 권문 세력의 등장과 발호였다. 원의 왕실이나 유력자와 관
계를 맺은 집안이나 원의 관원이 된 사람, 통역관 등이 새로운 세력가로 행세하였다. 또,
왕실을 위시하여 사회의 상류층 사이에 몽골의 복식이나 생활 풍속이 유행하였다.

한편, 권문 세력은 수단을 가리지 않고 토지를 겸병하여 국가 토지 제도를 붕괴시키고
있었다. 토지 제도는 집권적 관료 조직의 경제 기반인 동시에 백성의 생활과 국가 재정의
기본이었으므로, 그 문란은 곧 관료제와 국가 경제의 파탄으로 이어졌다. 그리고 지배층
의 과도한 수탈은 백성의 생활과 신분을 노비와 다름없는 처지로 몰아갔다.

공민왕의 국토 회복*

공민왕의 자주 국가 운동   강성을 자랑하던 원
도 14세기 후반에 들
어서면서 각지에서 한족의 반란이 잇따라 일어나는 등
쇠퇴하기 시작하였다. 이에 동아시아 정세가 어수선해
지자, 공민왕恭愍王은 이러한 국제 정세를 이용하여 반
원 자주 국가 운동을 추진하였다. 친원 세력을 숙청하
고 국토를 다시 수복하였으며, 격하 축소되었던 통치
기구와 명호를 회복하였다. 권문 세력을 타도하기 위해

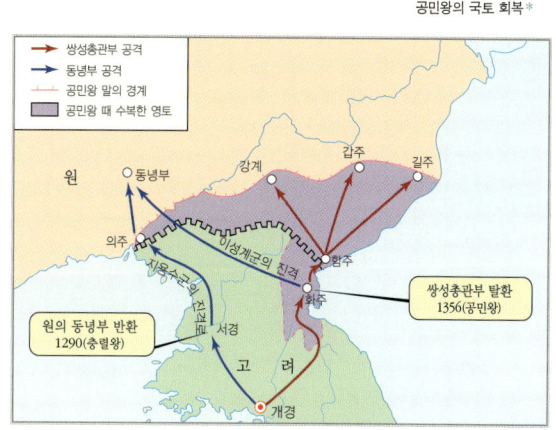

〈천산대렵도〉* 고려 공민왕이 그렸
다고 전하는 그림으로 중국 원대 화
풍이 배어 있다.

그들의 경제 기반이던 불법적 대토지 소유를 개혁하는 한편, 교육과 과거제의 개혁에 의해 새로운 정치 세력을 키우려 노력하였다. 그러나 과감한 자주 독립 국가 운동은 공민왕이 반대파에 의해 살해됨으로써 좌절되고 말았다.

○ 신진 사대부의 등장

고려 말기에 신진 사대부가 새로운 정치 세력으로 등장하였다. 이들은 지방의 중소 지주층 출신으로서, 원을 통해 새로 도입된 주자학을 공부하고 과거를 거쳐 중앙 정계로 진출한 학자·관료 세력이었다. 신진 사대부들은 공민왕의 자주 국가 운동을 지지하여 여러 가지 개혁안을 제시하면서 정치에 참여하였는데, 정치·경제의 운영 방향과 도덕·사상에 대한 견해 차이로 인해 고려를 지키려는 세력과 새로운 왕조를 세워 개혁하려는 세력으로 양분되었다. 그러나 결국 새 나라를 세우려는 세력이 승리하여 조선을 건국함으로써 이들은 고려의 충신과 조선의 공신으로 갈라서고 말았다. 신진 사대부 세력은 안으로 사회적 혼란, 밖으로 홍건적紅巾賊과 왜구倭寇의 침입으로 조성된 민족사의 위기를 극복하는 데 중요한 역할을 담당하였다.

● 근년 이래 권세 있는 무리들이 마음대로 토지를 겸병하여 비옥한 땅을 모두 자기들의 소유로 하고 높은 산과 큰 하천을 경계로 삼았으며 각 가문에서 보낸 간사하고 교활한 종들은 마음대로 빼앗고 거두니 그 폐해가 여러 가지로 나타나 민은 생활할 수 없고 나라의 근본은 위태로워졌습니다. (『고려사』「식화지食貨志」의 황순상黃順常 상소문) *1388년에 올린 상소문으로 고려 말의 사회 혼란상을 잘 보여주는 내용이다.

● 저희 신하들은 태조가 토지를 매우 공평하게 나누어 주었던 법을 지켜 후세 사람들이 사사로이 주고 겸병하는 폐단을 없애기 바랍니다. 선비나 군인이나 국역을 맡은 자가 아니면 토지를 주지 말고, 받은 자도 자신에게 그쳐 그것을 사사롭게 주고받지 못하게 하는 엄격한 규정을 세우십시오. 또한 민들과 더불어 다시 시작하여 국용을 풍족하게 하고 민생을 넉넉하게 하며, 조정의 신하들을 우대하고 군사를 넉넉하게 대우하십시오. (『고려사』「식화지食貨志」의 조준趙浚 상소문) *1388년에 올린 상소문으로 개혁을 요구하는 신진 사대부들의 관점을 잘 표현한 내용이다.

10 _ 귀족 문화가 융성하고 불교문화가 꽃피다

○ **호국 불교와 대장경**   고려에서 불교는 국가적으로 보호를 받으며 사회 전반에 튼튼한 뿌리를 내리며 발전하였다. 고려 불교는 교종과 선종을 통합하여 발전하면서, 호국 불교, 기복 불교로서의 특성을 띠었다. 국가는 팔관회를 위시하여 여러 종류의 불교 행사를 자주 열었으며, 백성들은 향도香徒와 같은 신앙 조직에 참여하여 마음의 안정을 찾았다. 이에 전국 각지에 사찰이 건립되고 불교 예술이 발전하였다. 특히 세 차례에 걸친 대장경大藏經의 조판은 이후 아시아 각국에 영향을 미치게 되었으며, 오늘날에도 세계적 문화재로 주목받고 있다.

팔만대장경 경판＊

팔만대장경

대장경이란 석가여래와 그 제자들의 설교, 계율, 논설과 주석을 포함한 모든 불경을 집대성한 것이다. 그래서 이를 일체경一切經이라고도 한다. 대장경의 조판 간행은 송에서 시작되었으며, 그 후 불교를 믿는 여러 나라에서 대장경이 조판 · 간행되었다. 고려에서의 대장경 조판은 초조대장경, 속장경, 그리고 이 두 대장경이 몽골군의 병화兵火로 타 버린 후 다시 만든 이른바 팔만대장경八萬大藏經 등 세 차례에 걸쳐 판각 · 간행되었다. 팔만대장경은 그것을 인쇄하는 데 사용한 경판이 모두 81,258장이라 하여 붙은 이름으로, 오늘날 해인사에 목판을 고이 수장하여 문화재로 관리하고 있다. 팔만대장경은 기존의 모든 불경을 망라하였고, 교감校勘(같은 종류의 여러 책을 비교하여 차이가 나는 것들을 바로잡음)이 철저하여 오자가 없이 정확하다. 이 때문에 일본이 1924년에 「대정신수대장경大正新脩大藏経」을 간행할 때 이를 저본으로 삼기도 하였다. 팔만대장경은 자체字體도 아름다워 세계적으로 그 이름이 알려졌고 2007년에는 유네스코 세계 기록 유산으로 등재되었다.

팔만대장경(경남 합천 해인사)＊
고대 인도에서는 셀 수 없이 많다는 의미를 8만 4천이란 숫자로 상징하여 부처님의 법문을 8만 4천 법문이라 일컫는다. 「팔만대장경」은 이러한 의미를 담아 앞뒷면에 불경을 새긴 8만여 매의 경판으로 이루어져 있어 붙은 이름이다.

미술과 공예

고려의 건축과 예술은 주로 불교 신앙생활과 밀접한 관계 속에서 발달하였으며, 귀족 생활을 배경으로 유학이나 한문학은 물론 공예, 서화 등도 융성하였다. 목기에는 나전 기술螺鈿技術, 금속기에는 입사 기술入絲技術, 도자기 공예에는 상감 기술象嵌技術을 이용하여 아름다운 공예 작품들을 많이 남겼으며, 우수한 기법으로 제작한 불상이나 불화佛畵도 문화재로서의 가치가 높다. 특히 현존하는 고려 불화는 일본에 더 많이 남아 전하는데, 표현의 치밀성과 유려한 문양들로 심오한 정신세계와 신비한 미의 세계를 창출하였다고 칭송되고 있다. 그 가운데 도쿄 센소지淺草寺에 소장된 일명 '물방울 광배光背'의 「수월관음도水月觀音圖」와 교토 지온인知恩院 소장 「미륵하생경변상도彌勒下生經變相圖」가 유명하다.

◯ 고려 청자

고려는 신라 토기와 발해의 자기, 송의 도예 기술을 종합하여 반투명의 은은한 비취색의 청자를 개발해 내었다. 고려 청자는 섬세하고 부드러운 곡선의 조형미를 지닌 그릇 모양과, 단색 바탕의 우아한 색조, 상감 처리된 무늬 등으로 당대 제일이라는 칭송을 받았다. 고려는 남부 해안 각지의 가마에서 격조 높은 청자를 만들어 해외 여러 나라에 수출하였다. 오늘날에도 고려 청자는 세계적인 명품으로 평가받고 있다.

◯ 건축

고려는 건축 기술이 발달하여 주변의 자연과 잘 어우러지며 정제된 아름다움을 지녔고 간결하면서도 장중한 건물을 많이 남겼으나 지금은 전하는 것이 드물다. 만월대(황해도 개성)의 궁궐 터에 부분적으로 남아 있는 유적을 통해 궁궐 건축의 웅대한 모습을 엿볼 수 있고, 봉정사 극락전(경상북도 안동)과 부석사 무량수전(경상북도 영주), 수덕사 대웅전(충청남도 예산) 등을 통해 목조 사찰 건축의 장중한 아름다움을 맛볼 수 있는 정도이다. 석탑이 중심을 이루는 석조 건축은 비교적 많이 남은 편인데, 불국사 3층 석탑을 발전시킨 5층탑 계열과 다보탑을 발전시킨 다각 다층탑 계열로 크게 나뉜다. 지금 국립중앙박물관(서울 용산구)에 옮겨져 남아 있는 개성 경천사지 10층 석탑은 원元 문화의 영향을 받은 것이다.

역사쪽지

고려 청자의 색

중국인은 그들의 청자 색을 '신비의 색秘色'이라 일컫는 데 반해 고려인은 자신들의 청자 색을 '비색翡色'이라 불러 구별하였다. 송의 태평노인은 『수중금袖中錦』이란 책에서, 백자로는 중국 정요定窯 백자를, 청자로는 고려의 비색 청자를 천하제일로 꼽았다.

청자상감동채포도동자문 주전자와
받침*

11 _ 과학과 기술이 발달하다

○ **고려의 과학 기술** 고려는 전통적 과학 기술을 계승하고 중국과 이슬람의 과학 기술을 수용하여, 인쇄술, 상감 기술, 화약 및 무기 제조술, 천문학, 의학 등에서 눈에 띌 만한 발전을 이룩하였다. 이는 국자감國子監에서 율학, 서학, 산학 등을 교육하고, 과거 시험 과목으로 잡과를 설치하여 각 분야의 기술 관료들을 적극 채용해 우대한 결과로 얻은 성과였다.

금속 활자와 인쇄술

고려는 목판 인쇄술이 매우 발달한 나라였다. 건국 초기부터 개경과 서경에 도서관을 설치하여 수만 권의 진기한 책들을 수집·보관하였으므로 송에서 구해 갈 정도였다. 또, 학문의 발전으로 각종 서적의 수요가 증가하자, 국자감에 서적포書籍鋪를 두어 많은 책들을 새로 간행하였다.

고려는 12세기 말엽, 청동 주조 기술, 제지술의 발달과 인쇄에 적합한 먹물의 개발에 힘입어 세계 최초로 금속 활자 인쇄술을 발명해 실용화하였다. 1234년에 금속 활자로 『상정고금예문詳定古今禮文』50권을 찍어 간행하였다는 기록이 있다. 그러나 이 책은 오늘날 전해지지 않고 있으며, 그 대신 1377년에 청주 흥덕사興德寺에서 주조 활자로 간행한 『백운화상초록불조직지심체요절白雲和尙抄錄佛祖直指心體要節』이 세계에서 가장 오래된 금속 활자 인쇄본으로 공인받고 있다. 프랑스 파리에서 발견된 이 책은 서양 최고의 금속 활자본이라는 독일 구텐베르크의 인쇄물보다 70여 년 앞서 간행된 것이었다.

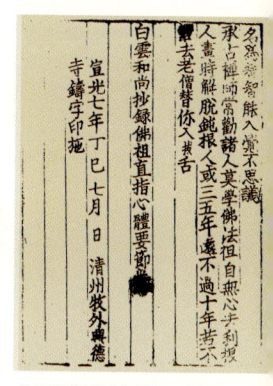

『직지심체요절』(영인본)＊ 세계에서 가장 오래된 금속 활자 인쇄본으로, 정식 서명은 『백운화상초록불조직지심체요절』이다.

상감 기술

상감은 도토陶土, 금속, 목재 등의 표면에 여러 무늬를 새겨서 그 속에 금, 은, 보석, 자개, 뼈 혹은 색깔을 가진 다른 흙 등 여러 가지 재료를 박아 넣는 공예 기법이다.

고려는 고대 유럽에서 처음 개발된 상감 기술을 중국을 통해 받아들인 후, 진주 빛이 나는 자개를 상감 재료로 이용한 나전 칠기와 청자에 백토와 자토로 무늬를 넣은 상감 청자를 개발해 독자적인 양식으로 발전시켰다.

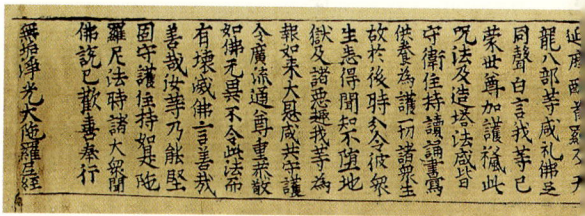

무구정광대다라니경＊ 1966년 10월, 불국사 석가탑의 해체 수리시 사리함舍利函 속에서 발견된 목판 인쇄 경문이다.

천문학과 의학

고려는 사천대司天臺(서운관書雲觀)를 설치하여 천문을 관측하고 역법을 연구하였다. 고려인들이 남긴 일식, 혜성, 태양 흑점 등에

대장군포＊ 고려 말 최무선이 설치한 화통도감에서 최초로 만든 화포 가운데 하나로, 포의 위력이 대장군의 지략과 위엄에 비길 만하다 하여 대장군포라 일컬어졌다.

관한 관측 기록은 그 내용이 매우 풍부하여, 당시 이 분야에서 가장 선진이었던 이슬람 문명의 기록과 비교할 수 있을 정도로 훌륭한 것으로 평가되고 있다. 또, 후기에는 원이 이슬람 역법을 수용하여 만든 수시력을 채용하고 그 이론과 계산법을 충분히 소화하였다. 의학의 발전도 두드러졌다. 고려는 태의감太醫監에서 의학 교육을 실시하고, 과거 시험에 의과를 두어 의학의 발전을 촉진하였다. 그리하여 고려는 실정에 맞는 자주적인 의약 체계를 수립하고, 국산 약재를 이용한 독자적인 처방을 담은 『향약구급방鄕藥救急方』 등 많은 의서를 편찬해 냈다.

화약과 화포

고려 말, 한반도 해안 지대에는 왜구가 출몰하여 민간을 노략질하는 소동이 자주 벌어졌다. 이에 고려 정부는 이들 왜구를 소탕하기 위한 대책으로 화약을 제조하고 여러 종류의 화포를 제작하였다. 화약을 먼저 사용한 나라는 중국이었다. 그 제조 기술은 극비 사항이어서 비법을 알아 내기가 매우 어려웠다. 최무선崔茂宣은 고려에 오가는 중국인에게 조금씩 묻고 나름대로 연구하여 마침내 화약을 제조해 내었다. 그는 조정에 건의하여 화통도감火㷁都監을 설치하고, 화약과 각종 화포를 개발하였다. 화포들은 왜구를 격퇴하는 데 크게 이바지하였는데, 왜구 소탕에 결정적 계기가 된 전라도 진포珍浦 전투에서도 화포가 왜선을 무찌르는 데 중요한 역할을 하였다.

농업 기술과 면포

한민족은 일찍이 삼국 시기부터 전국 각지에 저수지를 만들고 우경牛耕에 의한 심경법을 널리 보급하여 농업 생산을 증대시켜 왔다. 고려 시기에 들어서도 농업 기술의 발달은 계속되었다. 특히 고려 후기에는 시비법과 관개법이 더욱 발전하여, 지력 소모로 몇 년에 한 번씩 농사를 쉬어야 하던 휴경전이 크게 감소하였다. 또, 중국에서 목화씨를 들여와 목화 재배에 성공하고 실 잣기와 피륙 짜기의 기술을 새로 개발하게 되어 민간의 생활에 큰 변화가 일어났다. 추운 겨울에도 모시옷이나 베옷을 입었던 서민들이 솜을 넣은 따뜻한 무명옷을 입게 된 것은 의생활의 혁명적인 변화였다. 면포는 배의 돛을 만드는 데도 활용되어, 해운업을 크게 발달시키는 계기가 되었다.

12 _ 침입하는 왜구를 물리치며 무장 세력이 성장하다

○ **왜구** 왜구는 13세기부터 16세기까지 우리나라와 중국 연안을 약탈하던 일본인 해적의 총칭으로, 2차에 걸친 여몽麗蒙 연합군의 일본 침공과 57년에 걸친 일본의 남북조 쟁란으로 중앙 통치권이 지방에까지 미치지 못하는 사이에, 지방의 몰락한 무사·농민들이 도적떼를 이루어 노략질을 일삼기 시작하면서 발생하였다. 처음에는 물자가 부족하여 기근을 면치 못하던 쓰시마對馬島, 이키壹岐, 마쓰우라松浦 등 도서의 주민들이 주축을 이뤘으나, 점차 생계형 해적에서 기업형 군단으로 발전하여 지방 영주층의 보호와 통제 아래 행동하는 전문적 약탈 집단이 되었다.

왜구의 침입 왜구가 창궐하기 시작한 것은 14세기 중반 무렵부터였다. 이후 침략이 점차 잦아지고 심해져서, 공민왕恭愍王 9년(1360)에는 개경 바로 앞 강화도까지 침입하였으며, 전국의 해안은 물론이고 강을 따라 내륙 깊숙이까지 들어와 약탈을 자행하였다. 우왕禑王(1374~1388) 때에는 침략 횟수가 연평균 27회에 달할 정도로 그 피해가 극심하였다. 침입한 왜구는 방화와 살인을 일삼았는데, 가장 중요한 약탈 대상은 미곡과 사람이었다. 미곡을 약탈하기 위해 조곡租穀을 실은 조운선漕運船을 습격하고 조창漕倉을 공격하였으며, 포로로 잡은 사람들을 데려가 노예 시장에 팔아 넘겼다. 고려 말 수십 년에 걸친 왜구의 침입은 엄청난 피해를 가져와, 국가 재정 파탄의 주요 원인 중 하나가 되었으며, 도서와 해안 지방은 사람이 살 수 없는 곳으로 변하였다. 왜구의 침입은 조선이 건국한 후에도 계속되다가, 세종 때 이종무李從茂 장군이 쓰시마를 토벌하고, 일본의 국내 정세가 안정되면서 사라지기 시작하였다.

신흥 무장 세력의 대두 왜구와 홍건적의 침입으로 말미암아 고려 정부가 추진하던 반원 정책과 내정 개혁은 주춤할 수밖에 없었던 반면, 이들을 격퇴하는 과정에서 새로운 무장 세력이 급부상하였다. 최영崔瑩과 이성계 李成桂가 대표적인 인물이었다. 최영은 가난하고 변변찮은 가문 출신이었지만, 출중한 무예로써 반란 세력을 제압하고 공민왕을 어려움으로부터 구하여 재상의 자리에 올랐다. 이성계 역시 신흥 무장으로서 홍건적이 개경을 침입하였을 때 공민왕을 구하기 위해 부대를 이끌고 맨 처음 도착한 장수였다. 공민왕 말년에 신진 사대부新進士大夫 출신인 이색李穡과 나란히 재상이 되고, 왜구와의 전투에서 연전연승하니 이성계의 이름이 전국적으로 널리 알려졌다. 그는 신흥 사대부의 지지를 받아 고려 사회의 변화를 이끄는 주역이 되었다.

역사쪽지

황산대첩荒山大捷

고려 우왕禑王 6년(1380)에 500척의 대선단을 이끌고 침입한 왜구는 금강 하구의 진포鎮浦를 거쳐 전라도 서남 해안을 유린하고, 내륙으로 상륙해 노략질을 일삼았다. 고려군은 이들이 타고 온 선박을 공격하여 모두 불태웠으나 퇴각 길이 끊긴 각지의 왜구는 오히려 더 큰 세력을 이루고 결집하여 항전하였다. 이에 이성계李成桂 등이 대토벌 작전을 벌여 남원 인근의 황산荒山에서 큰 승리를 거두었다. 겨우 70여 명의 왜구만이 살아남아 도망했다고 한다.

역사쪽지

홍건적紅巾賊

홍건적은 원나라 말기에 중국 허베이성河北省 일대에서 일어난 한족 반란군의 하나로, 고려에 두 차례 침입하였다. 왜구처럼 오랜 기간 전국적으로 침입하지는 않았지만, 그 피해 규모는 엄청났다. 개경 궁궐이 전소하였고, 공민왕은 2년 동안 안동安東으로 피난하였다.

2 조선의 성립과 발전

1 _ 유교 민본 정치를 지향하다

조선 태조(1392~1398) 이성계 영정[*]

조선의 건국

14세기 말, 고려는 밖으로 북방 호족과 남방 왜구의 압박, 안으로 귀족 정치의 혼란으로 국가적 위기를 맞게 되었다. 이에 새로 도입된 주자학朱子學을 통해 유교적 왕도정치王道政治 이념에 대해 눈을 뜬 신진 사대부 세력은 새 국가를 건설하여 이 위기를 돌파하고자 하였다. 그들은 대륙에서 몽골족이 밀려나고 한족이 중국의 지배권을 회복하는 원·명 교체의 국제적 변화가 일어나자, 이를 계기로 구세력을 밀어낸 후 이성계李成桂를 추대하고 조선을 건국하였다(1392). 조선은 이후 517년간 한반도를 다스리게 된다.

삼대 국책

유교적 왕도 정치를 이념으로 내걸고 건국한 조선은, 안으로 척불 숭유斥佛崇儒, 농본민생農本民生과 밖으로 사대교린事大交隣 등 삼대 국책을 내세우고, 국가 조직의 정비를 서둘렀다. 그리고 문관 우위의 양반 관료 국가를 지향하며 과거제를 강화하여 유능한 인재의 등용에 힘썼다.

경제적으로는 각종 권농 시책을 실시하여 농업 생산을 늘리는 한편, 민생의 안정을 위해 새로운 토지 제도와 납세 제도를 마련하였다. 또, 유교 중심 민본 국가로서 조직과 운용에 관한 여러 법을 차례로 제정하여, 뒷날 『경국대전經國大典』으로 집대성함으로써 이를 국가 운영의 기본법으로 굳혔다.

한양의 옛 지도[*]

수도 한양

조선의 수도는 한양漢陽이었다. 한양은 국왕과 도성의 백성이 함께 사는 성곽 도시로, 성안에 왕궁과 의정부 육조 등의 중앙 관아가 있고, 동서로 뻗은 운종가雲從街(지금의 종로)를 중심으로 북부에는 주로 양반들이 살았으며, 남부는 하급 관료와 기술직 관인과 서생들이 살았다. 상가인 운종가 부근에는 상민들이 거주하였다. 도성의 4대문과 4소문은 아침 저녁으로 일정한 시간에 개폐하며 출입을 통제하였다. 행정상으로는 성 밖 10리의 지역을 포함하여 한성부漢城府로 부르기도 하였다.

한양은 조선 이후 그 이름이, 일제 강점기에는 경성京城, 광복 이후에는 서울로 바뀌었으나, 조선의 한양 정도 이후 오늘날까지 600년 이상의 역사를 자랑하는 고도이다.

2 _ 세종대왕이 한글을 창제하다

○ 훈민정음 서문 "우리나라 말이 중국과 달라 한자와는 서로 잘 통하지 아니한다. 이런 까닭으로 어리석은 백성들이 글로 전하고자 하는 바가 있어도 마침내 제 뜻을 문자로 나타내지 못하는 사람이 많다. 내가 이것을 가엾게 생각하여 새로 스물 여덟 글자를 만드니, 모든 사람들로 하여금 쉬이 익혀서 날마다 쓰는 데 편하게 하고자 할 따름이니라."

조선의 발전

태조부터 성종 말까지, 건국 후 1세기 동안은 조선의 초기 발전 기였다. 이 시기에 정치적, 경제적으로 뿐만 아니라 문화적으로도 큰 발전이 있었다. 이러한 발전은, 안으로 통치 체제의 정비와 사병제私兵制 폐지에 의한 병권兵權의 통일, 그리고 새로운 토지 제도와 납세 제도의 운영, 농업 생산의 증가에 따른 경제력의 강화에 힘입어 이루어진 것이다. 또, 밖으로 왜구 문제를 해결하고 여진족을 국외로 추방하였으며, 명과의 외교 관계를 안정시킨 사실도 조선의 발전을 가능하게 한 요소로 작용하였다.

세종대왕 영정(1420~1450) *

집현전

조선 전기의 역대 국왕 중에서 가장 주목할 만한 치적을 남긴 이는 세종世宗이었다. 그는 궁내에 집현전集賢殿이라는 학문 연구 기관을 설치하고, 여기에 모여든 학자들의 협력을 얻어 민족 문화 발전에 큰 업적을 남겼다. 집현전 학자들은 세종의 적극적인 배려를 받으며 학문 연구에 힘쓰는 한편, 문화 발전에 기여하고, 정책 자문에 응하는 두뇌 집단으로 활약하였다. 세종 대의 문화 발전은, 문화 의식이 뛰어나고 추진력이 강했던 세종의 영도와 집현전 학사 및 일부 기술 관료들의 적극적인 협조로 이룩할 수 있었다.

한글의 창제

우리 민족 고유의 글자인 한글은 세종 25년(1443)에 창제되어 3년 동안의 연구 끝에 28년(1446)에 반포되었다. 세종은 우리말이 중국과 다르므로 별도의 문자가 필요하다고 생각하여 다년간의 노력 끝에 14개의 자음과 10개의 모음으로 된 한글을 만들어 '훈민정음訓民正音' 이라는 이름으로 반포하였다.

한글의 창제로 말미암아 한민족은 독자적인 문자 생활을 할 수 있게 되었다. 이로써 국문학의 세계가 새롭게 열렸으며, 서민과 부녀자도 자기의 뜻을 문자로 표현하고 다양한 정보를 접할 수 있게 되어 국민의 문화 수준이 크게 향상되었다.

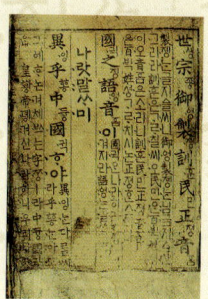

훈민정음(언해본) * 훈민정음 서문 "우리 나라 말이 중국과 달라 한자와는 서로 잘 통하지 아니한다. 이런 까닭으로 어리석은 백성들이 말하고자 하는 바가 있어도 마침내 제 뜻을 펴지 못하는 사람이 많다. 내가 이것을 가엾게 생각하여 새로 스물여덟 글자를 만드니, 모든 사람들로 하여금 쉬이 익혀서 날마다 쓰는 데 편하게 하고자 할 따름이니라."

3 _ 조선 문화가 활짝 피다

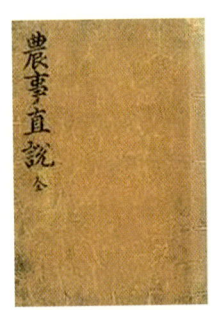

농사직설* 세종11년(1429)에 왕명에 편찬한 농서. 주로 곡물류의 작물 재배에 중점을 두고 우리나라 풍토에 맞는 농법을 처음 소개하였다.

피어나는 조선 문화

세종에서 성종 말까지의 75년간(1419~1494)은 한글의 창제만이 아니라, 문화가 다방면에서 활짝 피어난 조선 문화의 전성기였다. 예로부터 전해 오는 전통 문화를 기반으로 고려 말기부터 받아들인 중국의 새 문화와 아라비아 문화를 소화한 양반 관료들의 유교적 문화 창조 활동에 의해 한민족은 역사상 가장 주목할 만한 문화적 발전을 이룰 수 있었다.

도서 편찬

조선은 오랜 문화적 전통을 계승하여 도서 편찬 사업을 대대적으로 전개하여 유용한 도서를 활발히 편찬하였다. 『고려사高麗史』, 『동국통감東國通鑑』 등의 역사서와 『세종실록지리지世宗實錄地理志』와 같은 전국 규모의 지리지, 왕도 정치의 귀감서인 『치평요람治平要覽 』, 유교적 수신서인 『삼강행실도三綱行實圖』 등이 편찬되어 널리 읽혔다.

또, 농업 생산을 증강하기 위해 『농사직설農事直說』 등 여러 가지 농서를 편찬하였으며, 국민의 건강을 돌보기 위해 700여 종의 국산 약초를 소개한 『향약집성방鄕藥集成方』이나, 한방 의학의 백과전서라 할 『의방유취醫方類聚』를 편찬하였다.

아악과 정간 악보

민간에서 유행한 민속악과 달리 궁중에서는 의례에 쓰이는 예악이 따로 있었는데 이를 아악雅樂이라고 한다. 예와 악을 중시한 세종은 박연朴堧에게 명하여 전통 악기의 개량과 연주 의식의 격식을 연구시켰다. 한편, 소리의 높낮이와 장단을 독창적으로 표기한 『정간 악보井間樂譜』를 창안하여 모든 음률을 악보로 채록하게 하였다. 이러한 노력에 의해 국가 예악으로서의 아악이 집대성되었다. 그리고 아악서雅樂署를 두어 국가 예악을 관장하도록 하였다. 세종 때에 아악이 집대성된 것은 이러한 노력의 결과이다.

정간 악보* 세종대왕 때 창안된 동양 최초의 악보이다. '우물 정井' 자 모양으로 칸을 질러놓고 1칸을 1박으로 쳐서 음의 장단을, 12율명은 음의 높이를 나타낸다.

과학과 기술

조선은 농업 생활을 돕기 위해 고유의 역법에 기초한 『칠정산내편七政算內篇』과 회회력回回曆을 개량한 『칠정산외편七政算外篇』 등 내용이 풍부한 역산서들을 펴냈다. 그리고 천문 관측기기를 제작 개량하고, 해시계와 물시계인 자격루自擊漏 등 각종 시계를 제작했으며, 측우기測雨器를 창안하여 세계 최초로 강우량을 측량하는 제도를 실시하였다(1442).

도서 간행이 활발해짐에 따라 활자와 인쇄술의 개량도 이루어졌다. 주자소를 두고 많은 금속 활자를 만들어 실용화했는데, 특히 세종 때에 주조된 갑인자甲寅字는 활자수가 20여만 자에 이르고 글자체가 아름답기로 유명하다. 또한, 밀초를 써서 활자를 고정하던 종래의 방식을 개량하여 식자판을 이용한 인쇄술을 개발함으로써 일시에 많은 책을 찍어 내게 되었다. 중앙에서는 국가 기관인 교서관校書館을 두고 대규모로 인쇄물을 출판하였으며, 지방에서는 각 고을의 관청이나 사찰·향교에서 목판 인쇄술로 필요한 책들을 찍어냈다.

측우기＊ 조선 세종 이후부터 말기에 이르기까지 강우량을 측정하기 위하여 쓰인 기구다.

해시계 앙부일구(복제품)＊ 1437년에 장영실·김돈 등의 과학 기술자들이 만든 해시계 앙부일구仰釜日晷는 그림자가 비치는 면이 오목한 가마솥 모양이다.

4 _ 유교 양반 사회가 정립하다

○ 성리 철학에 바탕을 둔 신분제　조선 사회는 성리 철학을 바탕으로 한 엄격한 신분제 사회였다. 사람은 '야理'와 '기氣'의 작용으로 태어난다고 생각하여, 태생부터 신분이 결정되고 신분에 따라 권리와 의무가 차등적으로 지워지는 것을 당연한 이치로 여겼다.

신분 조직

조선의 신분은 초기에는 자유민인 양인良人과 비자유민인 천인賤人의 구별만으로 이루어졌다. 그러나 국가 제도가 안정되고 사회 생활이 진전되면서 양인이 양반兩班, 중인中人, 평민平民으로 분화되어 네 계층으로 나뉘게 되었다. 문반과 무반 관직에 오를 수 있는 양반은 지배 계층으로서 여러 가지 사회적 특권을 가진 특권층이기도 하였다. 한편, 중인층은 중앙과 지방 관아의 하급 관직이나 군역을 담당하거나 역관, 의·약계나 그 밖의 기술직에 종사하는 계층이었다. 이들에게는 직업을 세습하여야 하는 의무가 주어졌다.

국민 대다수는 평민으로서 농·공·상업에 종사하며 국가에 대해 조세와 공부貢賦(나라에 바치던 물건이나 세금)의 납부를 의무로 부담하였다. 천인은 사회의 최하층으로서 이들의 호적인 '노적奴籍'에 따로 등재하였으며, 특수한 경우를 제외하고는 신분에서 좀처럼 벗어날 수 없었다.

김득신의 〈노상현알〉＊ 조선 후기 풍속 화가인 김득신의 그림으로, 양반이 말을 타고 행차하는 도중에 만난 남녀가 머리를 조아리며 절하는 모습에서 당시 양반 신분의 위상을 짐작할 수 있다.

양반의 생활

조선 사회의 정치적 지배 계층이고 사회적 특권층이었던 양반들은 사회적으로 그 나름의 생활 수칙이 있었다. 양반이란, 문반文班과 무반武班으로 크게 구분되는 관료 신분층을 통칭하는 말이다.

양반은 평소 독서와 학문에 힘써 유학을 터득하고, 과거를 거쳐 관직에 오르기 위한 노력을 하여야 했으며, 가문을 중히 여기고 『주자가례朱子家禮』에 입각하여 가묘家廟를 모시고, 관·혼·상·제의 사례四禮를 꼭 지켜야 했다. 또, 향촌의 어른으로 사회 교화敎化와 유풍儒風의 진작에 앞장서야 했다. 대의명분과 의리를 중히 여기고, 사리사욕을 멀리하며, 공의를 위해 사생결단을 마다하지 않은 양반의 '선비 정신'은 민족이 위기를 맞을 때마다 발휘되었으며, 오늘날에도 우리 사회에 영향을 미치고 있다.

교육과 과거

조선은 유학에 기초한 양반 관료 국가였으므로 유학의 교육을 중시하였다. 수도 한양에 국가 최고의 교육 기관인 성균관成均館을 두고, 중등 유학 교육 기관으로서 서울에 사학四學, 지방 군·현마다 향교鄕校를 설치하였다. 초등 교육은 집안 어른들로부터 받는 개인 교수에 의해 시행되었다.

양반 신분은, 경서와 사서를 종합한 유학 교양과 문예 능력을 엄격히 시험하는 과거 시험에 합격하여 관직에 나아감으로써 비로소 유지할 수 있었으므로, 양반가의 자제들은 어릴 적부터 유학적 소양을 쌓기 위해 매진하였다. 조선은 양반이라도 과거에 합격해야만 관직에 나아갈 수 있게 했다는 점에서, 신분은 물론 관직과 직업을 세습하도록 했던 다른 나라의 신분 사회 조직과 큰 차이가 있었다.

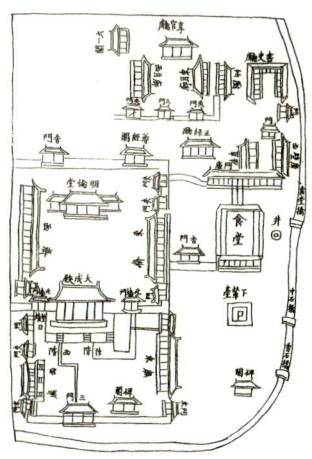

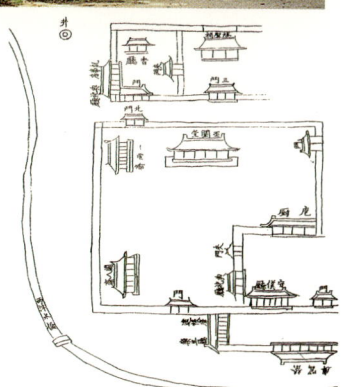

(위)성균관 대성전* 조선 시대 서울에 설치한 최고 교육 기관이다.
(아래)성균관 배치도*

5 _ 조선 성리학이 발전하다

초기의 유학　　　주자학은 조선 초부터 관학官學으로 숭상되었다. 교육은 유학이 기본이었고, 과거에서도 유학이 주된 시험 과목이었다.

건국 후 1세기가 흐른 15세기 말부터 조선의 유학은 왕도정치를 뒷받침하던 주자학보다 인간의 심성과 수덕修德에 관한 문제를 더 중시하는 사변적 성리학으로 연구 관심이 바뀌게 되었다.

사림　　　조선에서 성리학이 크게 발전한 데에는 새로운 유학 세력으로 등장한 사림士林의 힘이 컸다. 고려 말, 조선 초기의 주자학자들은 두 계열로 나뉘어 큰 흐름을 이뤘다. 새 나라의 핵심 세력으로 국가 운영에 힘쓰는 훈구파勳舊派와 향촌에 묻혀 유학 연구와 후학의 양성에 주력하는 사림파士林派가 그것이었다.

조선의 기초가 굳어진 15세기 말부터는 사림파도 중앙에서 정권을 좌우하는 훈구파와 세력을 맞겨루는 향촌 유림 세력으로 자라났으며, 점차 중앙 정계로 진출하여 벼슬을 하며 현실 정치에 참여하게 되었다.

그 후 정치적 정세의 변동에 따라 사림파는 다시 향촌으로 내려가 지방 유학자와 손잡고 각지에 서원을 창설하고, 지방 사림으로서의 기반을 더욱 굳히기도 하였다.

서원　　　서원은 1542년 풍기 군수 주세붕周世鵬이 건립한 백운동 서원白雲洞書院이 최초이며, 그 후 각지에 많은 서원이 설립되었다. 서원은 지방 유림들이 유교 성현의 제사를 받들며 성리학의 연구에 힘쓰는 한편, 지방의 유풍儒風 진작을 위해 창설한 사설 유교 기관이었다.

지방 각지에 경쟁적으로 세워진 서원들은 뛰어난 유학자들을 다수 배출하여 성리학 연구의 지방화를 실현하는 기반이 되어 조선 성리학의 발달에 크게 이바지하였다.

소수 서원(경상북도 영주시) 백운동 서원이 1550년 사액賜額을 받아 소수 서원으로 이름을 바꾸었다.

이황과 이이

'이理'와 '기氣'의 철학에 터전하여, 인간의 심성과 수신의 문제를 탐구하는 조선 성리학의 학문 활동을 주도한 학자는 이황李滉과 이이李珥였다. 이들은 이른바 '퇴율 시대退栗時代'를 열어 조선 성리학의 기틀을 바로잡았다. 그 뒤, 조선 성리학은 활발한 성리 논쟁과 여러 성리학자의 활동에 힘입어 다채롭게 발전하며 철학적 깊이를 더하였다.

도산 서원(경상북도 안동시) ＊ 이황이 서당을 지어 유생을 가르치던 곳에 그의 학덕을 추모하는 문인과 유생들이 1574년에 창건한 서원이다.

조선 성리학의 발전

조선 성리학은 이황과 이이의 뒤를 이은 많은 학자들에 의해 학문적으로 발전해 갔다. 그러나 다른 한편에서는 이황이나 이이와 다른 성리 철학을 내세우는 사람도 있었다. 이런 학자로는 일생을 처사處士로 살면서 '유기론唯氣論'을 주장한 서경덕徐敬德과, '경敬'과 '의義'를 근본으로 실천 유학을 주장한 조식曹植의 성리 철학이 유명하다. 또, 기대승奇大升은 이황과 8년 동안 편지를 교환하면서 성리 철학 논쟁을 벌여 후세 철학자들에게 많은 영향을 끼쳤다.

이 밖에도 많은 학자들의 성리학 연구가 연이어 진행되어 조선의 성리 철학은 깊이를 더해 간 끝에 중국의 그것을 뛰어넘는 조선 성리학으로 발전했으며, 그 영향은 일본에까지 미치게 되었다.

조선 성리학의 두 기둥

이황(1501~1570)

호는 퇴계退溪. '이理'를 큰 원리로 내세우고, 모든 현상의 근원이 되는 바탕인 '기氣'는 '이'의 나타남으로 보아야 한다는 주리적 성리론을 주장하였다. 이황은 경상도에 은거하며 오로지 성리학 연구에 정진하면서 후학 양성에 힘썼다. 이황의 주리적 성리론은 그 후 영남학파嶺南學派로 이어져 그의 문하에서 저명한 성리학자가 다수 배출되었다.

이이(1536~1584)

호는 율곡栗谷. '이'의 절대성을 부정하고 '이'는 '기'의 작용에 따라 선해지기도 하고 악해지기도 한다고 보았으며, 도덕적 원리로 악한 심성을 바꿀 수 있다는 개혁 사상을 가졌다. 이이는 관계에도 진출하여 경세가로도 활동하였다. 그의 성리학은 기호학파畿湖學派로 이어졌다. 그는 국방의 강화를 위해 '10만 양병설'을 상소한 바도 있었다.

6 _ '왜란'과 '호란'의 국난을 극복하다

역사쪽지

국난의 시련기

17세기를 전후한 반 세기 동안은 아시아의 격동기였으며, 한민족에게는 남북에서 닥친 이민족의 침략전을 이겨내야 하는 국난기였다. 조선이 건국된 200년 후인 1592년에 왜란이 일어났다. 그 때부터 조선은 남으로 7년간에 걸친 임진壬辰·정유왜란丁酉倭亂(일본 사이에서는 '文祿·慶長之役'이라고 부름)과 북으로 중국 동북 지방에서 일어난 여진족 세력의 침략전인 두 차례의 호란을 겪어야 했다(1627년의 정묘호란丁卯胡亂, 1636년의 병자호란丙子胡亂).

초기 한·일 관계

조선은 건국 후, 일본에 대해 교린 정책을 내세워 일본 정부나 서부의 유력한 지방 세력에 대해 당시 조선 해안에 넘나들며 해를 끼치고 있던 왜구의 금절을 외교적으로 요구하는 한편, 찾아오는 일본인에 대해서는 관직을 내리거나 경제적 도움을 주기도 하였다. 한때는 왜구의 근거지인 쓰시마 섬을 공격하는 적극적 대책을 펴기도 했으나(1419), 대 일본 외교의 기본은 삼포를 열어 일본인의 내왕과 무역을 허락하는 평화 외교였다.

이러한 노력의 결과, 일시적으로 조용해졌던 왜구는 1467년부터 일본이 오랜 기간에 걸친 내란에 휩싸이게 되자, 다시 조선과 중국 해안을 노략질하기 시작하였다. 이런 가운데 삼포왜란三浦倭亂이 벌어져 양국의 국교는 다시 단절되었다(1510).

임진·정유왜란

긴 세월에 걸친 내란을 수습하고 일본의 통치권을 장악한 도요토미 히데요시豊臣秀吉는 명에 침공할 길을 빌린다는 핑계로 조선에 대해 침략 전쟁을 일으켰다(1592). 이 전쟁이 전후 7년간에 걸친 임진·정유왜란이다. 이 전쟁은 도요토미 히데요시가 안으로는 그에 반대하는 세력의 군사력을 약화시켜 정권의 안전을 도모하려는 정치적 의도와, 밖으로는 동아시아를 지배하려는 헛된 야망을 가지고 '정명가도征明假道'라는 당치 않은 구실을 내세워 조선을 침략한 전쟁이었다.

일본군은 조총鳥銃으로 무장하고, 오랜 내란 기간에 풍부한 전투 경험을 쌓은 군대였다. 그리하여 전쟁 초기에 일본군은 서쪽으로 평양까지, 동쪽으로는 두만강 가까운 지역까지 침략해 들어올 수 있었다.

조선군의 반격

점령 지역 후방 각지에서 조국 방위를 위해 일어난 의병과 승병의 항전, 재건된 조선 관군과 명나라 원군의 반격으로 침략군은 점차 궁지에 몰리게 되었다. 또, 이순신李舜臣 장군이 지휘하는 조선 수군은 남해 각지에서 일본 수군을 격파하고 일본 본토와의 해상 보급로를 끊었다. 날이 갈수록 전세가 불리해지자 일본군은 강화를 기다린다는

임진왜란의 경과* 왜군은 주요 도로와 큰 고을을 중심으로 북침하였다.

명목 하에 한반도 남해 지방으로 물러나 각지에 왜
성을 쌓고 주둔하게 되었다.

　그러나 강화 교섭이 여의치 않자, 1597년 또다
시 침략 전쟁을 일으켰다. 조선군의 항전, 명 원군
의 응전, 다시 일어난 의병의 투쟁, 그리고 조선 수
군의 활약으로 일본군의 패색이 짙어지기만 하였
다. 그 해 말에 도요토미 히데요시가 사망하자, 일
본군이 본토로 쫓겨 물러나니 조선은 드디어 7년
간의 국난을 극복하게 되었다.

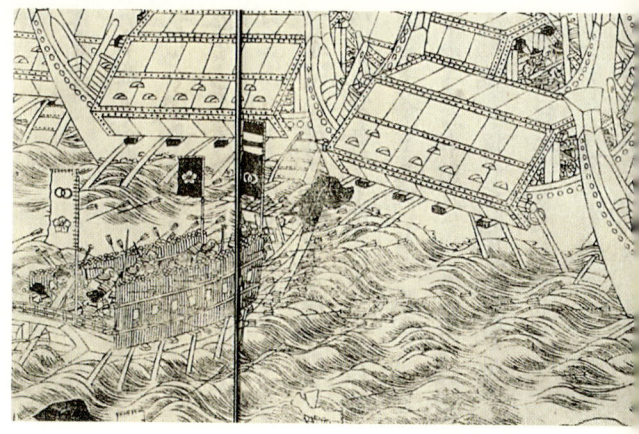

왜 수군 앞에서 위용을 자랑하는
거북선* 도요토미 히데요시의 일
대기를 그림으로 그리고 해설한 그
림책 『회본태합기繪本太閤記』에 수
록된 것으로, 당시 왜인들의 눈에
비친 조선 수군의 위용이 잘 나타나
있다.

정묘·병자호란

　　　　　　왜란의 영향으로 동아시아의 정치적 상황이 변화하는 틈을 타,
중국 동북 지방에서 일어난 여진족은 두 차례에 걸쳐 조선에
대해 침략전을 감행하였다. 1627년에 야기된 정묘호란은 양국 간의 외교적 마찰로 벌어
진 전쟁이었기에 외교적 절충으로 강화講和할 수 있었다. 그러나 1636년에 도발된 병자
호란은, 여진족이 본격적인 중국 본토 진입에 앞서 배후 세력을 미리 제압할 목적으로
일으킨 전쟁이었기 때문에, 공세가 매우 드셌다. 조선군도 격렬하게 항전했으나, 결국
남한산성 농성전을 끝으로 청과 화의하지 않을 수 없었다. 전후, 조선은 왜란 때 도움을
준 명을 좋게 생각하는 한편 청에 대해서는 '반청反淸' 움직임을 보이기도 하였다. 그러
나 청이 중국 대륙을 지배하게 된 후, 조선은 국초 이래의 사대 교린 정책에 따라 19세
기 초까지 청과 친밀한 국교 관계를 유지하였다.

남한산성*

>> > **전쟁인가 출병인가?**
　일본인은 임진·정유의 왜란을 '전역戰役'의 줄임말인 '역役'이라고 표현하고 조선에 그저 '출병出兵'했다고
말한다. '출병'은 군대를 파견했다는 뜻이다. 그런데 왜란이 '전쟁'이냐 '출병'이냐 하는 것은 단순히 표현만의
문제가 아니다. 그 전란의 성격을 어떻게 규정하고 어떻게 인식하느냐의 기본 문제이다. 7년간에 걸친 장기간의 전란, 두 차례에 걸쳐 30여만 이상의
군대를 동원한 타국 공격, 전쟁에 동원된 일본군의 절반에 이르는 희생, 전쟁터가 된 조선 국토의 황폐화와 막대한 인명 손상, 수만의 조선인을
일본으로 납치해 가고 많은 문화재를 약탈해간 심각한 약탈 전쟁이었다는 점에서 이를 그저 '출병'으로 호도할 수는 없다. '출병'은 이 전쟁은
일본과 조선만이 아니라 명까지 참전했던 국제 전쟁이요, 전후 동아시아 3개국의 정치적 대변동을 가져온 국제 전쟁인 동시에, 명을 징벌하고자
하니 조선은 길을 빌려달라(정명가도征明假道)고 터무니없는 억지를 부려 불시에 타국을 공격한 침략 전쟁이었다.

7 _ 평화와 신의를 지키는 외교 활동을 펴다

양난 후의 외교 정책 조선은 왜란과 호란이라는 양대 국난을 극복하고 난 후, 종래의 대외 교류 정책을 일부 조정하여 재개하였다. 비록 국민의 해외 진출은 억제하였으나, 사대·교린 정책에 따라 중국에는 부경사赴京使를, 일본에는 통신사通信使를 파견하여 평화적 외교 관계의 유지에 힘썼다. 특히 쓰시마 섬에 대해서는 해마다 식량 지원을 계속하였고, 동래에 출입하는 일본인과의 왜관 무역을 허용하였다.

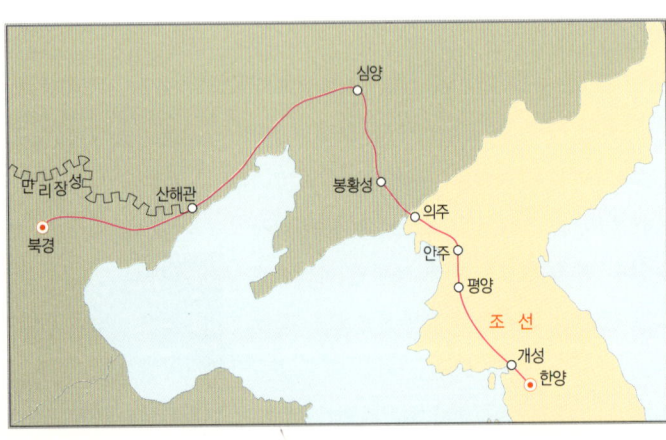

조선 부경사 행로*

부경사행 부경사란 명·청의 수도인 북경에 파견되던 조선의 사대 외교 사신이었다. 부경사행은 해마다 파견하는 정기 사행과 필요에 따라 파견하는 임시 사행으로 구분된다. 정사, 부사, 서장관과 그 밖의 수행원 등 350명 내외로 편성된 부경사행은, 사대의 의례를 갖추는 대신 정치적 안정을 보장받기 위한 사절이요, 동시에 경제적·문화적 실리를 얻기 위한 외교 사행이기도 하였다.

조공朝貢과 회사回賜는 예물의 형식에 따라 서로 필요한 물자를 주고받는 국영 무역의 한 형태였다. 한편, 사절단원과 역관, 사행에 끼어든 상인들에 의한 사무역私貿易 활동이 시대가 흐를수록 활발해져, 17세기 이후에는 그 폐해가 커 정부에서 자주 논의될 정도가 되었다. 의주, 평양, 개성, 한양의 상인들은 이런 국제적 사무역 활동을 통해 차차 자본을 쌓아 거상으로 자라나기도 하였다.

부경사행에는 귀중 도서의 도입을 담당하는 관리나 기술 관리가 따라가서, 관계되는 도서와 천문, 역산 기술 및 관측 기구를 도입하기도 하였다. 한편, 사행원 중에는 북경에서 중국 학자와 문화 교류에 힘쓰고, 학문 자료를 도입하는 이들도 많았다. 선진의 중국

조선 후기의 대표적 상인들

의주 상인 만상灣商
평양 상인 유상柳商
개성 상인 송상松商
서울 상인 경상京商
동래 상인 내상萊商

문명은 물론 17세기 이후 중국에 자리를 차지한 서양 문물도 이런 활동을 통해 조선 사회로 도입되었다.

통신사행

통신사란 '신의信義'를 바탕으로 '통교通交'하는 사신이라는 뜻으로, 일본 에도에 파견되던 조선의 의례적 외교 사절이었다. 이미 고려 말 조선 초기에도 몇 차례 통신사라는 이름의 사절이 파견된 일이 있었다. 그러나 통신사가 일본 정부의 요청에 의해 의례적 사절로 파견된 것은 왜란 이후의 일이었다. 통신사와 별도로 외교 실무와 통상 업무를 담당하는 실무 사신이 동래 부사와 쓰시마 도주 사이에 자주 왕래하였다.

흔히 통신사를 열두 차례 파견하였다고 하나, 처음 세 차례는 회답사回答使 또는 회답 겸쇄환사回答兼刷還使라는 이름으로 파견된 실무적 차원의 사행이었다. 이 세 차례의 사신까지를 합해 이른바 '통신사 외교'가 200년간이나 유지되는 가운데 한·일 양국의 평화적 관계가 지속되었다. 일행 400여 명으로 편성된 통신사행은 정치적 의의만을 지닌 외교 사절은 아니었다. 일본의 수도에서는 물론, 사신이 왕래하는 연도 각지에서 정중하게 환영하는 민중, 숙소에 모여든 일본 문인과의 학문 교류, 시문詩文 응수를 통한 문화 활동도 활발하였다. 서민층도 이를 통해 이국적 정서를 즐기는 한편, 이웃 나라에 대한 관심을 키우기도 하였다.

조선 통신사 행로*

대표적인 통신사 기행록

송희경宋希璟의
『노송당일본행록老松堂日本行錄』

신숙주申叔舟의
『해동제국기海東諸國記』

신유한申維翰의
『해유록海游錄』

>> >

통신사행원의 문화 교류　오사카에서는 글을 청하는 자가 다른 곳보다 배나 많아서, 혹은 닭이 울도록 자지 못하고, 밥을 먹으려 해도 입에 넣었던 것을 토할 지경이어서, 수응酬應의 괴로움이 이와 같았다. 그런데도 오히려 대마도 왜인倭人이 막아서 들어오지 못한 사람들이 있다고 들었다(『해유록』). *1781년의 통신사행에 제술관製述官으로 따라간 신유한의 일기로서, 사신의 숙소로 찾아와 시문詩文을 청하는 일본인들이 매우 많았던 사정을 잘 보여준다.

8 _ 국가 중흥을 위해 노력하다

○ 조선 후기 왜란과 호란을 겪은 후인 17세기 중엽부터 약 200년간을 조선 후기라고 한다. 이 시기는 왜란·호란의 외침과 그 후에 전개된 내부 국정의 혼란으로 인하여 파탄지경에 몰리게 된 농촌 사회의 민생 문제를 타개하는 한편, 전통 문화의 창조적 계승과 새로운 기술의 개발 및 습득에 의해 조선사회를 부흥시킬 방안을 시급히 마련할 것이 요구되던 때였다.

탕평비 영조는 당파를 초월하여 인재를 등용하고 일반 유생들의 당론에 관련된 상소를 금지시키는 한편 성균관 입구에 '탕평비蕩平碑'를 세워 당쟁의 해소에 심혈을 기울였다.

납세제 개편

왜란 직후 전국의 농지와 인구가 크게 감소함으로써 조선의 국가 형편은 파탄지경에 몰리게 되었다. 게다가 얼마 후에는 호란이 닥쳤고, 또 이괄의 난 등 내분이 일어나 사태는 더욱 악화되었다.

이에 정부는 재정 수입과 민생 안정을 동시에 해결하기 위해 토지에 부과하던 전세田稅, 지방에 부과하던 공법貢法과 성인 남자에 부과하던 군포軍布 등 납세 제도를 개혁하는 한편, 산업을 진흥시키기에 힘썼다. 세제 개혁의 기본 방향은 서민의 부담을 줄이고, 양반층에게도 일부 납세의 의무를 부담시키며, 현물 대신 미곡, 포목, 금전으로 대납할 수 있도록 하는 것이었다. 그리고 상업과 수공업 활동에 대한 통제를 완화하여 공장세工匠稅를 납부하게 하고 자유로이 수공업 생산을 할 수 있도록 개혁하여, 서민의 경제 생활을 진흥하는 정책을 실시하였다.

중흥 정치

흐트러진 지배 질서를 바로잡고 문화 역량을 강화하기 위한 중흥 정치가 영조英祖와 정조正祖 2대에 걸쳐 75년간 계속 추진되었다 (1725~1800). 당쟁에 의한 정권 투쟁의 폐해를 극복하기 위해 탕평 정책蕩平政策을 내세워 정치 운영의 형평을 기하였으며, 재정 집행을 법제화하고 형정을 개혁하며, 풍속 교정과 산업 진흥을 위한 시책을 적극적으로 폈다.

학자 군주이던 정조는 궁내에 규장각奎章閣을 설립하여 학문 연구와 전통 문화의 계승 발전을 추진하였다. 이에, 역사·지리서를 비롯하여 예속, 음운, 무예에 이르기까지 다양한 도서가 규장각을 중심으로 편찬·간행되었다. 한편, 재야의 학자와 서민들의 문예 활동이 진작될 수 있도록 사회적 분위기를 조성하는 노력도 기울였다.

9 _ 향촌 생활이 변화하고 서민 문화가 자라나다

향촌 생활의 향상

농본·민생안정을 내세웠던 조선 정부는 향촌 경제의 성장을 위해 여러 가지 정책을 시행하였다. 농지를 개간하여 농토를 늘리고, 농법과 시비법施肥法을 개량하였으며, 수리 시설을 확충하였다. 감자, 고추, 호박, 토마토 등 새 농작물을 들여와 보급하는 한편, 인삼과 담배 등 특용 작물의 재배를 장려하여 농업 생산을 늘리는 데 주력하였다.

농업 생산이 늘어나면서 각종 농기구와 자기, 유기, 그 밖의 각종 생활 공예품의 수요가 크게 증가하였다. 의생활에 있어서도 면포, 모시, 비단 등 고급 의류의 수요가 늘어났다. 이에 따라 국가 기관이 통제하는 관장官匠 수공업뿐 아니라, 공장세를 납부하고 자유로이 수공품을 생산하는 사장私匠 수공업이 성장하게 되었다. 또 물품의 원활한 유통을 위해 각종 수공업품과 일용 잡화를 행상하는 보부상褓負商이 늘어나고, 지방 각지에 정기 시장이 생겨났다.

보부상* 5일마다 열리는 전국의 시장을 행상을 하며 돌아다니던 중간상인, 보상은 세공품이나 사치품을, 부상은 일용품을 위주로 판매하였다.

지방 경제의 발달

농촌에서 5일에 한번 서는 정기 시장이 생겨나 전국적인 연계망이 형성되자, 지방 큰 고을의 대장大場을 중심으로 많은 사람이 모여들면서 신흥 상업 도시가 형성되어 발전하였다. 통영, 대구, 전주, 강경 등이 그 대표적인 도시였다. 그리하여 상품의 원활한 거래를 위해 17세기 말부터는 동전을 주조하기 시작하였고, 화폐의 유통은 상품 생산과 교환을 촉진시켜 5일장 체제가 더욱 확대되었다.

의주나 동래를 무대로 대외 무역 활동을 벌이는 상인과, 서울, 평양, 개성 등지의 거상巨商들이 점포를 전국적으로 확장해 나갔으며, 물화의 거래가 커지자 그들 나름의 금융 조직이 생겨 교환 경제의 발달을 촉진하였다. 이에 개성 상인들의 주도 아래 일종의 신용화폐인 어음과 환이 상거래에서 널리 사용되었다.

상품 유통이 활발해지면서 상품화를 전제로 하는 상업적 농업이 더욱 발달하였다. 특히 인삼과 담배는 수익성이 높은 상업 작물로서 농가의 주요 소득원이 되었다. 민간의 생활이 점차 윤택해지자 값비싼 놋그릇을 쓰는 서민들이 많아져 도처에 유기점이 생겨났고, 농기구를 파는 철점鐵店과 무쇠점水鐵店이 번창하였다.

탈춤*

서민 문화의 발전

조선 후기에는 서민의 사회적 지위가 올라가고, 서당 교육이 보급되었으며, 서민의 의식도 높아졌다. 이에 따라 종래의 양반 중심 문예 활동에 대신하여 일반 서민에 의한 문학, 예술의 창작과 공연 활동이 활발해졌다. 조선 특유의 문학 장르인 판소리 등이 널리 퍼지고, 사회의 부정과 부조리를 신랄하게 고발하는 문학 작품이 생겨났다. 그리고 작품의 주인공도 영웅적인 인물로부터 서민적인 인물로 바뀌었으며 현실적인 인간 세계를 묘사하게 되었다.

판소리*

서민의 문화 생활

조선후기 서민 생활이 안정되고 문화 활동이 촉진되어 농촌 사회에 서민 자제를 교육하는 서당도 생겨났으며, 서민과 부녀자들 사이에 한글이 급속하게 보급되었다. 이에 『홍길동전』, 『춘향전』 같은 사회성 짙은 한글 소설이 농촌 사회와 부녀층 사이에 나돌았다.

각지에 생겨난 정기 시장은 경제 활동이 이루어지는 장소일 뿐만 아니라, 농촌 사회의 사교와 정보 교환, 오락을 함께 나누는 장이었고, 민중 생활 활성화의 마당이기도 하였다. 판소리, 타령, 잡가를 즐기고, 인형극, 가면극, 그리고 탈춤, 농악이 유행하게 되었다. 또, 김홍도金弘道나 신윤복申潤福처럼 서민 생활을 주로 그리는 풍속 화가가 활동하게 되었고, 전통 회화와 취향을 달리하는 민화도 유행하게 되었다.

한글 소설과 사설시조

조선 후기에는 한글로 쓴 소설이 등장하여 민간에 널리 유행하였다. 이 시기 최대의 걸작이라고 일컬어지는 한글 소설 『춘향면』은 원래 판소리였는데, 공연되는 사이에 소설화된 것이다. 이는 서민의 반항 정신을 대변하여 사회 현실을 풍자하고 인간의 평등함을 깨닫게 하는 내용으로서, 서민에게 미래에 대한 희망을 주었다.

또한, 이 무렵에는 오랜 역사를 지닌 가요 형식의 시조가 서민들 사이

홍길동전*

에도 성행하였다. 형식에 구애받지 않고 자유롭게 지은 문학 형식인 사설시조辭說時調가
나타나, 주변의 실제 생활을 대담하게 묘사하였다. 일상의 생활이나 남녀 간의 사랑이
그 주된 제재였다. 서사적인 사설辭說을 노래와 말과 몸짓을 섞어 창극조唱劇調로 부르는
판소리는 읽는 소설보다 재미있어 서민에게 인기를 끌었으며 많은 작품이 공연되었다.

신윤복 〈단오풍정〉*

▲ 김홍도 〈빨래터풍경〉*
▼ 김홍도 〈서당풍경〉*

10 _ 실용적 학문이 일어나다

실학 사상

영조와 정조의 문화 중흥기에 일어난 또 하나의 새로운 경향은 실학實學 운동이었다. 실용적 학문 연구와 실천 활동을 통해 내실을 다지고 국가 역량을 키워 나가야 한다는 학문 조류가 바로 실학 운동이다.

퇴계, 율곡 이후 많은 유학자들의 연구로 조선 성리학은 학문적 깊이를 더하며 크게 발전하였다. 그러나 거듭되는 전란으로 사회 현실이 어려워지자 성리학은 당면한 문제를 해결하는 데 한계를 드러냈다. 이에, 종래의 성리학을 이론에 치우친 '허虛'의 학문이라고 비판하고, 실용·실리·실증을 중시하는 새로운 '실實' 학풍이 생겨났던 것이다. 이러한 실학 정신을 깨우쳐 새 학문에 힘쓴 학자가 조선 후기의 실학자였다.

실학경세론자

중농 정책론자
유형원柳馨遠(1622~1673)
이익李瀷(1681~1763)
정약용丁若鏞(1762~1836)

중상 정책론자
유수원柳壽垣(1694~1755)
홍대용洪大容(1731~1783)
박지원朴趾源(1737~1805)
박제가朴齊家(1750~1805)

실학 경세론

실학자들은 그들이 살고 있는 사회의 모순과 과제를 해결하는 문제에 관심이 컸다. 이런 관심에서 정치·경제·사회 개혁을 통해 국익을 강화하고 민생의 실리를 확대하려는 경세론經世論이 제기되었다. 과거제의 엄정 운영, 관료의 기강 확립과 성실한 목민 행정에 의해 국익과 민생을 증진시켜야 한다는 정치 개혁론, 농본·민생을 앞세운 중농 정책론, 농업을 기간 산업으로 삼으면서도 공업과 상업을 진흥시켜야 한다는 중상 정책론이 경세론의 큰 흐름을 이뤘다.

북학과 서학

영조와 정조 시대의 또 하나 주목되는 움직임은, 밖으로 선진 문명을 도입하여 새로운 문화 발전을 도모하여야 한다는 북학北學과 서학西學 사상이 일어난 것이다. 부경사를 따라 북경에 들어가 청국의 실용 문화를 접할 수 있었던 일부 지식인 사이에서 청국의 문화를 도입 활용하여 실리를 얻어야 한다는 북학론이 제기되었다.

북학파의 대표저술

홍대용의
『의산문답醫山問答』
박지원의
『열하일기熱河日記』
박제가의
『북학의北學議』

한편, 17세기 초부터 북경으로부터 도입된 서양 관련 서적과 서양 문물을 가까이하던 일부 지식인 중에서는, 서학에 깊은 관심을 가지고 그 문화를 배워 수용할 필요가 있다고 생각하는 사람이 나타났다. 이들이 도입하려는 문화는 서로 달랐으나, 나라 밖에서 이질 문명을 받아들여 활용하자는 새로운 움직임이었다는 점에서는 사상적 맥락이 같았다.

11 _ 국학의 꽃이 피어나다

국학 활동 조선 후기 문화 활동의 또 다른 특색 중 하나는 국학國學 활동이 매우 활발하였다는 점이다. 실학 정신에는 현실 개혁의 의지와 더불어 '민족적 실民族的實'을 추구하는 자민족 지향적인 생각이 내포되어 있었다. 이러한 깨우침이 청 고증학考證學의 영향과 결부되어, 우리의 것을 실증적으로 탐구, 주체적인 세계관을 확립해야겠다는 생각에서 국학國學 연구에 나서는 실학자들이 많이 나왔다.

역사와 지리 실학자들은 특히 자국사에 대한 관심이 컸다. 이들은 중국 중심의 세계관과 성리학에 기초한 종래의 경학적經學的 역사 연구 태도에서 벗어나, 많은 사료를 새로 고증하여 우리 역사의 발전을 주체적으로 연구하기 시작하였다. 실학 사학은 이익李瀷에서 시작되어 그의 제자 안정복安鼎福에 의해 길이 열렸으며, 뒤이은 실학 사가들의 활동으로 다방면에 걸친 실학 사서들이 편찬되었다.

한편, 우리 국토에 대한 지리 지식과 역사 · 지리적 이해에 대한 학문적 열의도 높았다. 국가가 주도한 전국 읍지邑誌의 집대성 작업에 따라 『여지도서輿地圖書』를 편찬했으며, 국토의 자연에 대한 지리적 연구도 활발하였다. 이 시대의 지리학자요 지도 제작자로는 김정호金正浩가 특출하였다. 그는 전국을 직접 답사한 후 정확한 전국 지도인 『청구도靑邱圖』와 방대한 내용을 가진 『대동여지도大東輿地圖』를 제작하였다.

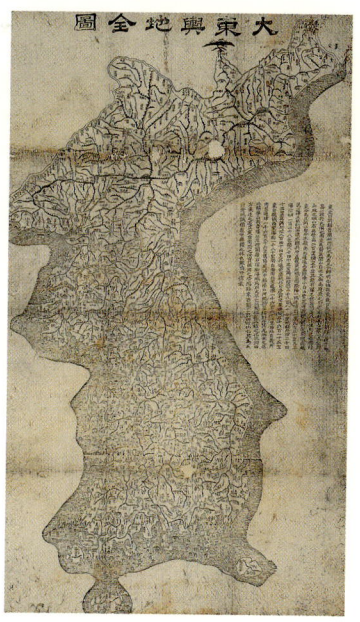

대동여지도* 조선 후기 김정호가 제작한 한국 지도.

국어와 국문학 우리 글에 대한 연구도 활발하였다. 주로 문자와 발음, 한글의 기원에 관한 연구가 활발하여 많은 연구서가 나왔다. 그리고 개인 작업에 의해 특색 있는 여러 종류의 전문 사전도 편찬, 간행되었다.

또, 다양한 내용을 항목으로 나누고, 그와 관련된 수많은 서적을 참고하여 치밀하게 고증한 후, 자기의 경험과 의견을 추가하여 집필한 다양한 백과 전서와 같은 사전류의 책이 민간에서 편찬된 것도 이 시기 국학 연구의 중요한 성과였다. 『오주연문장전산고五洲衍文長箋散稿』가 그 대표적인 예이다.

12 _ 과학과 기술을 연구하다

정약용(1762~1836) 초상* 실학
을 집대성한 학자이다.

○ 실용적 기술관

실증·실용·실리의 의식을 지닌 실학자들은 기술을 천시하던 전통적 기술관과 달리, 인간 생활에 도움을 주는 기술을 중시하였다. 실학자들은 전통 과학의 기반 위에 서서, 중국과 서양의 과학에 큰 관심을 가지고 이를 활용함에 힘쓰며 기술을 익히기 위한 학문 활동을 폈다.

○ 농학

농업의 연구와 농서의 발간·반포는 조선 전기부터 있어 온 일이나, 실학 시대에는 특히 많은 농서가 만들어졌다. 실학 시대의 농서 중에서 『해동농서海東農書』는 전통적인 농학의 기초 위에 조선 특유의 자연 조건을 반영하고 중국의 농업론까지 수용한 농서로서, 그 내용이 농업 전반에 걸쳤을 뿐 아니라, 양조釀造, 구황救荒, 농의학農醫學 등 농업 주변의 일까지 담고 있어 조선 농학의 시야를 일층 넓혀 준 농서이다.

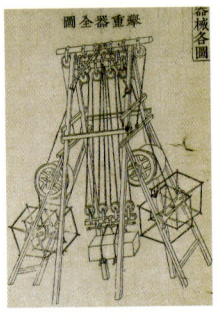

거중기* 정조가 중국에서 들여온 『기기도설奇器圖說』이란 책을 참고하여 정약용이 개발한 기계로 1796년 수원성곽을 쌓는 데 이용되었다. 도르래의 원리를 이용하여 작은 힘으로 무거운 물건을 들어 올리는 장치이다.

○ 시헌력과 천세력

농업 국가에서 중요시된 학문은 역산학曆算學이었다. 중국을 통해 서양의 천문 기기와 역산술에 대한 서적이 전해지면서, 그 기술을 습득하려는 학문적 노력이 일어나게 되었다. 실학의 선구적 의식을 지녔던 김육金堉은 역산 기술자를 적극 지원하여 중국에 가서 서양 역법을 익혀 오게 하여 마침내 서양 역법을 활용한 『시헌력時憲曆』을 제작, 채용할 수 있었다. 그 후 우리 사정에 맞는 역산서가 계속 연구되어 『천세력千歲曆』이 편찬·유포되었다.

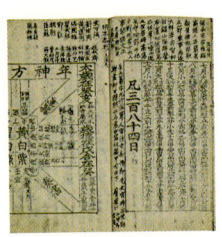

시헌력* 1653년(효종 4) 이후 1910년까지 한국에서 쓰인 역법이다.

○ 조선의 한방 의학

조선의 한방 의학은 17세기 초 허준許浚이 지은 의학서인 『동의보감東醫寶鑑』과 허임許任의 침구서인 『침구경험방鍼灸經驗方』을 기초로 발전하였다. 18세기에 서양 의술에 관심을 지닌 실학자도 있었으나 종두법種痘法을 시험하는 정도였고, 의학의 주류는 한방 의학이었다. 19세기 중엽에 들어 이제마李濟馬가 사상의학설四象醫學說을 주장하여 한방 의학에 크게 기여했으며, 황필수黃泌秀는 오늘날에도 널리 사용되고 있는 한약 처방서인 『방약합편方藥合編』을 펴냈다.

13 _ 서학을 익히고 천주교회를 세우다

○ 조선 천주 교회의 성립 　실학 시대에 전개된 새로운 역사적 사실 중의 하나는 유교, 불교, 그리고 예부터 전해 오는 민속 신앙을 받들어 오던 조선 사회에 그리스도교 신앙이 수용되어 한국인의 종교 생활에 새로운 국면이 열리게 된 일이다. 조선의 천주 교회는, 해외에서 입국한 성직자들의 전교 활동에 의해 교회가 창설되고 그리스도교 신앙을 받아들인 일본(1549)이나 중국(1601)의 경우와 달리, 조선 사회의 유교 지식인들이 학문 활동을 통해 스스로 천주天主 신앙을 깨우치고, 교회를 자율적으로 창설하여 성립되었다. 외래의 새로운 믿음을 자체적으로 체득하고 실천했다는 점에서 그 성립 과정이 특이한 까닭에 조선 천주 교회의 역사가 세계적인 주목을 받고 있다.

천주학에서 신앙으로

조선 사회가 천주 신앙과 만나게 된 것은 북경에 드나들던 사행원들이 그곳의 천주당과 천문 역산 기관이던 흠천감欽天監을 방문하여 서양 신부와 접촉하면서부터이다. 이러한 만남이 거듭되면서 천주교에 대한 견문이 늘어났고, 천주 신앙을 담은 한역漢譯 서학서西學書가 17세기 초부터 조선 사회로 계속 도입되었다.

조선 국내의 유교 지식인들은 처음에 문화적 호기심에서 그 서학서를 가까이하였으나, 18세기 중반에 들어서는 실학자 이익과 그의 제자들이 중심이 되어 학문적으로 이를 연구하게 되었다. 그런 가운데 향촌의 소장 지식인들이 유교 경서의 천天 사상과 천주교의 천주 신앙을 접합적接合的으로 이해하게 되었으며, 천주 신앙을 보유론적補儒論的인 가치가 있는 가르침으로 인식하고 수용하게 되었다. 그들은 마침내 신앙의 실천을 위해 서울에서 자율적으로 천주 신앙 공동체를 조직하고 신앙 생활을 시작하였다(1784).

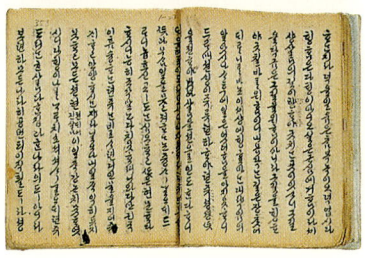

『천주실의』* 중국 명에서 선교 활동을 한 예수회 신부 마테오 리치가 한문으로 저술한 것을 초기의 한국 신자들이 한글로 번역하여 사용한 천주교서. 제목은 '하느님에 대한 참된 토론'이라는 뜻이며, 8편 174항목으로 구성되어 있다.

초기 조선 교회

신앙 실천의 조직적 활동이 본격화되었으나, 초기 교회는 보유론적 천주 신앙에 기초한 교회였다는 점과, 성직자 없는 신도만의 교회였다는 두 가지 문제점을 안고 있었다. 그러나 전자는 1791년 조상 제사 문제를 둘러싼 시련을 겪으며 극복되었으며, 후자는 1795년 중국에서 성직자를 맞아들임으로써 해결되었다. 이 일이 있기까지 조선 교회는 10년간 성직자 없는 교회로 유지되면서도 4천 명이나 되는 신도를 확보하여 교세가 크게 확장되었다.

절두산 성지＊ 한강변에 있는 가톨릭교 순교 사적지. 1866년(고종 3) 병인 박해 때 많은 천주교도들이 순교한 장소였다. 순교 성인의 묘소, 기념 성당과 순교자 기념관 등이 조영되어 내외의 순례자들이 찾는 순교 성지이다.

박해의 시련

조선 천주 교회는 교회 창설 후, 프랑스와의 조약에서 선교사들의 전교 활동이 약정될 때까지 1세기 동안(1784~1886) 거듭된 박해를 받는 시련 속에 성장하였다. 집권 당국은 천주 신앙을 왕권 중심의 정치 체제 및 양반 중심의 신분제와 가족제에 도전하는 사상으로 단정하고, 천주교를 인륜人倫과 예교禮教를 어기는 사학邪學, 사교邪教로 몰아 오랫동안 엄하게 금압하였다.

이에 거듭 박해를 당하게 된 교회는 많은 순교자를 내야 했고, 조직이 무너지는 타격을 받았다. 그러나 교인들의 신앙 열기는 더욱 높아졌고, 긴급 피난한 교인들에 의해 지방 각지에 소규모의 교우촌教友村이 생겨나게 되어 교세가 전국으로 확산되었다.

처음에 양반과 중인 지식층이 교인의 주류를 이루던 천주 교회가 민중 종교로 뿌리를 내리게 된 것은 박해를 피해 전국적으로 흩어진 교인들이 천주 신앙을 농촌 사회로 전파하였고, 장기간에 걸친 세도 정치勢道政治 밑에서 심한 학정에 시달리던 서민들이 이를 쉽게 받아들인 사실에서 원인을 찾을 수 있다.

서학의 좌절

천주교에 대한 금압과 박해에 병행하여, 일부 지식인 사이에 움트고 있었던 서학 활동西學活動도 함께 금압하였다. 서양의 정신문명과 물질문명을 구분하여 따로 적절히 대처하자는 논의도 일었으나, 이를 명확히 구분하기 어려운 현실에서 당시 위정자들이 고식적인 정책을 취함에 따라, 근대화에 유용한 서양의 선진 과학과 기술도 수용되지 못하였다. 이에 결과적으로 조선의 개국과 근대화의 역사는 거의 1세기나 뒤처지게 되었다.

14 _ 조선 사회가 격변하며 농민이 요동하다

세도 정치

19세기의 순조純祖, 헌종憲宗, 철종哲宗 3대 60여 년간은 왕실 외척들이 정권을 독점한 비정상적인 세도 정치의 시기였다(1801~1863). 이러한 변태 정치 하에서, 국가 질서가 무너지면서 관료의 기강이 흐트러지고 탐관오리가 늘어나게 되었다. 이에 따라 국가 재정의 근본이던 삼정三政의 운용이 문란해져 국가 재정 운용은 날로 어려워지고, 세도가와 관료에 의한 농촌 수탈이 더해져 국민 생활이 더욱 힘들어져 갔다.

사회 불안

세도 정치기에 가뭄과 홍수, 병충해와 전염병 등의 자연 재해가 매년 계속되어 농촌 사회의 고난은 더욱 가중되었다. 한편, 영국과 프랑스 등 식민주의 국가의 함선들이 조선 해역에 자주 나타나 사회적 불안을 더하였다. 궁지에 몰린 농민들은 유민이 되어 떠돌아다니게 되고, 국경을 넘어 간도나 연해주로 이주하기도 하였다. 사회의 불안이 커지면서 일부 국민은 현실적인 위안과 내세의 편안함을 구하여 종교로 몰리는 경향을 띠었다. 예로부터의 전통적 민속 신앙이나 불교의 미륵 신앙으로, 심지어는 박해 받던 천주교로 정신적인 위안을 찾는 이들이 쏠렸다. 새로 일어난 민족 신앙인 동학東學이 농촌 사회로 급속하게 유포된 것도 이 무렵의 일이다.

농촌 사회의 동요

18세기에 진전된 농업 생산력의 증대와 상업 및 수공업의 성장으로 교환 경제가 발전하면서 신분 구조의 변화가 서서히 진행되었다. 부농富農, 거상巨商이 생겨나게 되었고, 반대로 경제적으로 몰락한 양반과 농토를 잃은 농민도 다수 생겨나게 되었다. 이에 신분 상승과 각 계층 내에서의 신분 분화 현상이 뚜렷해졌다.

이러한 사회 변동이 진행되고 있는데도 세도 정치 세력은 오히려 농촌에 대한 수탈을 강화하였다. 이에 19세기에 들어 농촌 사회의 어려움은 더욱 가중되었고, 각지에서 크고 작은 규모의 민란이 잇따라 일어났다. 19세기 후반 한반도에는 안팎으로 국가적 위기가 닥치고 있었다.

조선 후기 대표적인 농민 항쟁＊

- 함흥 농민 항쟁 (1862)
- 정주 농민 항쟁 (1811)
- 개령 농민 항쟁 김규진(1862)
- 고부 농민 항쟁 (1894)
- 제주 농민 항쟁 (1863)
- 진주 농민 항쟁 유계춘·이계열(1862)

제4편

구미歐美와의 만남과 근대 사회

개관　　　　조선은 내부에서 자라고 있던 근대적 요소를 충분히 성숙시키지 못한 가운데 1870년대 중반부터 일본을 비롯한 여러 나라와 수호 통상 조약修好通商條約을 맺었다. 이로써 조선은 외국의 압박으로부터 나라의 자주권을 지키고 외국의 선진 문물을 받아들여 근대 국민 국가를 수립해야 하는 이중의 과제를 안게 되었다.

조선 정부는 외국의 예를 참조하여 정치 제도를 개혁하고 개화 정책을 추진했으나, 보수 세력의 반발에 부딪혀 큰 성과를 거두지 못하였다. 그리하여 1880년대에 혁신 관료들이 주도한 갑신정변도 실패로 끝났다. 조선 정부는 이러한 경험을 바탕으로 1890년대에 갑오개혁甲午改革과 광무개혁光武改革 등을 단행하여 각 방면에서 근대적 제도의 틀을 마련하였다.

한편, 동학 농민군을 비롯한 민중은 외국의 침략과 지배층의 횡포에 저항하는 반침략·반봉건 운동을 전개하였다. 그리고 도회지의 지식인과 민중은 독립 협회 등을 조직하여 자주·자유·민권·자강 운동을 일으켰다. 민중과 지식인이 벌인 이런 운동은 러·일 전쟁을 계기로 일본의 침략이 강화되자 애국 계몽 운동과 의병 전쟁으로 확산되어 나갔다.

외국과의 통상과 교류가 확대됨에 따라 조선에서는 민족 자본을 육성하고 근대적 평등 사회를 마련하려는 노력이 두드러졌다. 또, 서양의 근대 문화를 수용하여 교육과 국학을 발전시키려는 움직임도 활발하였다.

1910년, 일본이 대한 제국의 주권을 빼앗자, 한국의 주체적인 근대화 운동은 좌절될 수밖에 없었다. 일본은 조선 총독부를 설치하고 정치적 지배와 경제적 수탈을 자행하였다. 한국인들은 이에 굴하지 않고 세계 여러 곳에서 항일 독립 운동을 전개하였다. 국내에서는 거족적인 3·1 독립 만세 운동을 일으켰고, 실력 양성 운동과 민족 문화 수호 운동을 전개하였다. 만주와 연해주 및 중국에서는 무장 세력이 독립 투쟁을 벌였으며, 미국 등에서는 외교 활동을 통해 서구 열강에 한국의 독립을 호소하였다. 대한 민국 임시 정부는 일본과 항전하는 한편, 건국에 대비하여 여러 가지 방안을 수립하여 발표하였다. 국내에서도 일본이 패전할 때까지 독립 운동이 계속 일어났다.

일본의 한국 통치는 한국을 일본의 일부로 만드는 데 궁극적 목표가 있었으므로 한국인에게는 견디기 어려울 만큼 매우 혹독한 형태로 이루어졌다. 이 통치 기간 동안 한국 사회와 한국인의 생활에 큰 변화가 일어났다. 경제면에서는 양적인 성장이 없지 않았지만, 그 성과의 대부분은 일본인이 차지하였다. 그리고 서양의 근대 문화가 많이 유입되었는데, 거기에도 일본의 색채가 짙게 배어 있었다.

독립문

1_ 서양 세력의 침입을 막다

서양 배의 출몰(미국 콜로라도 호)*
18세기 말부터 조선 근해에는 서양
의 배가 출몰하여 민중을 놀라게 만
들었다.

동아시아 정세의 변화

19세기 중엽, 조선의 사정은 매우 불안하였다. 국내에서는 민란이 자주 일어나고, 천주교 등이 퍼져 유교 사회를 흔들었으며, 근해에는 서양의 군함과 상선이 나타나 통상을 요구하였다. 한편, 청과 일본은 조선보다 앞서 서양 여러 나라와 통상 조약을 맺었다. 조선은 동아시아의 정세 변화에 어떻게 대응할 것인가를 둘러싸고 고심하였다.

경복궁* 조선왕조의 정궁으로서.
임진왜란 때 불탔다가 흥선 대원
군 때 중건되었다.

제도의 재정비

1863년, 어린 나이에 왕위에 오른 고종高宗은 실권을 아버지인 홍선 대원군興宣大院君에게 위임하였다. 홍선 대원군은 안팎으로 위기에 처한 조선 왕조를 바로잡기 위해 여러 가지 개혁을 단행하였다. 그는 세금의 징수를 어느 정도 공평히 하고, 서원書院의 수를 대폭 줄여 양반의 횡포를 막았다. 또한 경복궁을 재건하여 왕실의 권위를 높이고, 해안과 포구의 경비를 강화하여 외국 세력의 침투에 대비하였다.

그의 개혁 정치는 민중의 지지를 받기도 했지만, 강경한 배외 정책은 근대 문물의 수용을 지연시키는 결과를 가져왔다. 그는 1873년, 장성한 고종이 스스로 정치를 주관하겠다고 선포하자 정권에서 물러날 수밖에 없었다. 그렇지만 이후에도 오랫동안

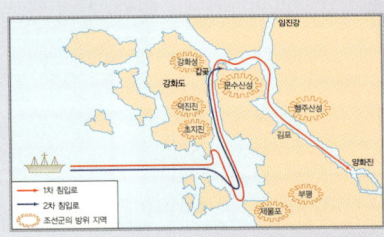

프랑스 함대의 강화 침입로*

서울의 관문 강화도 해역

프랑스 함대는 한강을 거슬러 올라와 서울을 정탐한 후 서울의 관문인 강화도江華島 일대를 침범하여 많은 피해를 입혔다. 강화도는 한강의 입구에 위치하여 배를 타고 서울로 들어가기 위해서는 반드시 거쳐야 할 요충지였다. 수운이 교통 수단의 중심이었던 당시에 프랑스와 미국의 함대가 차례로 강화도를 침범하자, 서울의 물가가 급등하는 등 큰 소동이 벌어졌다. 조선 정부는 수도를 방비하기 위해 강화도 주위에 50여 개의 포대를 설치하여 요새로 만들었다. 조선군은 이곳에서 프랑스 함대, 미국 함대, 일본 함대와 잇달아 치열한 전투를 벌였다.

고종의 비妃인 민비閔妃(명성황후明成皇后)와 권력 다툼을 벌였다. 일본은 두 사람의 싸움을 교묘히 이용하여 한국에 세력을 뻗쳤다.

척화비 ＊ '서양 오랑캐가 침입하는 데 싸우지 않고 화해하면 나라를 팔아먹는 것이다'라는 내용을 담고 있다.

프랑스 침입의 격퇴

조선 정부는 천주교가 나라를 어지럽히고 서양 세력을 끌어들일까 우려하여 대대적인 탄압을 가하였다. 그 과정에서 몇 명의 프랑스인 신부도 처형되었다. 프랑스는 이에 대한 책임을 묻는다는 구실로 동양 함대를 파견하여, 서울의 관문인 한강 유역과 강화도 일대를 봉쇄하였다. 조선군은 프랑스군과 치열한 전투 끝에 한 달여만에 이들을 격퇴하였다. 프랑스군은 퇴각하면서 관청과 민가를 불태우고 왕실의 서적을 약탈하여 원성을 샀다(병인양요丙寅洋擾, 1866).

미국 침입의 격퇴

한편, 조선은 미국과도 일전을 치렀다. 평양의 관민은 통상을 요구하며 대동강을 거슬러 올라와 소동을 일으킨 미국의 상선을 불태워 버렸다. 미국은 이에 대한 보복으로 동양 함대를 한강 유역과 강화도 근해에 파견하여 조선 정부를 압박하였다. 조선군은 미군의 침입에 대항하여 백병전을 치르는 치열한 전투 끝에 그들을 격퇴하였다(신미양요辛未洋擾, 1871). 프랑스와 미국의 침입을 몰아낸 흥선 대원군은 전국의 주요 도시와 포구에 서양 세력의 침입에 맞서 싸울 것을 주장하는 척화비斥和碑를 세워 민중의 항전 의식을 드높였다.

역사쪽지

병인양요 때 프랑스군이 약탈해 간 외규장각 도서 296권은, 2010년 11월에 이루어진 한국과 프랑스 양국 정상의 합의에 따라, 5년 단위 갱신이 가능한 임대 형식으로 한국에 반환되어 용산의 국립중앙박물관에 수장收藏되었다.

위정척사론

흥선 대원군의 통상 거부 정책은 보수적 지식인의 폭넓은 지지를 받았다. 당시 대부분의 유생과 관료는 유학 이외의 학문을 배척하며 조선이 중국에 버금가는 문화 국가라고 스스로 높이고, 청 이외의 나라를 야만 국가라고 깔보았다. 또, 서양의 문물은 사람을 타락시키는 요물로 보고 받아들이지 않았다. 그들은 메이지 유신明治維新 이후 서양의 문물을 활발히 받아들이는 일본을 오랑캐 나라라고 인식하였다. 이러한 사고 방식을 위정척사론衛正斥邪論(옳은 것을 지키고 그른 것을 물리쳐야 한다는 뜻)이라고 부른다. 이 사상은 흥선 대원군 집권기에 고조되었다가 개국통상開國通商을 주장하는 개화 사상이 퍼져 가면서 점차 위축되었으나, 후에 일본의 침략으로 나라가 위기에 처하게 되자 다시 살아나 의병 운동의 정신적 지주가 되기도 하였다.

홍선 대원군(1820~1898) ＊ 본명은 이하응李昰應으로, 영조의 5대손이며 고종의 아버지이다. 안동 김씨의 세도 정치 밑에서 불우한 생활을 하였으나 1863년(철종 14) 철종이 죽고 고종이 즉위하자 대원군에 봉해지고 어린 고종의 섭정이 되었다.

2 _ 일본과의 갈등 속에 정변이 일어나다

조선과 외국의 통상 조약 체결 연도	
1876	일본
1882	미국
1883	영국, 독일
1884	이탈리아, 러시아, 청
1886	프랑스
1892	오스트리아
1901	벨기에
1902	덴마크

 운요호 사건

고종은 친히 정치를 행할 수 있게 되자 개화사상을 받아들여 외교 정책을 배외排外 정책에서 개방 정책으로 바꾸었다. 일본은 이 기회를 틈타 무력으로 압박해서라도 조선과 수호 통상 조약修好通商條約을 체결하려고 하였다. 그리하여 일본은 군함 운요호雲揚號를 강화도 내해內海에 파견하였다. 외국의 잇따른 침입으로 해안을 엄중히 경비하고 있던 조선군이 이를 저지하려 하자, 일본군은 초지진草芝鎭에 포격을 퍼부으며 근처의 섬을 점령하였다(1875).

개항

일본의 위세에 눌린 조선 정부는 결국 강화도조약江華島條約을 체결하였다(1876). 그리하여 부산을 비롯한 3개의 항구가 무역항으로 개방되었다. 이 조약 등에 따라 일본인은 개항장開港場 거주와 일본 화폐의 사용, 무관세無關稅 무역과 치외법권治外法權 등의 특권을 누릴 수 있게 되었다. 조선은 그 후 미국, 청, 영국, 러시아, 프랑스 등과 잇따라 수호 통상 조약을 체결하였다. 그런데 그 내용이 모두 불평등하여 조선은 외국에게 이중 삼중의 압박을 받게 되었다. 개항장의 수는 점점 더 늘어나서 1900년경에는 10곳을 넘었다.

임오군란

일본과 수호 통상 조약을 체결한 조선 정부는 신중하게 개화 정책을 추진해 나갔다. 조선 정부는 일본과 청은 물론이고 미국과 유럽에도 사절단을 파견하여 그 나라의 발전된 상황을 견문하도록 하였다.

조선 정부는 군제 개혁의 하나로 신식 군대를 조직하여 일본군 장교로 하여금 훈련시키도록 하였다. 그런데 녹봉조차 제대로 받지 못했던 구식 군대는 차별 대우에 불만을 품

(좌)운요호＊ 강화도 해안에 침입하여 무력 충돌을 일으킨 일본의 군함이다.

(우)조·일 수호조규의 체결 장면＊ 조선은 일본 군대가 경계하는 가운데 일본과 수호 통상 조약을 체결하였다.

고 폭동을 일으켰다(임오군란壬午軍亂, 1882). 이 폭동에는 서울의 빈민도 많이 참가하였다. 이들은 일본 상인에 의해 외국 상품이 유입되고 곡물이 유출되어 곤궁한 생활을 하고 있었다. 군란의 과정에서 흥선 대원군이 다시 실권을 잡았다. 그리하여 개화 정책을 이용하여 세력을 확대하던 일본인이 큰 피해를 입었다.

　조선 정부를 지원하기 위해 출동한 청군은 흥선 대원군을 톈진天津으로 납치하고, 폭동에 가담한 군민들을 심하게 탄압하였다. 조선 정부는 일본과 제물포조약濟物浦條約을 체결하고, 피해를 본 일본인에게 보상할 것을 약속하였다.

김옥균(1851~1894) * 개화기 때 혁신 관료의 중심 인물. 이들은 일본과 미국을 돌아보고 개혁 정책을 추진하였다.

갑신정변

　임오군란을 수습한 조선 정부는 점진적으로 개화 정책을 밀고 나갔다. 그렇지만 김옥균金玉均 등의 혁신 관료들은 정부의 완만한 개혁에 만족할 수 없었다. 그리하여 그들은 쿠데타로 정권을 장악하여 급진적으로 개혁을 추진하고자 조선에 세력을 노리고 있던 일본의 지원을 받기로 하였다.

　혁신 관료들은 우정국郵政局 낙성식을 계기로 보수 관료들을 제거하고 고종을 끌어들여 신정부를 수립하였다(갑신정변甲申政變, 1884). 신정부는 정치, 경제, 사회, 문화의 여러 제도를 근대적으로 개혁하고, 청에 대해 자주 외교를 실행하겠다는 강령을 발포하였다. 그 속에는 신분 제도를 폐지하고, 지세 제도를 개혁하여 백성의 곤란을 구하는 한편 국가 재정의 안정을 도모하며, 특권 상인을 억제하여 자유로운 상업 활동을 보장하는 등 사람들에게 호소력을 지닌 내용이 포함되었다. 그러나 청으로부터의 자립을 목표하면서도 일본과의 제휴를 강화하는 정책이 포함되어 있었다.

　갑신정변은 어설픈 준비, 청군의 개입, 일본의 소극적 태도 등이 겹쳐 실패로 끝났다. 보수 관료가 다시 권력을 잡은 조선 정부는 일본의 협박에 굴복하여 한성조약漢城條約을 체결하여 피해 보상을 약속하였다. 청과 일본은 톈진조약天津條約을 맺어, 조선에 군대를 파견할 때에는 사전에 서로 통고할 것을 약속하였다.

신식 군대의 모습　1881년 별기군 別技軍의 모습. 이들은 일본인 교관에게 근대적인 군사 훈련을 받았으며 급료와 복장 등 모든 대우가 구식 군인보다 좋은 편이었다.

3 _ 서양 문물을 받아들여 제도를 개혁하다

개화사상

위정척사 사상이 고조된 가운데서도 개명한 지식인과 관료 중에는 서양의 사상, 학문, 기술 등을 받아들여 나라를 부강하게 만들자는 생각을 하는 사람들이 있었다. 이들은 외교사절로서 청에 드나들면서 선진 문물을 접했으며, 한문으로 번역된 서양 서적을 읽어 세계 정세의 변화를 깨닫고 있었다. 1870년대에 형성된 이러한 경향의 사고방식을 개화사상開化思想이라고 부른다. 실학의 학문 경향을 이어가면서 중앙 정계에서 활약한 박규수朴珪壽가 개화사상을 주도한 대표적 인물이다. 그는 개항의 필요성을 역설하는 한편 자신의 집에 젊은 양반 자제들을 모아 중국을 왕래하는 사신과 역관들이 전하는 새로운 사상을 강의하고 세계의 대세를 살피도록 하였다. 개화사상은 이후 조선 정부가 개혁을 추진해 가는 밑거름이 되었다.

조사시찰단의 파견

1876년, 조선은 강화도 조약을 체결한 후 해외에 문호를 개방하고 해외의 문물을 받아들이기 시작하였다. 이에 따라 일본에 두 차례의 수신사를 파견하였는데, 이들은 돌아와서 분야별로 전문 시찰단을 보낼 필요가 있다고 건의하였다. 조선은 정부 조직도 근대화하기 위해 통리기무아문統理機務衙門을 설치하고, 1881년에 30~40대의 젊은 지도자들을 일본, 중국으로 보내 여러 곳을 돌아보며 시찰하게 하였다. 이들을 조사시찰단朝士視察團, 영선사領選使라고 부른다. 이들은 각자 수개월에 걸친 조사 결과를 보고서로 작성해 제출하였는데, 이는 국내에 개화 여론을 확대하는 데 크게 이바지하였다.

갑오개혁

수구적인 관료들이 정권을 장악하고 근대적 개혁을 미루는데다가 외세의 내정 간섭이 갈수록 심해지자 농민들이 들고일어나 반봉건 및 외세 배척을 요구하였다. 정부는 이를 진압할 목적으로 청에 원병을 청하였는데, 일본도 톈진 조약을 구실로 군대를 파견하였다. 이에 청은 일본에 공동 철병을 제안하였으나 일본은 이를 조선에 대한 영향력을 증강시킬 호기로 삼아 양국이 공동으로 조선의 내정을 개혁하자고 제안하였다.

청이 이 제안을 거절한데다 농민군이 청 · 일에 출병의 구실을 주지 않기 위해 폐정개혁안을 제시하고 조선 정부도 이를 수용하여 타협할 움직임을 보이자, 일본은 조선의 내정에 대한 간섭을 강화하고 개혁을 강요하였다. 그리고 1894년 6월에 아산만의 근해에서 청국 함대를 기습 공격하여 청일 전쟁을 도발하였다. 일본이 청일전쟁에서 주도권을 잡자 조선에는 김홍집金弘集을 중심으로 한 친일 정부가 들어서 국정 개혁을 단행하였다. 이에 군국기무처軍國機務處라는 개혁 추진 임시 합의 기관이 설치되었고, 개혁은 두 차례에 걸쳐 이루어졌다.

제1차 개혁에서는 군국기무처가 주도하여 중앙과 지방의 제도·행정·사법·교육·사회 등 거의 모든 분야에서 개혁을 추진하여, 국왕의 권한을 축소하고 의정부와 8아문에 권력을 집중시켜 중앙집권적 지배체제를 수립하고자 하였다. 그리고 과거제를 폐지하고 일본식 관료 제도를 도입하였다.

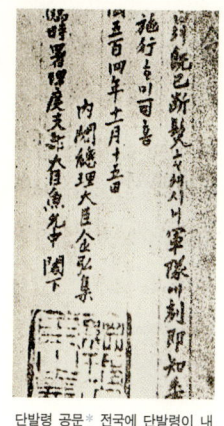

단발령 공문＊ 전국에 단발령이 내려지자 관리들은 가위를 들고 거리나 성문 등에서 강제로 백성들의 머리를 깎았다. 백성들은 이에 저항하여 의병을 일으키기도 하였다.

청일 전쟁에서 일본의 승리가 확실해지자 일본은 이노우에 가오루井上馨 등을 고문관으로 파견하고 친일개화파 박영효朴泳孝를 앞세워 내정간섭을 본격화하기 시작하였다. 제2차 개혁에서는 의정부를 내각으로 개편하고 7부를 두었다. 그리고 사법부를 행정부로부터 독립시켜 재판소를 설치하고 2심제의 재판이 이루어지도록 하였다. 그러나 제2차 개혁은 박영효가 1895년에 반역 음모로 쫓겨나 일본에 망명함으로써 실현되지 못하였다.

을미개혁

1895년에 을미사변이 일어난 후 조선에는 김홍집을 중심으로 한 친일 내각이 다시 들어섰다. 김홍집 내각은 갑오개혁을 계승하여 계속 개혁을 추진하였는데, 그 주요 내용은 태양력의 사용, 종두법의 시행, 소학교 설치, 군제 개혁, 단발령斷髮令 등이다. 그러나 단발령의 강제 시행은 전국적인 반일·반개화 운동을 불러일으켰다. 특히 신체발부身體髮膚는 부모에게서 물려받은 것으로서 머리카락 한 올이라도 함부로 하면 불효가 된다는 유교의 가르침을 소중히 여겨오던 선비들이 크게 반발했다. 그들은 목이 베어질지언정 머리카락은 자를 수 없다고 맹렬히 저항하였는데, 이러한 반발의 내면에는 일본의 내정 간섭에 대한 불만이 짙게 깔려 있었다.

고종이 러시아 공사관으로 피신하자 조선에 대한 일본의 영향력이 줄어들면서 친일 내각이 무너지고, 김홍집은 분노한 군중들에 의해 광화문 앞에서 타살되었다. 이로써 개혁은 막을 내리게 되었으나, 갑오개혁과 을미개혁의 내용들은 그 뒤 대한제국의 광무 정권에 계승되어 근대 국가의 건설 운동에 지대한 영향을 끼쳤다.

4 _ 동학을 펼쳐 백성을 구하려 하다

최제우(1824~1864) 초상＊

동학의 창도

19세기 중엽까지 몇몇 문벌이 권력을 독점하고 관리의 부정부패가 심해지자 민중의 생활은 곤경에 빠졌다. 게다가 천주교가 퍼지고 서양의 이양선異樣船이 출몰하자 외국의 침입에 대한 민중의 경계심은 더욱 깊어졌다. 이런 상황에서 몰락 양반인 최제우崔濟愚가 동학東學을 창도하자 많은 민중이 이에 귀의하였다(1860). 동학은 서양의 종교인 서학西學에 대항한다는 의미를 지니고 있는데다가, 사람을 하늘처럼 존중하고 남녀, 빈부, 귀천의 차별이 없는 태평 세상을 건설할 것을 주장했기 때문에, 외국의 압박 아래 가난과 질병 등으로 고생하던 민중에게 큰 위안이 되었다.

동학의 전파

조선 정부는 동학이 세상을 어지럽히고 백성을 속인다고 하여 교주를 처형하는 등 엄히 다스렸다. 그러나 동학의 지도자들이 포교에 힘쓴데다가, 국내외 사정이 어수선하여 정부가 단속을 소홀히 하자 교도의 수는 급격히 늘어나서, 1890년대에 들어서는 동학이 조선 남부의 대부분 지역에 퍼지게 되었다.

동학의 세력이 확대되자, 그 지도자들은 수만 명의 교도를 모아 억울하게 죽임을 당한 교주의 원한을 풀어 주고, 또 외국 세력을 몰아내어 나라를 지킬 것을 정부에 요구하였다. 특히 곡창 지대인 남쪽 전라도에서는 교도와 농민이 힘을 합쳐 지방관에게 수탈과 횡포를 그만둘 것을 진정하는 사건도 일어났다. 정부는 이러한 사태에 근본적인 대책을 마련하지 못하고, 지방관을 교체하는 등 미봉책을 쓰는 데 급급할 뿐이었다.

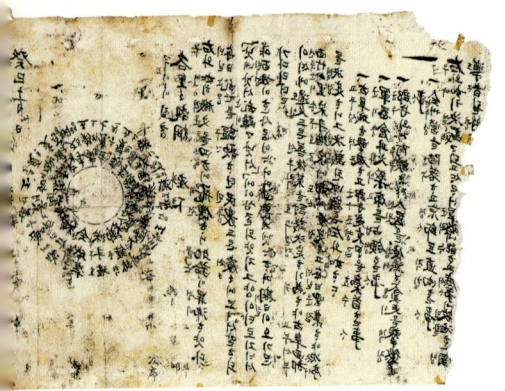

사발통문＊ 사발을 엎어서 그린 원을 중심으로 농민 봉기를 지도한 사람들이 이름을 적어 주모자를 파악할 수 없게 만들었다.

동학 농민군의 봉기

1894년 4월, 전라도 일대의 농민은 동학 교도와 합세하여 봉기하였다. 그들은 위기에 처한 나라를 지키고 곤궁에 빠진 백성을 구한다는 목표를 내걸었다. 동학 농민군은 도처에서 관군을 격파하고 전라도와 그 주변의 관청을 속속 점령하였다. 동학 농민군의 기세에 놀란 정부는 청에 진압군의 파견을 요청하는 한편, 동학 농민군의 지도자 전봉준全琫準과 협상을 벌였다. 양자의 화약和約으로, 동학 농민군은 각자의 고향에 돌아가 폐단이 많았던 지방 정치를 스스로 개혁하였다. 그리고 정부도 동학 농민군의 요구를 수용하여 정치에 반영하였다. 갑오개혁甲午改革과 을미개혁乙未改革이 그것이다.

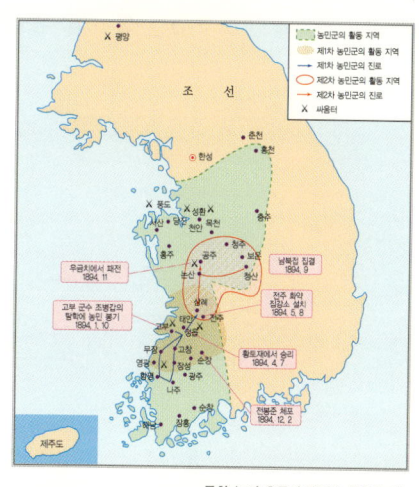

동학 농민 운동의 전개* 동학 농민 운동은 주로 한반도의 곡창인 호남 지역에서 벌어졌다.

일본군의 탄압

정부와 동학 농민군의 화약으로 수습 국면에 들어섰던 동학 농민 운동은 청이 진압군을 파견하고, 또 일본이 이에 뒤질세라 더 많은 군대를 파견하자 다시 불타 올랐다. 조선 정부는 양국에 군대의 철수를 요구했으나, 일본은 오히려 조선의 내정 개혁을 구실로 내세워 경복궁에 침입하여 친일적 인물로 새 정부를 구성하였다. 그리고 청군에 기습 공격을 가하였다.

고향에 돌아가 폐정 개혁弊政改革에 노력하고 있던 동학 농민군은 일본군이 나라를 짓밟는 것을 보고 다시 봉기하였다. 동학 농민군은 이번에는 일본군을 물리치는 것을 첫째 목표로 삼았다. 전봉준 등이 이끄는 20여만 명의 동학 농민군은 서울을 향해 올라오면서 정부군을 앞세운 일본군과 수 차례 전투를 벌였다. 그러나 무기의 열세를 극복하지 못한 채 결국 패하고 말았다.

일본군은 동학 농민군을 추격하여 수없이 학살하였다. 동학 농민군의 지도자 전봉준 등도 붙잡혀 처형당하였다(1895. 3). 그리하여 민중의 염원을 대변하였던 동학 농민 운동은 일단 실패로 끝났다. 그렇지만 나라와 백성을 구하기 위해 봉기했던 동학 농민군의 전통은 나중에 의병 운동 등의 민중 운동으로 계승되었다.

잡혀가는 농민군 지도자 전봉준 (1854~1895)* 그는 일본 영사의 문초를 받고 처형당하였다.

동학 농민군의 4대 강령 (1894. 3. 25)

1. 사람을 죽이지 말고 물건을 해치지 말라.

2. 충효를 다하며 세상을 구하고 백성을 편안케 하라.

3. 일본 오랑캐를 쫓아 버리고 왕의 정치를 깨끗이 하라.

4. 군대를 몰고 서울로 들어가 권세가와 귀족을 없애라.

동학 농민군의 개혁 운동

동학 농민군은 점령 지역에 집강소執綱所라는 행정 기구를 설치하고 스스로 폐정 개혁을 단행하였다. 개혁안은 여러 종류가 있었지만 그 요지는, 불량한 양반의 처벌, 신분 차별 제도의 폐지, 인재의 공정한 등용, 무명잡세(정당하지 않은 잡다한 세금)의 폐지, 고리채의 무효화, 청춘 과부의 재가 허락, 외적과 내통하는 자의 처벌, 토지의 균등한 경작 등이었다. 동학 농민군의 개혁은 전근대적인 사회 질서를 개혁하고 일본 등 외국 세력의 침투를 막아 내는 것을 목표로 삼았다. 이들의 개혁 운동은, 농민을 위한 농민의 정치가 처음으로 실천에 옮겨졌다는 점에서 큰 의미가 있다.

5 _ 청 · 일 전쟁에 승리한 일본이 내정을 간섭하다

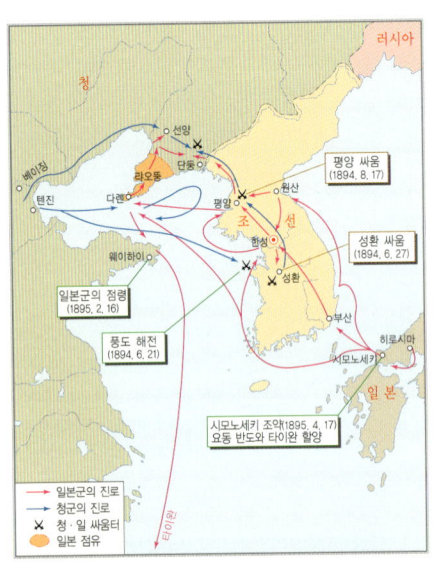

청 · 일 전쟁과 조선 조선은 청 · 일 전쟁의 싸움터가 되어 큰 피해를 입었다.

청 · 일 전쟁 일본은 메이지 유신明治維新 이후에 내적으로는 근대화를 추진하면서 외적으로는 제국주의적 대외 진출을 도모하였다. 이에 청은 일본을 경계하면서 아시아에서의 패권을 빼앗기지 않으려고 애썼다. 일본이 조선과 수호 통상 조약을 강제로 체결하자(1876), 청은 일본의 조선 진출을 견제하기 위해 조선으로 하여금 서양 각국과도 조약을 맺도록 조언하였다. 임오군란과 갑신정변에서도 청 · 일 양국의 대립과 견제는 치열하게 전개되었다.

그러던 차에 조선에서 동학 농민 운동이 일어났다. 관군으로 동학 농민군을 진압하기 어렵다고 판단한 조선 정부는 청에 지원병을 요청하였다. 이에 따라 청이 아산만牙山灣 일대에 군대를 파견하자, 일본도 톈진 조약을 빌미로 경인京仁 지역에 더 많은 군대를 파견하였다. 외국 군대의 진주로 말미암아 나라가 위태로워졌다고 생각한 동학 농민군은 조선 정부와 협의하여 폐정弊政을 개혁할 것을 다짐하고 해산하였다.

이에 조선 정부는 청 · 일 양국에 대해 군대의 철수를 요청하였다. 그러나 일본은 이번 기회에 조선에서 청의 세력을 몰아내고 독점적 지위를 확보할 작정이었다. 이에 철병을 거절하고 청에 전쟁을 도발하였다(1894). 그리고 조선에 군사 동맹을 맺도록 강요하고, 조선인을 병참 수송 등에 동원하였다.

내정 간섭 청 · 일 전쟁이 예상을 뒤엎고 일본의 일방적 승리로 끝나자 영국과 러시아가 중재에 나섰다. 그러나 일본은 이들의 제안을 모두 거절하고, 국제적으로 중립적이라고 생각한 미국의 중재를 받아들여 시모노세키下關(당시는 馬關)에서 청과 조약을 체결하였다(시모노세키조약, 1895). 일본은 승전의 대가로 청의 1년 예산의 2.5배에 상당하는 거액의 배상금과 중국의 영토인 랴오둥 반도, 타이완臺灣, 펑후 섬을 할양받았으며, 조선에서 강력한 지위를 확보하게 되었다. 일본은 조선 정부의 각 부처에 일본인을 고문으로 집어넣고, 또 이노우에 가오루井上馨를 특명 전권 공사로 파견하여

조선의 내정에 간섭하였다. 청일 전쟁의 결과, 동아시아에서는 중국 중심의 외교 질서가
무너지고, 일본을 주축으로 하는 제국주의의 패권 다툼이 더욱 치열해졌다.

뮤지컬 명성황후＊ 명성황후의 살
해는 항일 의병을 불러일으키는 계
기가 되었다. 명성황후의 억울한
죽음은 지금도 뮤지컬로 재현되어
한국인의 마음을 울리고 있다. ⓒ
에이콤

명성황후 시해

청·일 전쟁의 승리로 일본
이 랴오둥 반도를 장악하자, 만
주로의 진출을 꾀하고 있던 러시아가 위기감을 느꼈다.
이에 프랑스·독일과 함께 일본을 압박하여 랴오둥 반도
를 중국에 반환하도록 종용하였다(삼국간섭). 힘의 열세
를 느낀 일본은 결국 랴오둥 반도를 반환하였다. 일본이
전쟁에 이기고도 국제 관계에서 밀리는 모습을 지켜보던 조선에서는 나라가 처한 위기
를 러시아에 의지하여 타개해 보려는 움직임이 일어났다.

조선 정부는 일본의 횡포에서 벗어나기 위해 친일적 관료를 점차 몰아냈다. 그리고 미
국과 러시아 세력을 이용하여 일본을 견제하였다. 명성황후가 이런 움직임의 중심 인물
이었다. 조선 정부의 저항으로 세력 만회에 애를 태우던 일본 정부는 마침내 외교관, 군
인, 정치 낭인 등을 동원하여 경복궁을 습격하고, 명성황후를 시해하였다(1895. 10). 일본
정부는 이것을 명성황후와 흥선 대원군의 정권 싸움으로 위장하려 하였다. 그러나 서양
언론이 그 진상을 내외에 보도하자, 일본 정부는 할 수 없이 미우라 고로三浦梧樓 공사
등을 한때 감옥에 가두었다. 그렇지만 일본 정부는 얼마 후 이들을 모두 무죄라 하여 풀
어 주었다.

러시아 세력의 증대

일본의 행동에 생명의 위협
을 느낀 고종은 러시아 공사관
으로 피신하였다(아관파천俄館播遷 1896. 2). 왕이 1년여 동안
러시아 공사관에 머물게 되자, 일본 세력이 약화되는 반면에
러시아의 입김은 강해졌다. 그리하여 삼림 벌채권 등의 경제
이권이 러시아의 손에 넘어갔다. 일본은 약화된 세력을 만회
하기 위해 러시아와 물밑 교섭을 벌였다. 그리하여 1900년경
일본은 한반도에서 상공업상의 우위를 확보할 수 있었다.

장충단＊ 고종은 명성황후를 보호
하다 일본인에게 살해당한 충신을
기리기 위해 석비를 세우고 친필로
'장충단' 이라 썼다.

6_ 대한 제국이 수립되고 민중 운동이 일어나다

○ '조선'과 '한국'　조선朝鮮과 한국韓國은 역사적 근거가 있는 나라 이름이다. 조선은 시조 단군이 세운 '조선'(흔히 고조선이라고 부른다)에서 유래한 국명이다. 1392년에 이성계가 새 나라를 개창하고 '조선'이라는 국명을 다시 사용함으로써 이 국호는 역사의 유구함과 문화의 우수함을 상징하는 용어가 되었다. 한편 한국은 고종 황제가 수립한 대한제국大韓帝國에서 유래한 국명이다. 한韓은 일찍이 고조선을 형성한 여러 나라의 수장을 지칭하던 말로, 고조선이 붕괴한 후에는 한반도 남부에서 성립한 삼한 사회와 이 사회를 구성한 민족을 통칭하는 말로 쓰였다. '한국韓國'이란 용어는 『삼국지』 위지 동이전魏志東夷傳에도 보인다. 대한제국이라는 국명은 1919년 3·1 독립 만세 운동을 거치면서 대한민국大韓民國으로 바뀌었다. 주권재황主權在皇에서 주권재민主權在民으로 정체政體가 바뀐 데 따른 변화였다. 일본은 대한제국을 멸망시킨 뒤에 한국인들의 독립 의식을 약화시키기 위해 조선이라는 호칭을 사용하도록 하였다. 오늘날 한반도의 남쪽에는 대한민국이, 북쪽에는 조선민주주의인민공화국이 존재한다. 대한민국을 줄여서 '한국'이라 부른다. 일본에서는 조선민주주의인민공화국을 '북조선'이라 약칭하기도 한다.

원구단과 황궁우* 1897년, 고종은 이곳에서 황제 즉위식을 거행하였다. 둥근 지붕의 원구단은 황제가 하늘에 제사를 지내는 제단이었다. 일본은 한국을 병합한 후, 원구단을 헐고 철도 호텔을 지었다. 지금은 신위판神位版을 봉안奉安하는 3층 8각 지붕의 황궁우皇穹宇, 석고단, 그리고 석조 대문만이 남아 있다.

◐ 대한 제국의 수립　러시아 공사관에 피신했던 고종은 자주 독립과 자강 개혁을 요구하는 민중의 염원을 받아들여 1년 남짓 만에 경운궁慶運宮으로 돌아왔다. 그리고 서울의 한복판에 새로 지은 원구단圜丘壇에 나아가, 대한 제국의 수립을 선포하고 황제의 자리에 올랐다(1897. 10). 대한 제국이 청, 일본 등과 대등한 나라라는 것을 국내외에 널리 밝혔던 것이다.

◐ 광무개혁　대한 제국 정부는 나라의 기틀을 새로 짜는 여러 법률을 반포하고 중앙과 지방의 관제를 대폭 개편하였다. 그리고 군사 제도와 교육 제도 등을 정비하고, 농·상·공의 기업을 장려하였다. 또, 전국의 토지를 다시 측량하고 철도 건설을 시도하였다.

대한 제국이 추진한 일련의 사업을 당시의 연호를 따서 광무개혁光武改革이라고 부른다. 광무개혁은 한국 왕조가 종래 추구해 온 개혁안과 선진국의 개혁안을 절충한 것이었다. 이는 이전의 과격하고 급진적인 개혁이 오히려 반발을 불러일으켰다는 반성에서 취해진 조치였다.

◐ 독립 협회　대한 제국의 수립을 전후하여, 서울에서는 개명한 지식인, 관료, 민중 등이 어울려 독립 협회獨立協會를 조직하고 자강 개혁을 촉구하는 운동

을 벌였다. 이들은 『독립신문獨立新聞』 등을 발행하여 국내외 정세를 보도하고, 정부 시책의 시비를 가렸으며, 민중에게 신지식을 보급하였다. 또 독립문을 세우고 독립관을 만들어 자주 독립의 의지를 드높였다.

독립 협회는 서울에서 수시로 만민 공동회萬民共同會라는 집회를 열어, 관민이 힘을 합쳐 나라와 사회를 부강하고 평등하게 만들자고 촉구하였다. 그리고 외국에 양도한 경제 이권을 회수하라고 주장하였다. 독립 협회의 계몽 운동과 대한 제국의 개혁 정책은 조화를 이루면서 한때 큰 성과를 올리기도 하였다. 그렇지만 독립 협회의 주장이 황제의 권한을 침범할 기세를 보이자, 정부는 이를 탄압하고 독립 협회를 해산시켰고, 『독립신문』의 발행도 중지시켰다.

(위)영은문과 (아래)독립문* 영은문迎恩門은 조선이 중국 사신을 영접하기 위해 서대문 밖에 세웠던 모화루慕華樓(후에 모화관으로 고침)의 문이다. 청·일 전쟁 뒤 사대 사상의 상징인 모화관을 바꾸어 독립관으로 부르고, 영은문도 헐어 버린 뒤 그 자리에 독립문을 세웠는데 그 앞 영은문의 주초 두 개는 그대로 남아 있다.

의병 봉기

일본이 명성황후를 시해하고 조선 정부가 단발령 등의 개혁 정책을 추진하자 전국에서는 유생들이 이끄는 의병이 들고 일어났다. 의병은 각처에서 일본인과 이를 두둔하는 사람들을 습격하였다. 의병에는 동학 농민군의 남은 세력도 가담하였다. 의병은 정부의 만류로 곧 진정되었지만, 러·일 전쟁 이후 나라가 위기에 처하자 다시 일어났다.

민중 운동

동학 농민 운동이 정부군과 일본군의 탄압으로 좌절되자 충청도와 경상도 일대에서는 빈농, 영세 상인, 품팔이꾼 등이 주축이 된 민중 운동이 기세를 올렸다. 이들은 부패한 관료나 횡포한 부자를 혼내었다. 그리고 일본의 주권 침해를 규탄하는 한편, 정부에 대해서는 철도 부설권 등의 경제 이권을 열강에게 양도하지 말 것을 요구하였다. 민중 운동은 정부의 탄압으로 위축되었지만, 나라가 위태로워지자 점차 의병으로 바뀌는 경우가 많았다.

한국사에서의 의병 의병義兵은 외적의 침략으로 나라가 위기에 처했을 때 지역 사회의 지도자와 민중이 자발적으로 향토와 나라를 지키기 위해 일으킨 군대를 말한다. 도요토미 히데요시 군대의 침략(임진왜란壬辰倭亂, 1592~1597)으로 정부군이 무너지자 전국에서 양반이 중심이 되어 일으킨 의병이 전형적인 예였다. 일본이 명성황후를 시해하자 의병의 전통은 되살아났다. 그리고 러·일 전쟁 이후 일본이 대한 제국의 주권을 짓밟자 의병 투쟁은 불길처럼 번져갔다. 의병 투쟁은 일본군의 철저한 탄압으로 나라를 지켜내지 못했지만, 그 전통은 항일 무장 투쟁으로 이어졌다.

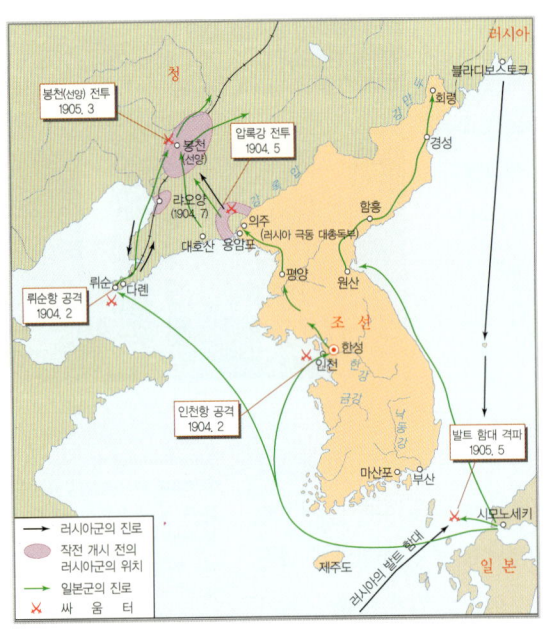

러 · 일 전쟁과 한반도

러 · 일 전쟁

청 · 일 전쟁에서 러 · 일 전쟁까지의 시기에 한반도를 둘러싼 열강의 세력은 비교적 균형을 이루고 있었다. 이때 일본과 러시아는 한반도에서 서로 우세한 지위를 확보하기 위해 수 차례에 걸쳐 막후 교섭을 벌였다. 그러나 양국의 협상은 깨지고, 마침내 전쟁으로 폭발했다(1904. 2).

일본은 러시아군에 기습 공격을 가하였다. 그리고 국외 중립局外中立을 선언한 대한 제국을 압박하여 한 · 일 의정서韓日議定書 등의 체결을 강요하고, 토지 · 물자 · 인력 등을 전쟁에 동원하였다. 일본은 일본인과 미국인을 대한 제국의 재정과 외교의 고문으로 초빙하도록 하여, 재정권과 외교권을 침해하였다.

일본 세력의 침투

청 · 일 전쟁에 이어 러 · 일 전쟁 기간에도 한반도는 일본에 의해 또다시 전쟁터가 되어 깊은 상처를 입었다. 일본은 군사 병참로를 확보하기 위해 한반도를 남북으로 종단하여 만주에 이르는 철도를 부설하였다. 그리고 철도 연선과 접전 지역에 일본 군율을 시행하여 한국인의 반일 운동을 철저히 탄압하였다. 결국 영국과 미국의 간접적 지원을 받았던 일본은 러 · 일 전쟁에서 승리하여 한반도에서 러시아 세력을 몰아내고 독점적 지위를 누리게 되었다(포츠머스 조약, 1905). 동양의 황인종 후진국인 일본이 서양의 백인종 선진국인 러시아를 물리친 것은 세계적 사건이었다. 아시아와 아프리카의 약소 국가에서는 이에 자극을 받아 한때 민족 운동이 고양되기도 하였다. 그렇지만 일본의 침략 의도가 명백히 드러나자 이들의 기대는 곧 실망과 원망으로 바뀌었다.

통감부

일본은 대한 제국의 대신들을 협박하여 소위 '보호 조약(을사조약乙巳條約, 1905. 11)'을 체결하였다. 그리고 통감부統監府를 설치하여 외교권을 빼앗고 내정까지도 간섭하였다.

초대 통감에는 이토 히로부미伊藤博文가 부임하였다. 그는 대한 제국의 관료들과 수시로 '시정 협의회施政協議會'를 개최하여 일본 세력이 침투하기 쉬운 체제를 만들어 갔다. 그리고 일본인을 대한 제국의 요직에 배치하여 실권을 장악하였다. 이 결과, 대한 제국이 추진하던 개혁 정책은 수포로 돌아가고, 나라의 주권마저 훼손되었다.

통감부 건물

국권 침탈

일본은 통감 지배를 행하면서 대한 제국의 주권을 차례로 빼앗았다. 예를 들면, 부동산에 관한 법률을 제정하여 일본인의 토지와 가옥 소유를 원활하게 만들고, 철도를 직접 운영함으로써 일본 세력이 한반도 구석구석까지 침투하도록 하였다. 그리고 교육과 언론을 통제함으로써 일본에 우호적인 분위기를 조성하였다. 한국인 중에는 이에 편승하여 일본의 침략을 돕는 자도 나타났다. 그들은 일진회一進會 등의 정치 단체를 조직하여 노골적으로 일본의 앞잡이 노릇을 하였다. 1907년 이후 일본은 대한 제국의 군대를 해산시키고, 경찰권과 사법권도 빼앗았다. 그리하여 대한 제국은 주권에 깊은 상처를 입고 바람 앞의 등불처럼 위태롭게 되었다.

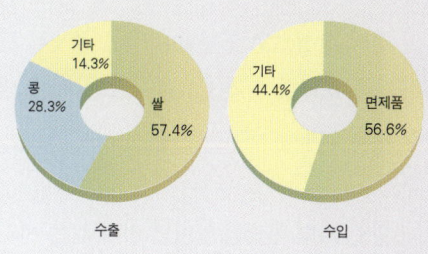

1890년도의 대일 수출입 상품의 품목별 비율
(일본 외무성, 『통상휘찬』)

한·일 무역의 특징

한국은 서양 여러 나라와도 통상 조약을 맺었지만, 무역은 주로 일본과 청에 집중되었다. 한국은 주로 일본에 쌀, 금, 콩을 수출하고, 면제품, 구리 등을 수입하였다. 또, 청에는 해산물을 수출하고 면제품을 수입했지만, 일본과의 면미 교환 무역綿米交換貿易에는 미치지 못하였다. 한국의 쌀은 일본인의 입맛에 맞는데다가 값이 싸서 도시의 노동자들에게 좋은 양식이 되었다. 반면에, 일본을 통해 들어오는 영국제 면제품(청·일 전쟁 이후에는 일본제 면제품으로 바뀜)은 한국의 농촌 수공업을 쇠퇴시키는 요인이 되었다. 면미 교환 무역의 결과, 한국에서는 쌀값이 폭등하고 농촌 수공업이 쇠퇴하여 사회 불안이 조성되었다. 반면에, 일본에서는 노동자의 임금 상승을 억제하고 공산품을 값싸게 생산하여 수출함으로써 자본주의의 발달을 가져왔다.

8 _ 국권 회복을 위한 항일 투쟁을 전개하다

국권 운동의 전개

일본이 러·일 전쟁에서 승리한 이후 대한 제국의 주권을 계속 유린하자, 국권 회복을 위한 여러 가지 운동이 전국에서 일어났다. 일본인과 매국노에 대한 의사義士의 공격, 유생 등이 이끄는 의병 투쟁, 개명한 지식인 등이 전개한 구국 계몽 운동 등이 그것들이다.

국권 회복 운동은 일본의 침략을 막아내지는 못했지만, 민족의 자각과 역량을 증대시켜 그 후에 항일 독립 운동을 전개하는 밑거름이 되었다.

의병 투쟁

러·일 전쟁 때부터 다시 일어난 의병 투쟁은 일본이 대한 제국의 군대를 해산하고 고종을 퇴위시키자(1907) 더욱 치열해졌다. 이 때부터 농민이나 포수 등의 평민이 의병 대장이 되어 일본군과 전투를 벌이는 경우가 많아졌다.

전국 각처에서 일어난 의병은 연합 부대를 결성하여 서울로 진격하는 작전을 펴기도 하였다. 이 때 연합 의병 부대의 총사령관은 각국 영사관에 공한公翰을 보내, 의병 투쟁이 항일 구국 전쟁임을 선포하기도 하였다. 또, 청년 지사 안중근安重根은 하얼빈에서 한국 침략에 앞장선 전 통감 이토 히로부미를 사살하였다. 그는 이것이 단순한 테러가 아니라 의병 투쟁의 일환이라는 점을 강조하였다.

일본군과의 전투 횟수와 그로 인한 의병의 희생자 수에서 볼 때 의병 투쟁은 주권 회복을 위한 항일 독립 전쟁이었다고 할 수 있다. 일본은 의병 투쟁이 한·일 간의 전쟁으로 확대된다거나, 국제적 관심을 불러일으켜 열강의 개입을 초래할까 걱정하였다. 그리하여 대한 제국을 멸망시킬 계획을 앞당겼다.

안중근(1879~1910) 사형 집행
이틀 전에 여순 감옥에서 두 동생과
신부에게 유언하고 있다.

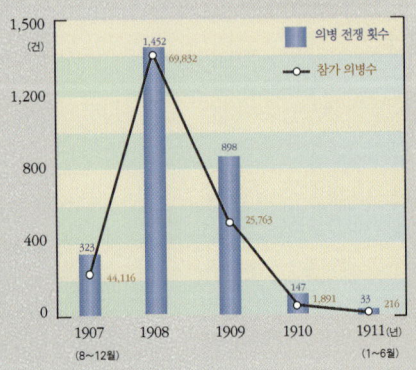

의병 전쟁의 추이
의병 전쟁은 일본이 한국군을 해산
하자 최고조에 이르렀으나, 남한 대
토벌 작전으로 점차 약화되었다.
(박성수, 『독립 운동사 연구』)

구국 계몽 운동

항일 의병 투쟁이 일어난 것과 같은 시기에, 개명한 지식인들은 구국 계몽 운동을 전개하였다. 이 운동은 교육과 실업을 발전시켜 민족의 실력을 기르고, 언론과 국학을 장려하여 민족의 정신을 고취하자는 것이었다. 이를 위해 전국 각지에서는 수십 개의 학회와 단체, 그리고 수천여 개의 사립 학교가 세워졌다.

또, 서울에서는 한글 전용이나 국한문 혼용의 신문과 잡지가 많이 발행되어, 항일 의병 투쟁과 구국 계몽 운동의 소식을 자주 전하였다. 대구에서는 남녀노소가 한마음이 되어 국채 보상 운동國債報償運動을 전개하였다. 그들은 술과 담배를 끊고, 비녀와 반지를 팔아 정부가 일본에 진 빚을 갚고자 하였다. 국채 보상 운동은 신문 등의 보도를 통해 삽시간에 전국으로 번져 갔으나, 차관借款의 상환으로 대한 제국에 대한 영향력이 감소될 것을 우려한 일본의 탄압으로 중단되었다.

구국 계몽 운동을 전개한 사람들 중에서는 신민회新民會 등의 비밀 결사를 조직하여 항일 투쟁으로 전환하는 경우도 나타났다. 이들은 대한 제국이 멸망하자, 중국과 미국 등으로 망명하여 독립 운동을 계속하였다.

대성 학교와 학생들＊ 신민회 활동의 일환으로 세워진 이 학교는 일본 국기를 게양하지 않는다는 명목으로 폐교당하였다.

황제의 저항

고종은 45년 동안 재위하면서 내우외환의 고통을 몸소 겪었다. 그는 어려운 상황에서도 나라의 개혁을 시도하고, 의병에 밀지密旨를 내려 항일 운동을 부추기고, 미국 등에 친서를 보내 일본의 주권 침해를 고발하였다. 또, 네덜란드 헤이그Hague에서 열린 만국 평화 회의에 특사를 파견하여 일본이 강요한 을사조약이 무효라고 선언하기도 했다(1907).

통감 이토 히로부미 등은 고종의 이러한 행위에 분격하였다. 그리고 고종을 협박하여 퇴위시키고 어린 순종을 즉위시켰다. 순종純宗은 즉위 3년 만에 나라를 일본에 빼앗겼다. 그렇지만 순종은 스스로 '병합 조약' 문서에 옥새를 찍지 않았다. 그는 1926년 죽음을 앞두고 이 사실을 고백하였다.

황제복을 입은 고종(1863~1907)＊

일본의 탄압

일본군은 의병을 대대적으로 탄압하였다. 특히 1909년에는 2개 사단 정도의 병력을 동원하여 남한 대토벌 작전을 전개하였다. 1906~1911년 사이에 의병과 일본군의 전투 횟수는 2,800여 회, 의병의 연인원은 14만여 명, 의병의 전사자 수는 17,700여 명에 달하였다. 일본군의 탄압으로 국내에서 항일 투쟁이 어렵게 되자, 일부 의병 부대는 한반도 북부의 산악 지대와 중국 동북 지역으로 이주하여 독립군으로 재편되어 갔다.

총을 겨누고 있는 의병의 모습.

9 _ 근대 문물이 수용되고 사회 생활이 바뀌다

이화학당 한옥교사* 메리F.스크랜튼에 의해 현 서울 정동에 설립된 한국 최초의 사립여성교육기관.

근대 교육과 학문

조선 시기에는 관리가 되기 위한 과거 시험이 있었으므로 서당이나 향교, 서원 등의 교육 기관이 발달하였는데, 조선 후기에 해외와 소통하게 되자 개화 운동의 일환으로 근대 교육의 열풍이 일어 전국 각지에 사립 학교가 세워졌다. 그리고 1895년 2월에 발표된 「교육입국敎育立國의 조서詔書」에 입각하여 서양식 근대 교육 제도를 갖춘 각종 관립 학교가 세워졌다. 이들 학교에서는 영어, 수학, 지리학, 정치학 등 여러 가지 근대 학문을 가르쳤다.

그리고 개신교의 선교사에 의해 배재학당培材學堂, 이화학당梨花學堂, 숭실학교崇實學校 등의 사립학교가 차례로 설립되었다. 특히 을사조약이 체결되어 국운의 쇠퇴가 실감 나게 되자, 애국적 인재의 양성을 통해서만 나라를 되찾을 수 있다는 자각이 일어나, 3~4년 사이에 3천여 개의 사립학교가 세워졌다.

학문의 세계에서는, 실학을 기초로 민족의식과 근대를 지향하는 의식이 형성되어 이것이 개화사상으로 발전하고, 다시 근대 민족주의로 발전하였다. 일본의 침략에 대항하는 근대 계몽 사학 분야에서는 많은 선조의 전기가 지어져 보급되었다.

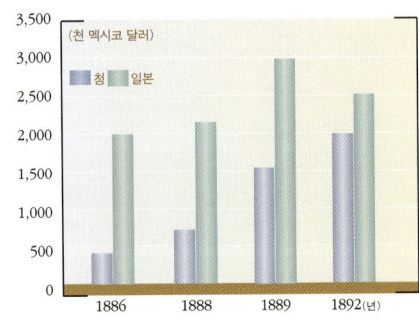

청·일로부터의 수입액
(조기준, 『한국 자본주의 성립사론』)

개항장

한국이 외국과 맺은 수호 통상 조약은 외국인이 일방적으로 조선에서 경제 활동을 할 수 있도록 허용한 것이었다. 한국은 부산, 인천, 원산 등의 주요 항구를 개방하였는데, 그 수는 점점 많아져서 일본에 나라를 빼앗길 즈음에는 10개 이상이나 되었다. 그리고 서울과 평양 등의 대도시도 외국인에게 개방되었다.

외국인의 침투

개항장은 보통 사방 4km의 범위였는데, 외국인이 이 곳에서 점포, 공장 등을 소유하면서 상공업을 경영할 수 있었다. 외국인에게는 치외법권治外法權이 주어졌기 때문에 조선인과의 상거래나 경제 활동에서 훨씬 유리한 처지에 있었다. 특히 일본과 청의 상인이 우세하였는데, 청·일 전쟁 이후에는 일본 상인의 독점 현상이 심해졌다.

일본 상인의 침투는 조선의 농민, 상인 등과 심각한 마찰을 불러일으켰다. 한국의 지방관은 방곡령防穀令을 발포하여 쌀, 콩 등이 일본으로 유출되는 것을 막았다. 서

부산 초량의 일본인 거주 지역※

울과 개항장의 한국 상인들은 상회사商會社를 설립하거나 철시 운동撤市運動을 벌여 일본 상인에 대항하였다. 그렇지만 이러한 저항도 일본의 압력에 눌려 실패로 끝나 일본 상인의 진출은 점점 더 심화되었다.

근대 문물의 수용

한국이 문호를 개방함에 따라 근대 문명의 이기利器가 속속 유입되었다. 특히 전등, 전신, 전화, 전차, 기차, 기선 등의 도입은 한국인의 생활을 편리하게 해 주었을 뿐만 아니라, 삶의 방식을 바꾸어 놓는 데도 크게 이바지하였다. 의식주 면에서도 변화가 일어났다. 양복을 입고 양식으로 지은 호텔에서 커피를 마시는 신사가 나타났다. 양장을 하고 가죽 구두를 신은 숙녀가 거리를 누비기도 하였다. 또, 사진관과 이발소도 등장하였다.

전차에 오르내리는 한국인들※

그런데 한국에 도입된 근대 문물이 선진국에서와 같이 도움을 준 것만은 아니었다. 한국에 도입된 전신, 전화, 전차, 기차, 기선 등은 대부분 열강, 특히 일본이 한국에 세력을 뻗치기 위한 수단으로서 이용되었다. 일본은 이들을 활용하여 막대한 경제적 이권을 챙겼을 뿐만 아니라, 정치적, 경제적 세력을 침투시켜 결국 한반도를 식민지로 만드는 발판으로 삼았다.

서양 신부에게 교리 문답을 받는 천주교 신자들(1900)*

개신교의 전파

1880년대 이후 한국에는 천주교 이외에 프로테스탄트인 개신교 등의 외국 종교가 활발하게 전파되었다. 서양의 선교사들은 교회뿐만 아니라 의료, 교육 등을 통해 포교 활동을 하였으므로 한국의 문명 개화에도 크게 기여하였다. 한국에서 오래 된 사립 학교 중에 개신교 계통의 학교가 많은 것은 이 때문이다. 일본의 선교사와 승려 등도 한국에 진출하여 일본 세력을 침투시키는 데 협력하였다.

「대한매일신보」의 편집 광경*

서양 사상의 유입

한국에서 근대적인 학교 교육이 보급되고 언론 활동이 활발해지자, 사회 진화론이나 민권 사상 등도 유입되었다. 그리하여 신분 차별을 철폐하려는 움직임이 나타나고, 평민과 여성의 지위가 점차 높아졌다. 또, 실용적인 학문과 기술을 익혀 기업을 경영하거나 관리가 되어 개화 정책을 추진하려는 움직임도 활발하였다. 새로운 사상의 확산은 독립 협회 운동이나 자강 계몽 운동을 전개하는 데 밑거름이 되었다.

한국 개신교의 역사적 기여

개신교가 한국에 들어온 것은 천주교보다 100년 늦은 1884년의 일이었으나, 매우 빠르게 한국 사회에 전파되었다. 한국에 진출한 프로테스탄트 각 교파는 신앙 전교에 힘쓰는 한편, 교육 사업과 의료·복지 사업 등을 통해 대중적 기반을 굳히고 다방면에서 한국 사회에 영향을 미치게 되었다. 또 개신교는 그 교인을 보호하기 위해 침략 세력에 개인적·조직적으로 저항하는 경향이 강했으므로, 일제 강점기에는 한민족과 호흡을 같이하여 일제에 맞서는 자세를 취하였다. 이에 많은 한국인이 개신교를 구원의 종교라고 확신하고 교회로 몰려들게 되었다. 근대 학문과 지식을 가르치는 각급 학교와 서양 의학의 성과를 반영한 현대식 병원, 소외된 노인들과 고아들을 돌보는 복지 기관 다수가 개신교에 의해 세워졌으며, 농민 운동·여성 해방 운동·절제 운동·물산 장려 운동과 같은 사회 통합 노력에 한국 개신교가 선도적으로 참여하였다.

언론 기관의 발달

나라가 위기에 빠지고 국권이 흔들리자 국민의 구국 정신을 고취하기 위해 계몽 단체와 언론 기관이 설립되었다. 이들은 각종 신문을 발행하여 일본의 침략에 강렬히 저항하는 논설을 게재하였다. 구국 계몽 운동에 앞장선 신문으로는 최초의 한글 신문인『독립신문獨立新聞』을 비롯하여『황성신문皇城新聞』,『제국신문帝國新聞』,『대한매일신보大韓每日申報』,『만세보萬歲報』등이 있었다. 그리고 해외에서도 미국 교민이『신한민보新韓民報』를, 연해주 교민이『해조신문海潮新聞』을 각각 발간하여 독립 정신을 고취하였다. 일본은 한국 언론의 구국 계몽 활동에 당황하여『한성신보漢城新報』,『국민신보國民新報』,『경성신보京城新報』등 친일 신문을 발행하여 대응하였으나 실효가 없자 제도적으로 민족 언론을 탄압하기 시작하였다.

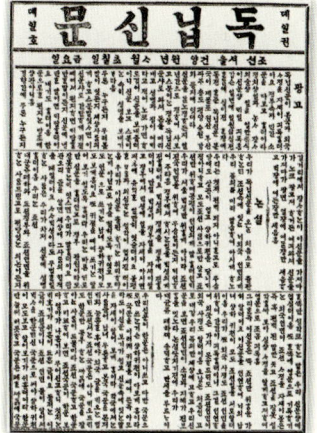

독립신문*

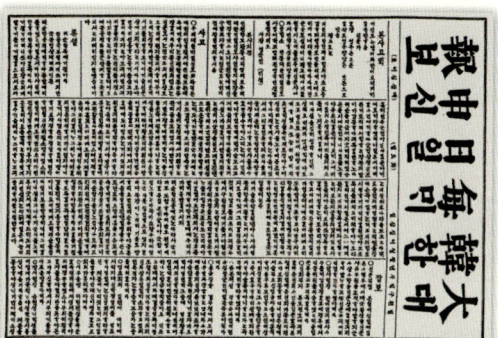

대한매일신보*

황성신문*

제국신문*

2 일본의 통치 정책과 국가 독립을 위한 항쟁

1_ 조선 총독이 '무단 통치'를 하다

경복궁 근정전에 내건 일장기●

대한 제국의 폐멸 일본 정부는 1909년경에 대한 제국을 '병합'하기로 결정하였다. 그렇지만 일본보다도 역사와 문화가 오래되고 일본 영토의 3분의 2나 되는 국토를 가진 대한 제국을 빼앗는 것은 그리 쉬운 일이 아니었다. 당시 대한 제국에서는 주권 회복을 위한 항일 투쟁이 들불처럼 타오르고 있었다. 일본은 결국 이러한 항일 투쟁을 무력으로 탄압하는 한편, 대한 제국의 대신들을 회유하고 협박하여 1910년에 '병합 조약'을 체결하였다. 일본은 제국주의 국가들의 세계 분할 정책에 편승하여 그들과 야합함으로써 조선을 국제적으로 고립시키고 강점을 합리화하려고 노력하였다.

조선 총독부 일본은 대한 제국을 강점한 후 그 영역을 조선이라 부르고, 경성에 조선 총독부朝鮮總督府를 설치하여 본격적인 식민지 통치에 나섰다. 조선 총독은 행정·입법·사법·군사의 모든 권한을 행사할 수 있는 제왕과 같은 존재였다. 역대 총독이 육군과 해군의 현역 대장이었던 점을 생각하면, 일본의 식민 통치가 군사력에 바탕을 둔 무단 통치武斷統治였음을 쉽게 짐작할 수 있다. 실제로 한국에는 2개 사단의 일본군이 주둔하고 있었다.

조선 총독부는 말단 관료 기구에까지 일본인을 파견하여 전국을 통치하였다. 그리고 일본인을 이주시켜 모든 산업의 주도권을 장악하게 만들었다. 또, 철도와 도로 등을 사방으로 확장시켜 일본 세력이 침투하기 쉽도록 만들었다. 그리하여 한국에서는 일본인에 의한 일본을 위한 통치가 철저하게 시행되었다.

○ 무단 통치

일본은 한국을 무력으로 통치하기 위해 헌병 경찰 제도를 실시하였다. 식민지 통치의 기틀을 마련하고자 1910년대에 시행된 이 제도는 헌병과 경찰이 일체가 되어 민간인에 대한 행정 업무까지도 관장하도록 만든 것이었다. 조선인은 조그만 잘못을 저질러도 끌려가 태형笞刑을 당하든가 재판 없이 구금되기도 하였다.

무단 통치 아래에서 한국인의 정치·사회 단체는 모두 해산되고, 집회·언론 등의 활동도 금지되었다. 학교에서조차 일본인 교사는 제복을 입고 칼을 차고 수업을 하였다.

○ 토지 조사 사업

일본은 한국에서 근대적 토지 소유 제도를 확립한다는 명분 아래 토지의 면적과 소유를 철저하게 조사하는 한편, 토지 조사령土地調査令을 선포하고, 지가地價에 근거하여 세금을 납부하는 제도를 만들었다(1910~1918). 이 과정에서 방대한 토지가 조선 총독부와 일본인의 소유로 넘어갔다. 그리고 전통적으로 농민이 가지고 있던 경작권은 부정되고 오로지 소유권만이 인정되어 농민들은 더욱 곤란한 처지에 놓이게 되었다. 조선 총독부는 또 산림령山林令을 선포하고 전국의 산림을 조

제복에 칼을 차고 있는 교사＊

'강점' 인가 '병합' 인가, '시혜' 인가 '차별' 인가?

대한 제국을 '병합' 한 일본 정부는 무력을 동원하여 대한 제국을 강제로 점령한 것도 아니고, 또 두 나라가 대등한 처지에서 하나로 합친 것도 아니라는 인상을 주기 위해 고심하였다. 즉, 대한 제국을 식민지로 만들되, 합법을 가장할 필요가 있었다. 일본에서 오늘날 흔히 사용되고 있는 '한국 병합' 이라는 용어는 이런 고심 끝에 만들어 낸 역사 용어였다. 그런데 한국과 일본에서는 아직도 '한국 병합' 이 합법인가, 불법인가를 둘러싸고 논쟁이 벌어지고 있다. 불법이라는 주장은 조약이 강제로 체결된데다가 국제법상의 절차를 제대로 밟지 않았다는 점을 강조한다. 따라서 일본의 대한 제국 폐멸은 군사력을 동원한 강제 점령이라는 뜻에서 '강점' 이라는 용어를 사용한다. 반면, 합법이라는 주장은 조약의 체결 과정에서 강압은 있었지만 국제법상 절차를 준수하고 열강이 이를 인정했다는 점을 중시한다. 이들은 주로 '병합' 또는 '합병' 이라는 용어를 사용한다. '한국 병합' 에 대한 인식의 차이는 일본의 조선 통치 시대를 어떻게 부르느냐와도 관련된다. 한국의 역사 교과서 등에서는 '일제 강점기' 라는 용어를 사용하고 일본의 역사 교과서에서는 '식민지 지배기' 라는 용어를 사용하는 경우도 있다. 일본은 조선인의 저항을 무마하고 복종시키기 위해 조선인의 정신까지도 일본인으로 만드는 동화 정책을 썼다. 그렇게 하기 위해서는 조선이 옛날부터 일본과 불가분의 관계를 맺어 왔다는 것을 정말인 것처럼 강조하고, 또 조선인도 일본인처럼 똑같이 천황의 은혜를 입고 있다고 선전해야만 하였다. 그렇지만 이것은 어디까지나 말뿐으로서, 한국인은 학교와 직장 등에서 뿐만 아니라 일상 생활에서도 일본인보다 훨씬 못한 대접을 받았다.

사하여 대부분을 국유지로 만들었다. 국유지는 일본인 농민이나 회사에 싼값으로 불하되었다.

토지 조사 사업 등을 거쳐 토지의 매매가 쉽게 되고 쌀값이 계속 오르자, 부자들은 토지를 많이 구매하여 소작인에게 경작을 시켰다. 반면에 빚에 쪼들린 영세 농민은 토지를 잃고 농촌을 떠나 유랑하였다. 농촌에 남아 있는 한국인의 대부분은 소작인으로서 50% 이상의 소작료 납부에 시달려야만 하였다. 그리하여 한국에서는 지주와 소작인의 갈등이 심하게 나타났다.

회사령

1910년대에 일본은 한국에서 상공업이 발전하는 것을 억압하였다. 조선 총독부는 한국인과 일본인을 막론하고 회사를 설립하고자 할 때는 총독의 허가를 받도록 만들었다(회사령會社令, 1910~1920). 한국인은 일본인보다 자본이 영세하였기 때문에 허가를 받은 수가 일본인보다 훨씬 적었다. 그리하여 한국인의 경제력은 한동안 침체를 벗어나지 못하였다.

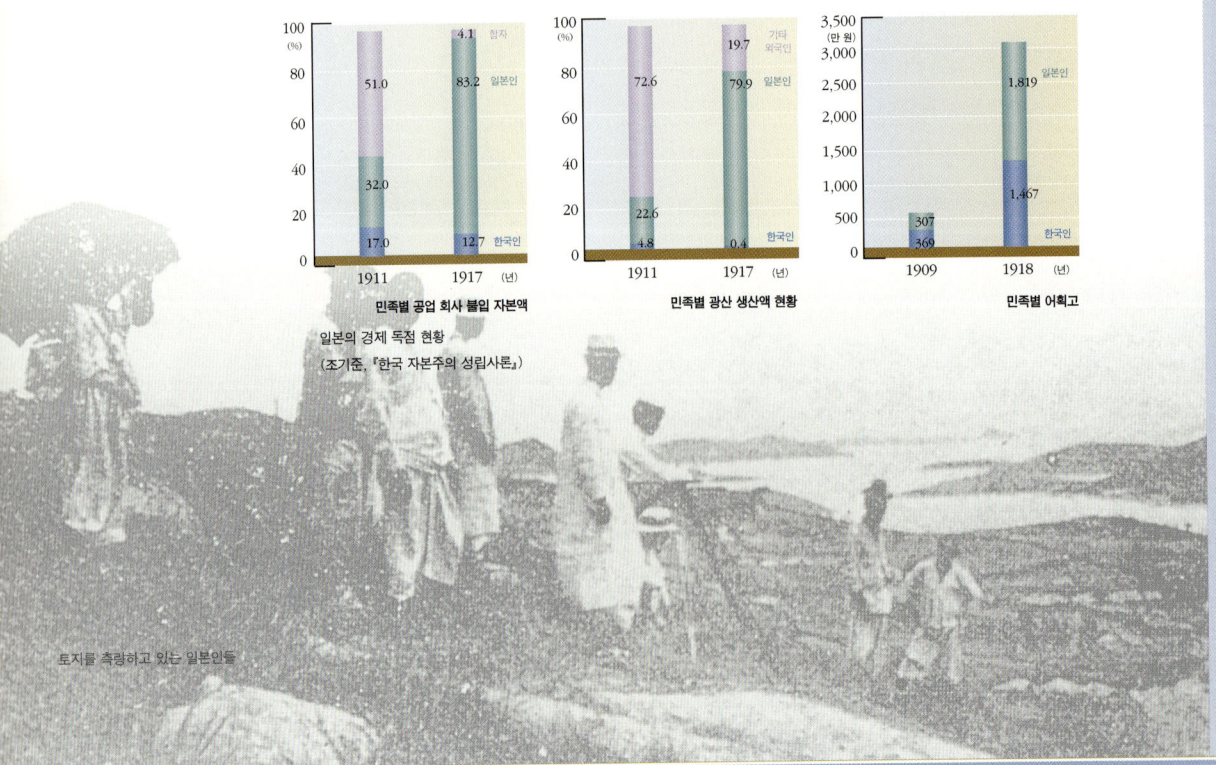

민족별 공업 회사 불입 자본액

민족별 광산 생산액 현황

민족별 어획고

일본의 경제 독점 현황
(조기준, 『한국 자본주의 성립사론』)

토지를 측량하고 있는 일본인들

2 _ 3 · 1 운동이 일어나다

3 · 1 운동의 배경 자국의 역사와 문화에 대해 자부심을 가지고 있던 한국인은 일본의 통치를 받는 것을 대단히 못마땅하게 생각하였다. 그런데다가 일본이 가혹한 무단 통치와 경제 수탈을 감행하자 한국인은 '강점' 이후에도 국내외에서 크고 작은 독립 운동을 끊임없이 전개하였다. 3 · 1 운동(1919년 3월 1일)은 이러한 독립 운동이 한 줄기로 통합되어 폭발한 것이었다.

경운궁(덕수궁) 앞에서의 만세 시위 ※

3 · 1 운동의 전개 3 · 1 운동은 천도교, 불교, 기독교를 대표하는 지식인과 학생이 선두에서 불을 붙이고, 농민, 노동자, 상인 등이 주력으로 참가한 민족 해방 운동이었다. 이들은 '대한 독립 만세'를 외치며 거리를 행진하였다. 평양 등의 지방 도시에서도 독립 만세 운동이 벌어졌다. 이 때 발표된 '독립 선언서'는 한국이 독립국임과 자주민임을 정정당당하게 주장할 것을 촉구하였다. 독립 만세 운동은 불과 한 달만에 전국으로 번져 200여만 명이 시위에 참가하였다. 농민과 노동자가 주축이 된 시위대는 헌병 · 경찰의 주재소나 면사무소 등을 습격하는 등 과격한 모습을 보이기도 하였다. 이는 무단 통치와 토지 조사 사업 등에 대해 원한이 깊었기 때문이었다.

3 · 1 운동 때 동대문에 늘어선 민중들 ※

제암리 사건 일본은 3 · 1 운동을 경찰과 군대를 동원하여 잔혹하게 탄압하였다. 그리하여 1년여의 3 · 1 운동 기간 동안 살해된 사람이 7천 5백여 명, 부상당한 사람이 1만 6천여 명, 체포된 사람이 4만 6천여 명에 달하였다(박은식朴殷植,『한국독립운동지혈사韓國獨立運動之血史』). 특히 수원 근처의 제암리提岩里에서는 일본군이 교회에 주민 30여 명을 가두고 불태워 죽였다. 당시 제암리가 속한 경기도 일대에서는 장날을 이용하여 독립 만세 운동이 끊임없이 일어나고 있었다. 일본군은 독립 운동에 대한 탄압의 본보기로서 제암리에서 이러한 끔찍한 일을 저지른 것이다. 제암리 사건의 현장은 오늘날 역사교육의 장소로서 활용되고 있으며, 희생당한 사람들의 무덤과 교회 등이 건립되어 있다. 최근에는 일본인들도 많이 방문하여 그들의 넋을 기리고 속죄의 뜻을 표하고 있다.

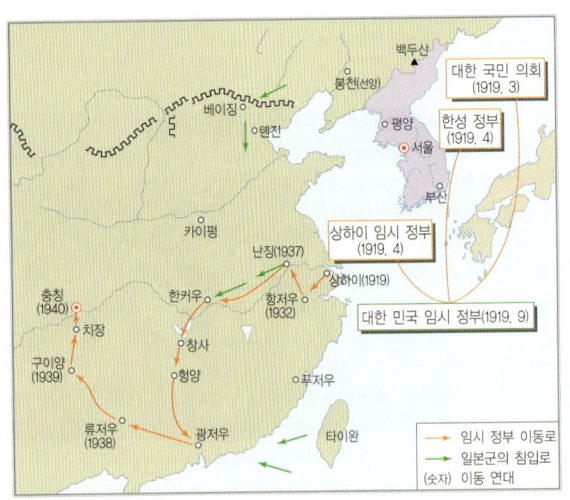

대한 민국 임시 정부의 이동 과정

☾ 3 · 1운동의 성과

3 · 1 운동은 당장에 한국의 독립을 가져오지는 못했지만, 일본의 식민지 통치 정책에 어느 정도 변화를 가져오게 만들었다. 그리고 제국주의 국가의 압박에 시달리던 약소 국민에게 민족 의식을 일깨워 주는 계기가 되었다.

☾ 대한 민국 임시 정부

3 · 1 운동을 계기로 중국의 상하이上海에 대한 민국 임시 정부가 수립되었다. 당시 상하이에는 한국의 독립 운동가들이 많이 망명해 있었고, 프랑스 등의 외국인 거주지(조계租界)가 설치되어, 일본의 탄압을 피해 독립 운동을 지도하기에 편리하였다.

대한민국 임시 정부는 민주 공화 정치 체제를 표방하고 초대 대통령으로는 이승만李承晩을 추대하였으며, 파리와 워싱턴에 대표를 파견하는 한편, 국내에 비밀 연락망을 설치하여 정보를 주고받았다. 이 정부의 수립으로 한국인은 나라를 잃은 지 10년 만에 자신의 정부를 가지게 되었다. 대한 민국 임시 정부는 해방의 그 날까지 독립 운동을 지도하였다.

☾ 독립군

만주滿洲(현재 중국의 東北三省)는 한국과 국경을 가까이하고 있었기 때문에 예로부터 한국인이 많이 거주하는 곳이었다. 특히 일본의 식민지 통치 시기에 많은 한국인이 이주하여, 해방 당시에는 그 수가 2백만 명이 넘었다.

한국의 독립 운동가들은 이 곳을 근거지로 삼아 무장 독립 투쟁을 전개하였다. 3 · 1 운동으로 독립의 열망이 높아졌던 1920년에는 두만강 근처의 청산리靑山里와 봉오동鳳梧洞에서 독립군이 다수의 일본군을 사살하는 전과를 올렸다. 일본군은 이에 대한 보복으로 한국인 마을을 습격하여, 수많은 사람을 죽이고 가옥과 학교를 파괴하였다. 그 후에도 독립군의 항일 투쟁은 만주 전역으로 확산되어 갔다.

3 _ '문화 정치'를 표방하여 한국인을 분열시키다

◯ '문화 정치'의 실상   3·1 운동의 발생으로 국내외의 비판 여론에 직면한 일본 정부는 종래의 무단 통치를 '문화 정치文化政治'로 전환하였다. 한 예로서 헌병 경찰을 보통 경찰로 바꿨다. 또, 한국인에게 한글로 된 신문, 잡지 등의 발행과 제한된 범위 안에서의 정치, 결사의 자유를 허용하였다. 한국인은 이 기회를 이용하여 「조선일보」, 「동아일보」 등의 신문과 『창조創造』 등의 잡지를 발행하고, 총독부의 말단 관리나 면협의회面協議會, 도의회道議會 등의 의원으로 진출할 수 있었다.

'문화 정치'를 통해 일본은 한국인의 사고와 행동을 폭넓게 파악하고, 한국인을 식민지 지배 체제 속에 좀더 깊게 끌어들일 수 있었다. 그러나 경찰 관서와 경찰관의 수가 오히려 두 배 이상 증가한 점을 생각하면, 힘에 의한 지배의 본질에는 변함이 없었다. 민족을 이간시킨 면에서 오히려 통치 방법이 더욱 교묘해졌음을 알 수 있다.

◯ 다양화한 민족 운동   일본이 한국에서 '문화 정치'를 표방한 1920년대는 일본의 '다이쇼大正 데모크라시' 시기와 부분적으로 겹쳤다. 그리하여 한국에도 각종 사상과 풍조가 유입되어 무단 통치기보다는 활기가 살아났다. 한국인은 '문화 정치'가 가져온 이런 틈을 이용하여 여러 가지 민족 운동을 전개하였다. 즉, 한글로 된 신문과 잡지를 통해 식민지 지배에 대해 비판의 날을 세우고, 각종 단체와 모임을 결성하여 의사를 표현하였다. 또, 농민과 노동자는 사회주의 사상의 영향 아래,

조선 총독부의 검열로 공백이 생겨 버린 「동아일보」 지면

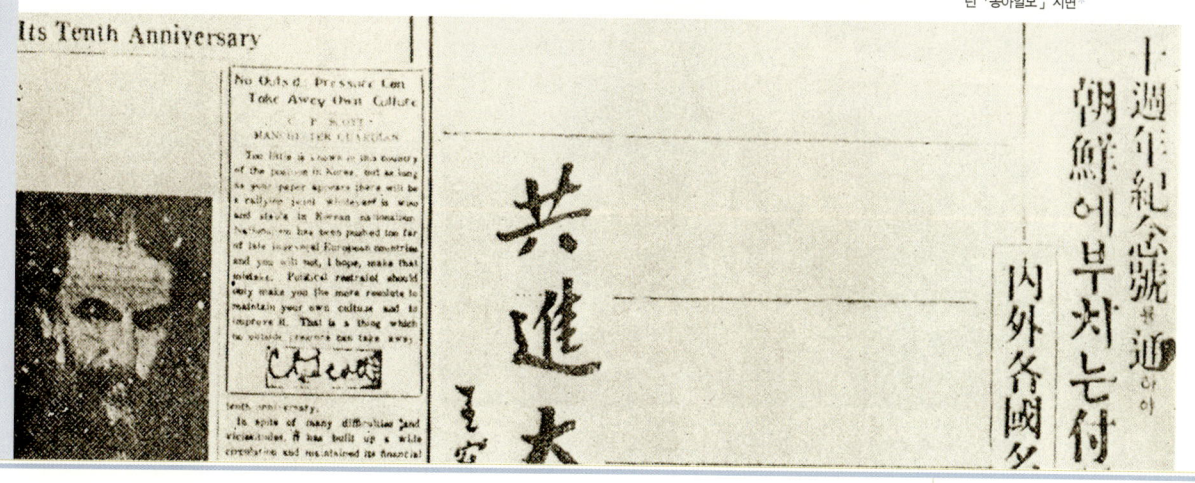

전국 규모의 조직을 만들어 소작 쟁의와 노동 쟁의를 벌였다.

　대한 제국의 마지막 황제였던 순종의 장례를 계기로 한국에서는 또 한 차례의 독립 만세 시위가 일어났다(6·10 만세 운동, 1926). 한국의 민족 운동가들은 신간회新幹會를 조직하여 일본의 식민지 통치에 대항하였다(1927~1931). 또, 1929년에는 광주에서 학생이 주도한 민족 운동이 일어나 전국으로 퍼졌다. 그리고 원산에서는 노동자의 총파업이 벌어져 3개월 이상이나 계속되었다. 각계 각층의 한국인은 학생 운동과 노동자의 총파업을 성원하는 운동을 활발하게 전개하였다.

일본의 탄압과 민족의 분열

조선 총독부는 강유强柔의 양면 작전을 써 민족 운동을 교묘하게 탄압하였다. 한국인이 발행하는 신문과 잡지는 검열로 인해 삭제와 정간이 되풀이되었으며, 신간회 등은 전국 대회를 열지도 못한 채 끝내 해산당하였다.

　조선 총독부는 또 한국인을 분열시키려고 노력하였다. 한국의 정치 운동가들에게는 자치를 실현할 수 있다는 환상을 심어 주어 식민지 통치에 협력하도록 하였으며, 한국인을 하위의 관료로 채용하여 식민지 지배의 한 부분을 담당하도록 하였다. 그리하여 한국의 민족 운동가 중에서는 일본에 대한 직접적 저항 대신에 타협의 길을 모색하는 사람들도 나타났다.

일본으로 실어가기 위해 부두에 쌓아놓은 쌀가마들(군산항) ＊

산미 증식 계획

일본은 1920년대에 산업화가 진전되고 도시 인구가 급격히 늘어나 양식 부족에 시달리게 되자, 한국 쌀에 눈독을 들였다. 한국 쌀은 일본의 양식 부족을 해결할 수 있는 좋은 자원이었다.

　일본은 식량 부족을 완화하고 농가 경제를 안정시킨다는 구실로 쌀 생산을 독려하였다. 이를 위해 개간과 간척 등을 통해 경지 면적을 늘리고, 저수지 등을 축조하여 물의 공급을 안전하게 만들었다. 또 농사 짓는 방법을 개량하고 일본인의 입맛에 맞는 쌀의 품종을 보급하였다. 그 결과 쌀 생산은 다소 늘어났다. 그러나 일본으로의 쌀 유출량은 생산량의 증가보다 몇 배나 더 증가하였다. 10여 년 사이에 쌀 생산은 1천2백여만 석에서 1천5백여만 석으로 늘어나는 데 그쳤지만, 일본으로의 쌀의 이출移出은 3백여만 석에서 8백여만 석으로 급격히 늘어난 것이다. 그리하여 한국인의 쌀 소비는 1인당 1년 평균 0.8석

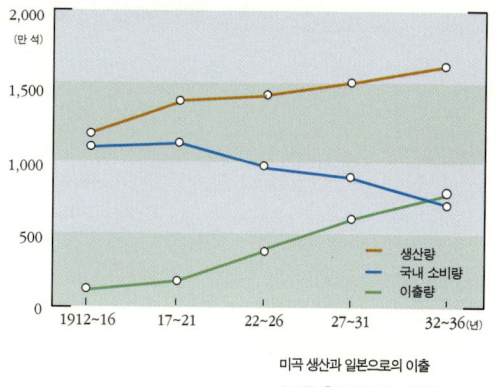

미곡 생산과 일본으로의 이출
(조기준, 『한국 자본주의 성립사론』)

에서 0.5석으로 줄어들어, 중국 동북 지역에서 생산된 잡곡이나 콩깻묵으로 굶주린 배를 채울 수밖에 없었다.

쌀의 판매로 돈을 많이 번 지주와 상인 등은 더 넓은 농토를 장만한 반면에, 영세한 농민은 토지를 잃고 유랑하거나 고향을 등지고 중국 동북부나 일본으로 이주하였다.

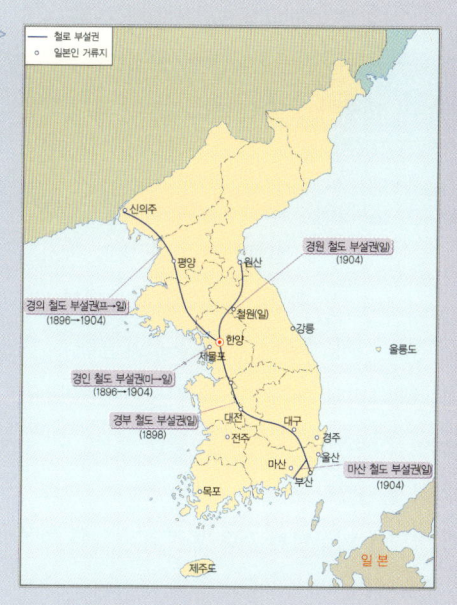

열강의 철도 부설권 장악(1896~1904)

철도 건설에 집착한 일본

일본은 한국에서 지배력을 구석구석으로 뻗치고 경제적 수탈을 강화하기 위해 철도 건설에 박차를 가하였다. 부산에서 서울을 거쳐 신의주에 이르는 남북 종단선은 이미 강점 전에 건설하였다. 강점 이후에는 서울에서 원산을 거쳐 회령에 이르는 철도와 대전에서 목포에 이르는 철도 등을 차례로 건설하였다. 이 철도들은 한국과 중국 동북부의 값싼 농산품과 광산품을 일본으로 실어 가고, 일본의 비싼 공산품과 군수품을 한국과 중국 동북부로 실어 나르는 구실을 하였다.

한국인들은 철도가 일본의 침략과 수탈을 촉진하는 수단으로 이용된다는 점을 자각하고 철도 시설을 파괴하거나 열차 운행을 방해하였다. 일본은 이러한 한국인들을 처벌하는 한편, 철도 주변에 군대와 경찰을 배치하여 감시의 태세를 누그러뜨리지 않았다. 일본이 건설한 철도는 해방 이후 개량을 거듭하면서 오늘날까지 이용되고 있다. 그리하여 어떤 사람들은 일본의 식민지 지배가 한국의 근대화에 도움을 주었다고 주장하였다. 그렇지만 이들은 철도가 일본의 침략과 지배를 선도하는 동맥이었으며, 철도의 부설 과정에서 조선인의 노동력과 토지 및 가옥 등이 얼마나 많이 동원되었는가를 무시하고 있다고 말할 수 있다.

4 _ 한반도를 병참 기지로 만들다

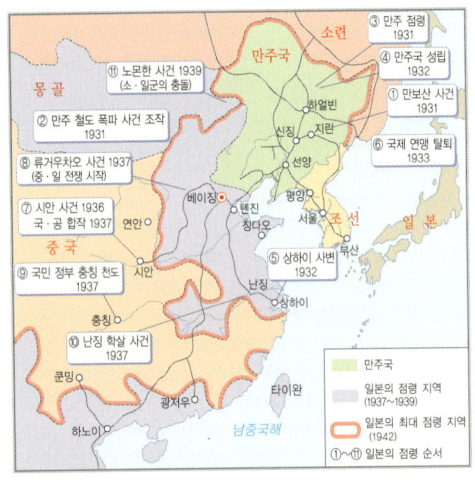

일본의 대륙 침략*

대륙 침략의 전초 기지

일본은 1931년에 만주를 침략하였다(만주사변滿洲事變). 그리고 이듬해에 괴뢰국인 '만주국滿洲國'을 수립하였다. 이것은 한국의 위상에도 변화를 가져왔다. 한국과 국경을 접한 넓은 땅이 일본 제국의 영향 아래 들어와 시장은 확대되고 무역액도 늘어났다. 또, 일본인과 한국인의 만주 진출도 활발해졌다.

일본은 1937년에 중국 본토를 침략하는 것을 계기로(중·일 전쟁) 한국을 병참 기지로 재편하는 정책을 추진하였다. 한국은 대륙과 붙어 있는데다가, 지하 자원과 노동력 등이 풍부하여 군수 물자를 생산하는데 적합하다고 판단한 것이다. 일본은 1941년에 미국의 하와이를 기습함으로써(태평양 전쟁) 전쟁의 수렁에 깊이 빠져들었다.

이 시기에 열강은 자국의 식민지를 한데 묶어 경제 블록을 설정하고 배타적으로 교역하는 경향을 보였다. 일본도 본토를 중심으로 하여 한국, 타이완, 중국, 동남 아시아 등을 엔블록으로 재편하는 정책을 추진하였다. 소위 '대동아 공영권大東亞共榮圈'의 형성을 시도한 것이다.

흥남 질소 비료 공장 전경* 1930년대 이후 일본은 대륙 침략을 위해 한국을 병참 기지로 만들었다. 일본의 군수 공업화 정책은 한국 공업의 업종별·지역별 불균형을 가져왔다.

중화학 공업의 유치

일본은 한국을 병참 기지로 재편하기 위해 한국에서 금, 철, 석탄, 텅스텐 등의 지하 자원과 전력 등을 개발하고, 대자본을 유치하여 제철, 비료, 시멘트, 화학 등의 공업을 육성하였다. 그리하여 1930년대 후반에는 공업 생산액이 농업 생산액을 능가하게 되었다.

한국의 중화학 공업을 이끌어간 것은 일본인과 일본 자본이었다. 그리고 주요 기업의 소유주와 중견 종사자는 대부

분 일본인이었다. 1945년 당시 한국에 거주하는 일본인 수
는 70만 명을 넘었다. 일본인은 한국의 구석구석까지 침투
하여 조선 총독부의 지원과 우세한 자본을 바탕으로 경제
적 실권을 장악하였다. 반면에, 한국인 자본은 전체의 10%
정도에 불과하고, 한국인도 대부분 생산 현장에 배치되어
단순 노동에 종사하는 경우가 많았다.

수풍 발전소* 1937년 10월, 압록
강 수력 발전 주식 회사와 당시 만
주국의 공동 출자로 완공된 세계적
인 규모의 수력 발전소. 압록강 하
류에 위치해 있다.

전쟁이 막바지에 이르자 일본은 기업 정비령을 반포하여 동일 업종을 한두 개의 대기
업으로 통폐합하였다(1942). 그리하여 영세한 한국인 기업은 대부분 거대한 일본인 기
업에 흡수되어 명맥조차 이어가기 어렵게 되었다. 요컨대, 한국의 중화학 공업은 한국인
의 자본 축적을 촉진하거나 소비 생활을 향상시키는 데 기여했다기보다 일본의 전시 경제
를 뒷받침하는 역할을 수행하였다고 볼 수 있다.

물자의 통제

전시 체제기에는 모든 물자가 전쟁에 동원되었기 때문
에 한국인의 생활은 점점 더 궁핍해졌다. 한국에서는
1938년부터 총동원 체제가 구축되기 시작하였다.

일본은 군량미의 확보를 위해 한국에서 식량 증산을 독려하는 한편, 식량의
소비를 극도로 억제하였다. 조선 총독부가 공출로 쌀을 거두어가고 배급제를
실시했기 때문에, 농민은 쌀을 생산하고도 마음대로 팔 수도, 먹을 수도 없게
되었다. 전쟁 막바지에는 양식 부족을 메우기 위해 학교 운동장을 갈아 고구마
등을 심기도 하였다. 가난한 사람들은 들과 산을 헤매며 소나무 속껍질松肌이나 풀을 뜯

강제로 징발한 놋그릇과 생활 용품

어먹으며 허기진 배를 채웠다.

또, 전쟁 물자를 확보하기 위해 저축과 공출이 강행되었다. 농민들은 쌀을 공출하고
현금 대신 저축 증서를 받았고, 월급쟁이들은 아예 월급에서 저축액을 공제하고 받는
경우가 많았다. 특히 포탄을 만들기 위한 쇠붙이의 공출이 심하여, 한국인이 날마다 사
용하던 놋그릇과 놋숟가락, 그리고 사찰과 교회의 동종까지 모두 거두어 갔다. 조선총
독부는 '총후보국銃後報國(총 뒤에서 나라에 보답한다는 뜻으로, 후방에서 내핍 생활과 인력·
물자 공출 등으로 국가에 도움이 되자는 표어)'이라는 구호를 내세워 극도의 내핍 생활을 강
요했던 것이다

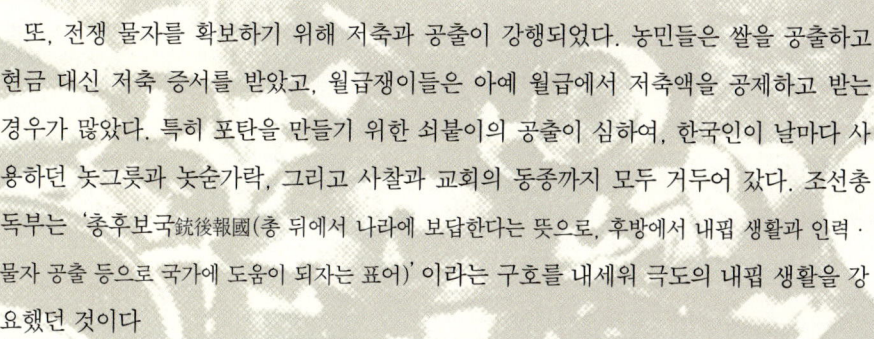

5 _ 황국 신민을 육성하고 전쟁에 동원하다

조선 신궁 강제 참배 행렬* 중학생들을 강제로 조선 신궁 참배에 동원하고 있는 모습이다.

황국 신민화 정책

일본은 식민지 지배의 초기부터 한국인을 일본인으로 길러 내려는 동화 정책同化政策을 추진하였다. 이러한 동화 정책은 시간이 지날수록 강화되어, 중·일 전쟁의 도발 이후에는 한국인의 민족성을 말살하여 천황에 충성을 바치는 도구적 신민으로 만들려는 데까지 나아갔다.

일본은 한국인의 혼을 빼앗는 일부터 시작하였다. 우선, 학교에서는 한국의 말과 글, 그리고 역사를 가르치지 못하게 하고, 대신 일본의 말과 글, 그리고 일본 역사를 가르쳤다. 가정과 사회에서도 일본어의 사용을 강요하였다. 그리고 각 면에 1개 정도의 신사神社를 지어 수시로 참배하도록 하고, 아침마다 천황이 사는 곳을 향하여 허리를 굽혀 절을 하도록 하였다. 또, 한국인은 일본인과는 달리 어른, 아이 할 것 없이 천황에게 충성을 다짐하는 '황국 신민의 서사皇國臣民誓詞'를 낭송하게 하였다.

창씨 개명

일본은 한국인의 가족 제도를 일본인과 똑같이 만들기 위해 한국인의 성과 이름을 일본식으로 바꾸도록 하는 창씨 개명創氏改名을 단행하였다. 일본은 겉으로는 이것을 강요하지 않는다는 자세를 취했지만, 지정된 기간 내에 한국인이 일본식으로 창씨를 하지 않으면 종래의 성姓이 자동적으로 일본식으로 바뀌게 되었으므로 강요한 것이나 마찬가지였다. 또 실제로 창씨 개명을 하지 않는 경우에는 학교의 입학을 허가하지 않거나 식량 등의 배급을 중단하는 등의 압박을 가하는 경우가 많았다. 혈통을 중시하는 한국인은 스스로 목숨을 끊는 등의 방법으로 이에 저항하였다. 그렇지만 일본은 갖가지 수단을 동원하여 이를 관철시켰다. 그리고 한글로 발행하던 신문, 잡지 등을 폐간시켜 자유로운 의사 표시를 금지하였다.

군사 · 노무 동원

전쟁이 오래 지속되어 전투력이 달리게 된 일본은 한국인을 대대적으로 동원하였다. 청장년을 징용徵用 등의 이름으로 동원하여, 국내는 물론 일본과 동남 아시아 등지에서 혹사시켰다. 그 수는 5백여만 명 이상으로 추산된다. 또, 20만 명 이상을 지원병, 징병, 학도병, 군속軍屬 등으로 동원하여 전장에 끌어갔다. 어린 학생들조차 수업을 중지하고 근로 작업에 동원하였으며, 여성도 정신대挺身隊라는 이름 등으로 동원하였다. 특히 젊은 여성 중에는 위안부로 끌려가 전선에서 일본군에게 성적인 학대를 받기도 하였다.

> **태평양 전쟁에 강제로 동원된 한국인**
>
> · 육군 지원병 17,664명
> · 징병 및 군속 350,000명
> · 여자 정신대 50,000명
> · 노무자 징용 724,787명
> · 학도 근로 동원 145,644명
> (「고등학교 역사부도」, 교학사)

생활의 통제

일본은 조선 총독부의 행정 조직과 외곽 단체를 총동원하여 한국인의 경제와 생활을 철저하게 간섭하였다. 즉, 국민 정신 총동원 운동과 국민 총력 운동 등을 전개하여 총독 지배가 일반 가정의 사생활까지도 침투할 수 있도록 만들었다. 한국에서는 모든 사람은 직장과 거주지에서 이중 삼중의 조직에 편입되어 집단 활동에 참가하였다. 특히 각 연맹의 말단 조직인 애국반愛國班은 주민의 행동과 사상을 감시 · 통제하는 기능을 맡았다. 그리하여 한국인은 창살 없는 감옥에서 살아야만 했다.

전쟁이 막바지에 다다르자 모든 사람들은 마치 병영에서와 같은 생활을 하였으며, 날마다 방공 훈련과 등화 관제 훈련을 하였다. 특히 일본에서와는 달리 목검을 가지고 몸을 단련하는 황국 신민 체조가 보급되기도 하였다.

여성 근로 보국대* 가정주부까지도 토목공사에 동원했다

아직도 아물지 않은 불행한 시대의 상처

일본이 식민지 지배 말기에 한국에서 자행한 황국 신민화 정책과 군사 · 노력 동원은 한국인에게 치유하기 어려운 피해와 상처를 주었다. 황국 신민화 정책의 추진으로 한국인은 민족적 자존심에 큰 상처를 입었으며, 또 사회의 각계 각층에서 친일파라 불리는 대일 협력자對日協力者가 양산되어 민족 분열의 아픔을 겪었다. 그리고 모집, 알선, 징용 등의 이름으로 수많은 한국인들이 국내외로 끌려가, 광산과 공장 등에서 혹사당하고 많은 사람이 다치거나 죽었다. 지원병과 징병의 이름으로 끌려가 전쟁에 참가한 한국인이 24만 명이나 되었다. 그리고 히로시마와 나가사키에서 원자 폭탄에 희생된 한국인이 4만 명을 넘었다. 이러한 한국인 중에는 아직도 살았는지 죽었는지조차 파악되지 않는 경우도 있다.

일본과 한국 정부는 한 · 일 국교 정상화 조약(1965)을 맺은 이후 강점기에 발생한 모든 피해에 대해 국가 차원의 보상은 완전히 끝났다는 자세를 취하고 있다. 그렇지만 한국인 피해자들에 대한 개인 차원의 보상을 요구하는 여론은 아직도 강하다. 한 · 일 양국의 시민 단체가 연대하여 이들의 운동을 지원하고 있다. 양국 정부는 인도적 차원에서 그들의 요구를 부분적으로 수용하고 있지만, 만족할 만한 전후 처리가 이루어지려면 아직도 더 넘어야 할 산이 많다.

6 _ 일본인이 몰려오고 한국인은 밀려나가다

일본인의 이주   일본의 한국 통치는 일본인의 한국 이주를 촉진하였다. 일본은 통치를 위해 총독부를 필두로 한 여러 관청에서 근무할 관리 요원을 이주시켰다. 특히 일본에서의 인구 과잉을 해소하기 위해 농민을 비롯하여 이민을 적극 장려했으므로, 많은 일본인들이 한국으로 몰려왔다. 이주민 중에는 신천지에서 한밑천 잡으려는 사람들도 많았다. 일본인 이주자는 1910년 당시 4만여 명이었으나, 식민지 지배가 정착되어 감에 따라 계속 증가하여, 1945년 당시에는 70여만 명이나 되었다. 그들 중에는 서부 일본 출신자가 많았다. 일본인의 직업은 관리, 상인, 군인, 농민 등 다양하였으나, 어느 분야에서든지 한국인을 제치고 지배적 위치를 차지하여 한국인과 마찰을 빚었다.

한국인의 이주   일본인이 한국인의 생활 기반을 빼앗자 한국인은 국외로 이주하기 시작하였는데, 그 수가 일본인의 한국 이주를 몇 배나 초과할 정도였다. 처음에 그들은 국경과 인접한 중국 동북 지역과 연해주 등지로 이주했으나, 나중에는 일본은 물론 중국, 멕시코, 미국 등지로도 확대되었다.

한국인은 토지 조사 사업이 진행되던 1910년대에 해마다 1만 명 이상이 해외로 빠져나갔다. 일본은 처음에는 한국인의 입국을 금지했지만, 국내의 노동력이 부족해지자 이에 대한 제한을 완화하였다. 그리고 전시 체제에 접어들어 병력과 노동력이 부족해지자 강제적으로 한국인을 동원하였다. 징용, 징병, 정신대, 위안부 등이 그것이다.

1945년 당시 국외로 나간 한국인은 500만 명으로서, 한국 인구의 4분의 1 정도나 되었다. 오늘날 일본, 중국, 미국, 중앙 아시아 등에 수백만 명의 한국인이 살고 있는 것은 일본의 한국 통치가 빚어 낸 역사적 산물이라고 보아도 틀림없다.

재일 한국인   재일 한국인은 생업을 찾아 자발적으로 건너간 경우도 있었지만, 강제적 · 집단적으로 끌려간 경우가 많았다. 그 수는 1945년 당시 200만 명을 넘었다. 그들 중에는 당시 일본의 영토이던 사할린에까지 끌려간 사람도 있었다.

한국인은 탄광이나 철도 공사장처럼 육체 노동을 하는 직장이나 작업에 투입되었다. 그들은 비좁은 숙소에 수용되어 중노동과 굶주림에 시달렸다. 그들은 탈출을 시도했지

일본, 일본인의 것으로 바뀌는 한국의 거리들

만, 엄중한 감시 때문에 쉽게 성공할 수도 없었다.

1930년대 이후 오사카大阪 등의 대도시에서는 한국인의 집단 거주지가 형성되기 시작하였다. 그들은 열악한 처지에서 벗어나기 위해 일본인과 연대하여 투쟁하기도 하였다.

오늘날, 일본에는 58만여 명 이상의 한국인이 살고 있다. 그들 중에는 일본의 패전 후에 자발적으로 건너간 사람도 적지 않지만, 패전 전에 끌려간 사람들과 그 후손들이 큰 비중을 차지하고 있다. 그들은 민족 차별 속에서도 불굴의 노력으로 삶의 길을 개척하여 지금은 일본 사회의 일원으로서 상당한 지위를 확보하고 있다.

카자흐스탄 알마아타의 한국인

재중·재러 한국인

일본의 한국 지배가 강화되자 만주와 화북 등지로 이주하는 한국인의 수가 급격히 늘어나서, 1945년 당시에는 재중 한국인의 수가 200만 명을 넘었다. 그 밖에도 소련의 영토인 연해주와 시베리아로 이주한 한국인도 많았다. 재중 한국인들은 초기에는 일본의 가혹한 지배가 싫어서, 혹은 독립 운동을 전개하기 위해 고국을 등지는 경우가 많았으나, 나중에는 곤궁한 생활에서 벗어나기 위해 어쩔 수 없이 이주하는 경우가 많았다. 그들은 국내외 인사와 연결하여 독립 운동을 전개하였다. 1920년대 초의 독립군 투쟁이나 1930년대 전반의 유격대 투쟁이 그 예이다. 만주와 화북 등지의 한국인은 중국인과 마찰을 빚기도 했지만, 때로는 개척의 선구자로서, 때로는 항일 투쟁의 선봉으로서 큰 역할을 하였다. 중국 동북 지역에 벼농사를 보급한 것도 바로 한국인 이주자들이었다.

연해주 지역의 한국인은 스탈린의 강제 이주 정책으로 심한 시련을 겪었다. 스탈린은 이 지역의 한국인이 일본의 스파이가 될지 모른다고 의심하고, 1937년 약 17만 명에 달하는 한국인을 중앙 아시아의 타시켄트 지역으로 이주시켰다. 하루 아침에 삶의 기반을 상실한 한국인들은 이동이나 사막의 개척 과정에서 덧없이 죽어가는 비극을 겪어야 했다.

해외 거주 한국인수 변화
(현규환, 『한국 유이민사』 하권)

연도	재일 한국인	재만주 한국인	재러 한국인	합계
1905	303	71,000	32,410	103,713
1910	2,527	109,500	45,397	157,424
1915	5,046	203,426	76,011	284,483
1920	48,755	261,870		
1925	129,870	289,381	188,480	607,731
1930	298,091	325,871	250,000	873,962
1935	625,678	432,880	300,000	1,358,558
1940	1,190,444	1,065,523	300,000	2,555,967
1945	2,100,000	2,163,115	300,000	4,563,115

단위 (명)

7 _ 한국의 문화와 정신을 지키자

문화 수호 운동의 여러 갈래 일본의 식민지 지배가 오래 지속되어 한국인의 민족 의식이 약화되는 경향이 나타나자, 한국의 지도자들은 한국의 말과 글, 그리고 역사를 연구하고 보전함으로써 한국의 민족적 자아 의식을 보전하려고 애썼다. 한국인들은 일본 문화의 영향 아래에서도 자신의 생각과 감정을 드러내는 예술 활동을 다양하게 전개하였다. 그리하여 학술, 문학, 미술, 예능, 언론 등에서 훌륭한 업적이 속속 등장하였다. 한국인의 문화 수호 운동은 민족의 혼과 정신을 보전하려는 독립 운동의 한 수단이었다.

한글과 한국사 한국 어문을 연구하는 학자들은 조선어학회朝鮮語學會를 만들어 한글을 연구하고 한글 사전 편찬 작업을 추진하였다. 일본이 이들을 감옥에 가뒀으므로 그 중 몇 명은 옥에서 순국하였다. 이로 인해 한글 사전 편찬 작업은 일단 중지될 수밖에 없었지만, 한국인은 자신의 말과 글을 지키기 위해 싸움을 계속하였다.

한편, 한국인 역사 학자들은 한국사를 연구하고 보급하였다. 이들은 역사가 민족의 혼을 담고 있기 때문에, 역사를 잘 보전하면 잃었던 국가를 언젠가는 되찾을 수 있다고 믿었다. 그렇지만 일본은 한국사의 연구와 보급이 불온한 독립 사상을 고취한다고 하여 탄압하였다. 대신에 한국사의 후진성과 타율성을 부각시키는 역사 연구와 역사 교육을 장려하였다. 이를 통하여 일본은 한국인에게 독립할 수 없다는 자포자기의 열등 의식을 심어주고, 일본인에게는 지배자로서의 우월 의식을 가지게 만들었다.

조선어 학회 사건으로 고초를 겪은 한국인들 *

소설과 시 한국인들은 일본의 통치 아래에서도 한국의 말과 글을 통해 자신의 예술적 감흥을 표현하려고 애썼다. 그리하여 한글로 쓰여진 소설과 시 등의 문학 작품이 많이 나타났다. 소설 중에는 가난에 허덕이는 민중의 고달픈 모습이나 고향을 떠나 유랑하는 나그네의 설움을 표현하고, 시 중에는 해방을 기원하는 마음을 읊은 것이 많았다.

일본은 한국인의 민족적 정서를 표현한 소설과 시 등을 탄압하였다. 도지샤대학同志社大學에 다니던 윤동주尹東柱와 같은 시인은 순수한 마음으로 자연을 읊었는데도, 일본의 경찰에 검거되어 후쿠오카福岡 감옥에서 사망하였다. 조선 총독부는 전시 체제를 강화하면서부터 한글로 쓴 소설과 시 등의 발행을 금지하였다. 그리하여 한국 문인들은 일본어로 작품을 쓸 수밖에 없었다. 한국 문인 중에는 일본의 회유에 굴복하여 소설과 시 등을 통해 일본의 동화 정책에 협력하는 자도 나타났다.

음악, 그림, 영화

음악과 영화는 민중의 정서를 잘 나타내는 예술의 한 분야였다. 일본의 지배 아래에서도 한국인은 자신의 희로애락을 나타내는 노래와 영화 등을 만들었다. 노래 중에는 식민지 민중의 설움을 반영한 애절한 곡이 많았고, 〈아리랑〉과 같이 민족적 전통과 아픔을 표현한 영화도 만들어졌다.

1926년에 상영된 영화 〈아리랑〉의 출연진과 제작진*

한편, 스페인에서 활약하던 한국인 음악가 안익태安益泰는 〈애국가〉를 작곡하여 해방의 그 날에 대비하였다. 그리고 독립 운동가들은 광복군가 등을 만들어서 애창함으로써 민족의 기상을 드높였다. 한편, 한국인 화가 중에는 전통을 계승하여 산수화와 문인화를 그리거나, 서양의 화풍을 도입하여 새로운 경지를 개척해 나가는 경우도 있었다.

조선 총독부는 음악, 그림, 영화 등을 전시 동원과 황국 신민화 정책을 추진하는 수단으로 이용하였다. 그리하여 음악, 그림, 영화 중에는 전쟁에 참가하여 천황을 위해 기꺼이 목숨을 바치자고 선동·선전하는 것이 많았다.

언론

한글로 된 신문과 잡지 등은 조선 총독부의 검열을 받았음에도 불구하고 일본 통치 하의 한국의 실상과 한국인의 생활 및 생각을 전하는 데 크게 기여하였다. 이에 조선 총독부와 한국인 언론은 항상 협조와 반발의 긴장 관계를 유지하고 있었다. 조선 총독부는 한국의 언론을 자신의 입맛에 맞게 길들이기 위해 회유와 협박을 되풀이하였다. 그리고 전시 체제를 강화하면서 1940년 8월, 한국인이 발행하던 주요 한글 신문을 모두 폐간시켜 버렸다. 또한, 신문, 방송, 잡지 등의 언론 매체를 황국 신민화 정책을 추진하고 전시 동원 체제를 구축하는 수단으로 활용하였다. 그리하여 언론의 내용은 전쟁에 승리하기 위해 한국에 있는 인적, 물적 자원을 어떻게 효율적으로 동원할 것인가를 선전·선동하는 내용으로 채워지게 되었다.

베를린 올림픽의 마라톤 금메달리스트 손기정* 「동아일보」 등은 그의 가슴에서 일장기를 삭제한 사진을 게재하여 손기정이 한국인임을 과시하였다.

8 _ 나라의 독립을 위해 투쟁하다

김구와 윤봉길* 상하이를 점령한 일본군이 훙커우虹口 공원에서 전승 축하식을 거행하자 김구(1976~1949)는 윤봉길(1908~1932)을 보내 식장을 폭파하게 하였다.

줄기차게 전개된 민족 운동

일본의 식민지 지배가 장기간 지속됨에 따라 한국인이 일본으로 동화되어 가는 경향이 강해졌다. 그렇지만 다른 한편에서는 국내외에서 전개되던 민족 해방 투쟁이 개인적이나 집단적으로, 또는 평화적이나 무력적으로 확산되고 다양화되는 측면도 있었다. 특히 일본이 만주사변과 중·일 전쟁을 일으킨 이후, 한국인의 민족 운동은 더욱 활발해졌다. 그리고 태평양 전쟁이 발발하자 일본의 패망을 기대하며 각 독립 운동 세력이 연합하려는 움직임을 보였다.

의거 활동

일제의 숨막히는 탄압 속에서는 식민지 지배의 주요 기관이나 인사를 파괴하고 암살하는 것도 효과적인 민족 해방 운동의 한 방법이었다. 한국인 청년들은 1920년대 전반에 의열단義烈團을 조직하여 조선 총독부, 경찰서, 동양 척식 주식 회사 등에 폭탄을 던지는 의거를 자주 감행하였다.

대한 민국 임시 정부 산하의 한인애국단韓人愛國團 회원들은 1932년에 도쿄東京에서 천황에 폭탄을 던졌다(이봉창李奉昌). 그리고 상하이에서도 천황의 탄생 기념일 행사장에 폭탄을 던져 중국 침략에 나선 일본의 현지 지도자들을 다수 살상하였다(윤봉길尹奉吉). 이러한 의거 활동은 한국인에게 민족 해방 운동의 의지를 가다듬게 만드는 구실을 하였다.

연합군의 일원으로 인도·미얀마 전선에 참전한 한국 광복군*

대한 민국 임시 정부의 활동

민족주의 계열의 인사가 중심을 이룬 대한 민국 임시 정부는 일본이 중국 본토에 대한 침략을 감행하자, 중국의 국민당 정부와 함께 각지를 옮겨 다니며 항일 투쟁의 강도를 높여 갔다. 그리고 일본이 태평양 전쟁을 도발하자 선전을 포고하고, 산하의 광복군光復軍을 연합군에 파견하여 미얀마 등지에서 함께 싸웠다. 전쟁이 막바지에 이르자 미국의 특수 부대와 연합하여 국내 진공 작전을 시도하기도 하였다. 또, 해방 후의 국가 건설에 대비하여 건국 강령建國綱領 등을 발표하였다. 대한 민국 임시 정부의 이러한 활동은 해방 이후 대한 민국의 수립으로 이어졌다.

○ 항일 무장 투쟁의 전개

사회주의 계열의 한국인도 활발하게 민족 해방 운동을 전개하였다. 만주에서는 1930년대 전반에 한국인 사회주의자와 중국 공산당 세력이 함께 유격대를 조직하여 일본군과 싸웠다. 이들은 일본군의 탄압에 밀려 소련으로 이동하였다가, 전쟁의 막바지에 소련군이 만주와 북한에 진입할 때에 따라 들어왔다.

한편, 화북 지방에서도 수백 명의 한국인 의용군義勇軍이 중국 공산군과 함께 일본군에 맞서 싸웠다. 이들은 일본의 패전 이후 만주의 한국인 사회 건설과 북한의 공산주의 정권 건설에 참여하였다.

조선의용대 창립 기념 사진＊ 1938년 중국의 임시 수도 한커우漢口에 창설된 한국 독립 무장 부대.

○ 국내에서의 국가 독립 투쟁

일본은 전쟁의 막바지에 미군이 오키나와 등을 거쳐 본토에 상륙하는 것을 막기 위해 제주도 등을 요새로 만들었다. 그리하여 한국에서는 전시 체제가 강화되어 드러내 놓고 독립 투쟁을 전개하기가 어려웠다. 그렇지만 지식인, 학생, 노동자, 농민 등은 비밀 결사를 만들어 독립 투쟁을 계속하였다. 이들은 국외에서 벌어지고 있던 독립 운동과도 비밀리에 접촉을 하고 있었다. 일본의 패색이 짙어지자, 독립 운동가들은 건국 동맹 등의 단체를 몰래 조직하였다. 이들은 전국에 지부를 설치하고 해방 이후의 건국에 대비하였다.

>> > **대한 민국 임시 정부의 대일 선전 포고문**

우리는 삼천만 한국인 및 정부를 대표하여 중국, 영국, 미국, 네덜란드, 캐나다, 오스트레일리아 및 기타 여러 나라의 대일 선전對日宣戰은 일본을 격파하여 동아시아를 다시 조성하는 가장 유효한 수단이 되기 때문에 삼가 축하하며 이에 아래와 같이 성명한다.

• 전 한국 국민은 현재 이미 반 침략 전선에 참가하여 전투 단위가 되어 추축국에 대하여 선전宣戰한다.
• 1910년의 합병 조약 및 모든 불평등 조약은 무효이며, 아울러 반침략국의 한국에서의 합리적인 기득권익을 존중한다는 것을 거듭 선포한다.
• 한국, 중국 및 서태평양에서의 왜구를 완전히 구축하기 위하여 최후의 승리까지 목숨을 걸고 싸운다.
• 일본의 비호 하에 조성된 장춘長春 및 남경南京 정권은 절대로 승인하지 않는다.
• 루즈벨트·처칠 선언 각 항이 한국의 독립을 실현하는데 적용되기를 단호히 주장하여 특히 민주 진영의 최후의 승리를 예측한다.

대한 민국 23년(서기 1941년) 12월 10일 · 대한 민국 임시 정부 주석 김 구 · 외무 부장 조소앙

＊1941년 12월 8일, 일본이 진주만을 습격해서 태평양 전쟁을 일으키자 대한 민국 임시 정부는 곧바로 대일 선전을 포고하고, 산하의 한국 광복군을 선전 공작에 투입하였다. 위의 글은 이 때 반포된 포고문이다. 그러나 대한 민국 임시 정부가 연합국의 승인을 받기 전에 일본이 패전하여 그 뜻을 충분히 살리지 못하였다.

제5편

남북 분단과 대한민국의 발전

개관　　　　 1945년 8월, 한민족은 일본의 강점에서 벗어나 광복을 맞이하였다. 그러나 곧 미국과 소련이 북위 38도선을 경계로 각각 남과 북을 점령하자 민족과 국토가 분할되는 비극을 맞게 되었다. 그리하여 남쪽에는 민주주의를 지향하는 대한 민국, 북쪽에는 공산주의를 내세우는 조선 민주주의 인민 공화국이 수립되었다. 북의 공산주의 세력은 한국을 무력으로 통합하기 위해 남침을 감행하였다. 미국과 중국 등도 참전한 이 전쟁은 자본주의와 공산주의의 대립을 세계적으로 확산시키는 결과를 가져왔다.

　3년에 걸친 전쟁 끝에 휴전 협정을 맺은 남북한은 전쟁의 상처를 극복하기 위해 총력을 기울였다. 그리하여 1970년대에는 남북 모두 극도의 빈곤에서 벗어나 어느 정도 경제 발전의 기반을 마련할 수 있었다. 남북한은 동서 냉전의 국제 정세 속에서 서로 우위를 차지하기 위해 경쟁과 대립을 되풀이하였다.

　한국은 1960년대 초반부터 경제 개발 5개년 계획을 잇달아 추진하여 눈부신 성과를 이룩하였다. 그리하여 현재까지 산업화와 도시화가 급속히 진전되고, 세계 상위권에 드는 경제 규모를 달성하게 되었다. 한국은 식민지로의 전락과 국토 분단이라는 약점을 극복하고 경제 발전을 이룩함으로써 제3세계의 발전 방식에 모범적인 사례를 보여 주었다.

　한국의 민주주의는 경제 발전을 우선하는 정책에 밀려 한때 큰 제약을 받기도 하였다. 그렇지만 학생과 시민이 치열하게 전개한 민주화 운동이 성공하여, 1990년대 이후 한국은

정치는 물론이고 일상 생활에서도 민주주의를 마음껏 누리게 되었다. 경제의 발전과
민주주의의 신장은 한국의 문화적 역량과 국제적 위상을 크게 높여 주었다. 그리하여 1988년
올림픽과 2002년 월드컵 축구 대회를 성공적으로 개최할 수 있었다.

　1990년대 이후 남북한은 동서 냉전의 완화 속에서 상호
대화와 협력을 적극적으로 시도하였다. 그리하여 남북 정상
회담과 철도 연결을 실현하기도 하였다. 동아시아의 국제
정세는 아직도 위험하고 불안한 요소를 많이 가지고 있다.
그렇지만 남북한은 일본을 비롯한 주변 여러 나라와 긴밀한
대화를 계속하면서 평화 공존과 평화 통일을 이룩하기 위해
노력하고 있다.

한국의 국기 태극기

1_ 광복을 맞았으나 남북으로 분단되다

광복과 분단　　　　1945년 8월 15일, 한국은 일본의 강점으로부터 해방되었다. 그렇지만 꿈에도 그리던 자주 독립 국가의 수립은 곧바로 실현되지 않았다. 미·소 양군이 일본군의 무장을 해제한다는 명목으로 북위 38 도선 이남과 이북에 진주했기 때문이었다. 이처럼 일본의 식민지 지배의 종말은 국토와 민족을 둘로 갈라 놓는 결과를 가져왔다.

남북의 지도자와 민중은 통일 국가를 수립하기 위해 여러 가지 노력을 기울였다. 그렇지만 자본주의와 공산주의를 대표하는 미·소 양국이 세력 확대를 둘러싸고 격렬하게 대립하자, 통일 국가의 수립은 시간이 지날수록 더 어려워졌다. 남북에서도 두 강대국에 기대어 서로 다른 국가를 세우려는 움직임이 각각 힘을 얻어 갔다. 그리하여 1948년 8월에 남쪽에서는 이승만李承晩을 대통령으로 하는 대한 민국이, 동년 9월에 북쪽에서는 김일성金日成을 수상으로 하는 조선 민주주의 인민 공화국이 수립되었다. 유엔은 대한 민국이 한반도에서 합법적으로 탄생한 유일한 국가라고 승인하였다.

광복의 기쁨 ● 시민들이 남대문통 일대에 모여 광복의 기쁨을 나누고 있다.

6·25 전쟁　　　　미소의 냉전冷戰이 격화되는 가운데 남북에 체제와 이념이 다른 두 국가가 수립되고, 인접 대륙에서 중화 인민 공화국이 탄생하자 한반도의 긴장은 높아만 갔다. 특히 북한에서 실권을 장악한 김일성 일파는 무력을 사용해서라도 한반도를 공산주의화 하려고 했다. 그들은 소련과 중국의 지원 아래 1950년 6월 25일, 남침을 감행하여 단시간에 서울을 차지하였다. 그리고 남으로 진격하여 부산과 제주도 일대를 제외한 전 지역을 점령하였다.

국제 연합 안전 보장 이사회(UNSC)는 북한을 침략자로 규정하고 16개국으로 편성된 연합군을 파견하여 반격에 나섰다. 1950년 9월 이후 한국군과 연합군은 북진을 계속하여 38 도선을 돌파하고 중국과의 국경선까지 수복하였다.

이 때 중국은 북한의 요청에 따라 대규모의 군대를 파견하였다. 그리하여 전쟁은 미국과 중국을 기축으로 하는 국제전으로 확대되어 일진일퇴를 거듭하게 되었다. 그 과정에서 수백만 명이 죽거나 다치고, 주택과 공장 등의 대부분이 파괴되어 나라 전체가 문자 그대로 초토화되었다.

한편 일본은 6·25 전쟁 기간에 미군에 물자를 공급하고 휴가 시설을 제공함으로써 막대한 돈을 벌었다. 그리하여 일본은 아시아·태평양 전쟁에서 패한 지 10년도 안 되어 폐허를 극복하고 고도 성장의 기틀을 마련하게 되었다.

6·25 전쟁의 경과

전후의 국내외 정세

3년여에 걸친 전쟁은 남북 분단의 현실을 타파하지 못한 채 1953년 7월 휴전으로 막을 내렸다. 그 결과, 남북한 상호간의 미움은 깊어지고 대립은 더욱 날카롭게 되었다. 이것을 이용하여 남한에서는 이승만이, 북한에서는 김일성이 자신의 권력 기반을 강화해 갔다.

남북한은 전쟁의 피해를 복구하기 위해 피땀어린 노력을 기울였다. 미·소 등은 남북에 막대한 원조를 하였다. 그리하여 한반도는 휴전선을 사이에 두고 수백 만의 군대가 대치하고, 자본주의 진영과 공산주의 진영이 날카롭게 대립하는 세계의 화약고로 변해 갔다. 오늘날 공산주의 진영의 붕괴로 동서 냉전이 완화되었음에도 불구하고 한반도가 긴장과 대립에서 벗어나지 못하고 있는 것은 6·25 전쟁의 후유증이 그만큼 깊다는 것을 말해 준다.

한국 전쟁의 특수로 일본에서는 전기 세탁기, 냉장고, 텔레비전이 신기(神器)라 불리며 날개 돋친 듯 팔렸다.

2 _ '한강의 기적' 을 이룩하다

폐허와 빈곤   광복과 함께 찾아온 남북 분단은 국민의 경제 생활을 무척 어렵게 만들었다. 더구나 그 후의 계속된 사회 불안과 남북 간의 전쟁은 국토와 산업 시설을 잿더미로 만들었다. 그리하여 한국은 세계에서 가장 가난한 나라로 손꼽히게 되었다. 1950년대의 이승만 정부는 미국의 원조를 받아 힘겹게 전후 복구 사업을 추진하였다. 그리하여 제분업, 방직업, 제당업 등의 소비재 공업이 눈에 띄게 발전하였다.

경제 개발   1960년 4월의 학생 혁명으로 수립된 장면張勉 정부는 경제 개발 계획과 국토 개발 사업을 추진하였다. 1961년 5월의 군사 정변으로 집권한 박정희朴正熙 정부도 이를 계승하여 수 차례의 경제 개발 5개년 계획을 추진하였다.

경제 개발의 방향은 국내 자원을 총동원하고 외국의 자본과 기술을 도입하여 수출을 늘리는 것이었다. 그리고 학교 교육과 산업 연수를 확대하여 기술자와 기능공을 많이 양성하였다. 한국인은 정부의 정책에 호응하여 세계의 시장과 공사장 등을 누비면서 밤낮 없이 열심히 일하였다. 또 새마을 운동을 추진하여 농촌을 개발하고 도시의 환경을 정비하였다. 그리하여 수출과 국민 소득은 눈에 띄게 증가하였다.

한국은 1970년대에 이르러 오랜 가난에서 벗어날 수 있었다. 세계는 한국이 단기간에 이룩한 경제 발전을 '한강의 기적' 이라고 칭찬하였다. 그렇지만 개발 위주의 경제 정책은 빈부 격차의 심화, 환경 오염, 전통적 가치관의 붕괴 등의 폐단을 낳기도 하였다.

국민 생활의 향상   한국 경제는 짧은 기간에 고도의 성장을 이룩하는 과정에서 몇 차례 위험한 고비를 맞았다. 한국 정부는 그때마다 중화학 공업 위주의 수출 정책을 밀고 나가 위기를 극복하였다. 그리하여 1990년대에 들어서는 의류 · 신발 등보다 철강 · 조선 · 자동차 · 반도체 등이 주요 수출품이 되었다. 그 결과 한국은 세계 10위권의 무역 규모를 가지게 되고, 1995년에는 경제 협력 개발 기구(OECD)에 가입하였다.

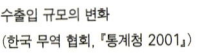

수출입 규모의 변화
(한국 무역 협회, 『통계청 2001』)

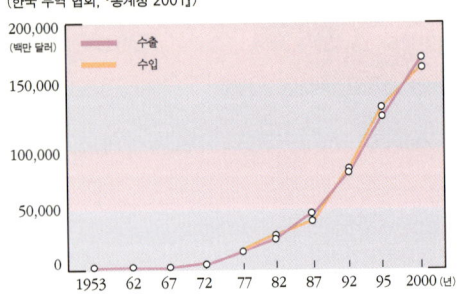

경제가 발전하면서 국민 생활도 전반적으로 향상돼 1980년대 말부터 서민들도 자가용을 보유하게 되었다. 그리하여 주말에는 가족과 여행을 하거나 외식을 즐기기 위해 나들이하는 자동차로 인해 전국의 도로가 몸살을 앓게 되었다. 그리고 90년대부터 한국에서는 견문을 넓히기 위해 외국 여행에 나서거나 자녀를 외국에 유학시키는 일이 흔해졌다.

IT 강국의 실현

한국 정부의 방만한 경제 운영과 한국인의 헤픈 씀씀이는 한때 한국 경제에 큰 위기를 불러왔다. 즉, 1990년대 말 아시아에 금융 위기가 닥치자 외화 보유고의 감소로 국제 통화 기금(IMF)의 관리를 받게 되었던 것이다.

첨단 IT기기의 사용

한국의 정부와 기업은 수출 증가와 구조 조정을 통해 외화를 벌어들이고 경제 체질을 강화하는 데 힘썼다. 국민들도 씀씀이를 줄이고 금붙이를 모아 외채外債를 갚는 데 힘을 보탰다. 이리하여 한국 경제는 2000년에 들어서서 국제 통화 기금의 관리에서 벗어날 수 있었다. 기업도 활력을 되찾아 철강·자동차·반도체·가전 제품·휴대폰·조선 등은 세계 시장에서 상당한 경쟁력을 갖추게 되었다. 특히 정보 통신 분야의 발전은 눈부신 바가 있어서, 한국은 세계에서도 손꼽히는 'IT(Information Technology) 강국'으로 부상하였다.

최근에는 우세한 자본과 기술을 바탕으로 한국의 기업들이 중국, 동남 아시아, 유럽 등에 진출하여 활동하고 있다.

한·일 간의 경제 관계

한국의 경제가 발전하는 데는 일본과의 활발한 교류가 긍정적으로 작용한 측면도 있었다. 한국은 한·일 국교 정상화(1965) 이후 일본에서 경제 협력 자금과 차관을 받아들였다. 그리고 기술과 노하우를 도입하여 경쟁력을 키워 나갔다. 소양강댐과 포항제철 등은 일본의 자본과 기술을 이용한 대표적 예였다.

한국 중공업의 중심이 된 울산 공업 단지

그렇지만 한·일 간의 경제 교류는 한국의 수입 초과와 일본의 수출 초과를 고정화시키는 결과를 가져왔다. 이것은 한국 경제가 일본의 기계와 중간재 등에 지나치게 의존하고 있기 때문이다. 최근 한국의 무역이 다변화하는 추세를 보이고 있지만, 일본에 대한 의존도는 아직도 높은 편이다.

3 _ 민주주의가 발전하다

4 · 19 혁명 당시 종로 거리를 메운 시민들＊

4 · 19 혁명

한국의 이승만 대통령은 1950년대에 북한의 위협으로부터 국가를 수호한다는 명분 아래 장기 집권을 시도하였다. 이에 학생을 비롯한 민중이 민주주의의 실현을 내걸고 항거하여 자유당 정권을 무너뜨렸다(4 · 19 혁명, 1960). 4 · 19 혁명으로 수립된 장면의 민주당 정권은 권위주의를 불식하고 민주주의를 정착시키기 위해 노력하였다. 그리고 단절된 남북간의 대화를 시도하였다. 그렇지만 박정희 장군이 주도한 군사 쿠데타에 의해 민주당 정권은 국민의 여망을 제대로 실현해 보지 못한 채 무너졌다(5 · 16 군사 정변, 1961).

5 · 18의 현장＊ 1980년 5월 18일에서 27일까지 전라남도 및 광주 시민들이 벌인 민주화 운동은 한국의 사회 운동이 지식인 중심에서 민중 중심으로 변화하는 계기가 되었다.

군사 독재

1963년, 군에서 전역한 박정희는 국민의 직접 선거를 통해 대통령에 당선되었다. 그가 이끄는 민주 공화당 정권은 1965년 일본과 국교를 정상화하고, 베트남 전쟁에 파병하는 등 미국을 주축으로 하는 서방 진영과 유대를 강화하였다. 그리고 1970년대에 들어서서 베트남이 공산주의로 통일되고 미국과 일본이 중국과 수교 교섭을 하는 등 국제 정세가 급격히 변하자, 국가 비상 사태를 선포하고 장기 집권을 위한 헌법을 개정하였다. 그리고 민주 인사를 탄압하며 독재 체제를 강화했다(10월 유신十月維新, 1972).

민주화 운동

학생, 지식인, 종교계, 야당 등은 민중과 연계하여 유신 체제에 집요하게 저항하였다. 1979년 10월 박정희의 사망으로 민주주의가 실현될 수 있는 기회를 맞았으나, 전두환全斗煥 등의 신군부 세력이 민주화의 움직임을 제압하고 다시 정권을 잡았다. 이에 대항하여 광주光州와 전라남도 시민이 봉기하자, 그는 군대를 동원하여 이를 탄압하였다. 그 과정에서 많은 사람들이 목숨을 잃거나 부상을 당하였다.(광주 민주 항쟁, 1980. 5). 그럼에도 불구하고 학생을 비롯한 민중은 치열하게 민주화 운동을 전개하였다. 그 결과 헌법이 개정되어 10월 유신 아래 폐지되었던 대통령 직선제가 부활되었다(1987. 6).

오랜 민주화 투쟁을 거치면서 국민의 민주 의식은 더욱 성장하였다. 그리하여 1990년대 이후로는 김영삼金泳三, 김대중金大中, 노무현盧武鉉, 이명박李明博이 연이어 대통령에 당선되어 여·야의 평화적 정권 교체가 뿌리를 내렸다.

세대 교체   한국이 그동안 선거에 의해 수 차례 정권이 교체되었다 하더라도 민주주의가 정치와 생활의 내면에까지 뿌리를 내린 것은 아니었다. 대통령에게 권력이 집중됨으로써 정권을 차지하기 위한 여·야의 싸움이 치열해지고, 지역간·계층간의 갈등도 심화되었다. 정치와 행정의 부정부패도 사라지지 않았다. 그리하여 정치와 행정에 대한 국민의 실망과 불신이 깊어지는 경향마저 나타났고, 그 결과 2002년 12월의 선거에서는 비교적 젊은 세대인 노무현盧武鉉을 대통령으로 뽑았다. 그렇지만 기대했던 바와 달리 경제 상황이 더 악화되었으므로, 2007년 선거에서는 경제 대통령을 자임하고 나선 이명박李明博을 대통령으로 뽑았다.

오늘의 한국인은 아시아에서 유례를 찾기 어려울 정도로 정치적 민주주의와 생활의 자유를 누리고 있다. 이것은 한국인이 스스로 싸워서 얻어 낸 것으로서, 경제에서 이룩한 '한강의 기적' 못지않게 훌륭한 성취라고 할 수 있다. 그렇지만 남북 분단의 어려운 조건 속에서 한국이 지역간·세대간·계층간·사상간 차이를 극복하고 진정한 자유 민주주의를 실현하기까지는 아직도 갈길이 멀다고 할 수 있다.

대한 민국 초대 헌법 전문   "유구한 역사와 전통에 빛나는 우리들 대한 국민은 기미 3·1운동으로 대한민국을 건립하여 세계에 선포한 위대한 독립정신을 계승하여 이제 민주 독립 국가를 재건함에 있어서 정의, 인도와 동포애로써 민족의 단결을 공고히 하며 모든 사회적 폐습을 타파하고 민주주의 제諸 제도를 수립하여 정치, 경제, 사회, 문화의 모든 영역에 있어서 각인의 기회를 균등히 하고 능력을 최고조로 발휘케 하며 각인의 책임과 의무를 완수케 하여, 안으로는 국민생활의 균등한 향상을 기하고 밖으로는 항구적인 국제평화의 유지에 노력하여 우리들과 우리들의 자손의 안전과 자유와 행복을 영원히 확보할 것을 결의하고, 우리들의 정당 또 자유로이 선거된 대표로써 구성된 국회에서 단기 4281년 7월 12일 이 헌법을 제정한다."

* 대한 민국은 1948년 8월 15일 이승만을 초대 대통령으로 하여 수립되었다. 7월 17일에 공포된 이 헌법은 대통령 중심제의 민주 공화국과 사유 재산제를 기초로 하는 자본주의 체제를 골격으로 하고 있다. 이 헌법은 그 후 9차례에 걸쳐 개정되었으나, 전문에서 규정하고 있는 기본 이념에는 변함이 없다.

4 _ 가족 규모가 줄고 도시 인구가 늘다

의식과 생활의 변화

광복 이후 50여 년이 지나는 동안 한국 사회는 크게 변하였다. 경제가 발전하고 문화가 향상됨에 따라 국민의 의식과 생활에 큰 변화가 나타났다. 전통적 가치 의식이나 생활 양식이 서서히 사라지고, 새로운 사고 방식과 생활 방식이 널리 퍼져 갔다. 한국과 세계의 교류가 넓고 깊어짐에 따라 외국 문화의 수용도 무척 활발해졌다.

핵가족화

오늘날 한국에서는 3~4세대가 함께 모여 살던 전통적 가족 제도를 거의 찾아볼 수 없게 되었다. 그리하여 부모와 자녀가 한 가족을 이루어 사는 핵가족核家族이 사회 구성원의 대부분을 이루고 있다.

1960년대 이후 산업화가 진전되어 농촌의 젊은 노동력이 대거 도시로 빠져나가 독립 세대獨立世代를 이루게 되자, 유교적 색채가 짙었던 대가족 사회는 더 이상 유지할 수 없게 되었다. 그리하여 오늘날의 한국은 부부 혹은 부부와 자녀 3~4명이 한 세대를 이루는 핵가족이 사회의 대세를 차지하고 있다.

도시화

광복 당시만 하더라도 한국은 도시 인구가 20% 정도에 불과한 전형적인 농업 사회였다. 그렇지만 1960년대 이후 산업화가 추진됨에 따라 농업 인구는 해마다 눈에 띄게 줄어들었다. 이들은 대부분 서울 등의 대도시로 이주하거나, 울산 등의 신흥 공업 도시로 몰려들었다. 그리하여 도시 인구는 급속히 팽창한 반면 농촌 인구는 감소하여 도시와 농촌의 불균등이 심화되었다.

오늘날, 한국의 인구는 80% 이상이 도시에 집중되어 있다. 이에 따라 도시의 주택난과 교통난, 그리고 공기 오염 등이 커다란 사회 문제로 등장하였다. 반면에, 농촌에는 젊은이가 별로 없어 심각한 일손 부족 현상을 빚고 있다. 게다가, 홀로 사는 노인의 수가 늘어나 또 다른 사회 문제가 되고 있다.

인구의 도시 집중을 보여 주는 도시의 고층 아파트 숲*

고령화

경제 발전으로 의식주의 생활이 개선되고, 보건 의료의 혜택이 널리 퍼지자, 한국인의 기대 수명은 2011년 현재 남자 77.2세, 여자 84.1세로 늘어났다. 반면에, 경제 개발 정책의 일환으로 추진해 온 산아 제한이 기대 이상의 효과를 발휘하여 합계출산율(여성 1명이 평생 낳을 것으로 예상되는 평균 출생아수)이 2011년 현재 1.24명으로 급속히 감소함으로써, 인구 정책에 대한 재검토의 요구가 일고 있다.

구분	2000년	2002년	2019년	2026년
남자 평균 수명(세)	72.1	74.4	77.5	78.0
여자 평균 수명(세)	79.5	81.2	84.1	84.5
노인 인구 수(천 명)	3,395	3,969	7,034	10,113
65세 이상 인구구성비(%)	7.2	8.3	14.4	20.0
노인 부양비(%)	10.1	11.6	20.2	29.7

노인 인구의 양적 변화
(통계청, 「장례 인구 추계」, 2001)

평균 수명의 증가와 출산율의 감소는 필연적으로 고령화 사회高齡化社會를 가져오게 마련이다. 한국은 이미 2000년에 65세 이상의 노인이 전체 인구의 7.2%에 이르러 고령화 사회에 접어들었다.

외국 이주

지금 외국에 거주하고 있는 한국계 사람들은 줄잡아 5백만 명을 웃돌고 있다. 이들 중에는 광복 이전에 해외로 이주한 채 돌아오지 않고 남아 있는 사람들도 있지만, 태반은 광복 이후 자신의 꿈을 실현하기 위해 한국을 떠난 사람들이다.

외국에 거주하는 한국인들은 경제뿐만 아니라 과학, 음악, 스포츠 등의 분야에서 세계적 명성을 얻고 있는 경우도 많다. 그들은 한국인의 자아 의식을 유지하면서 각 방면에서 슬기를 발휘하여 인류 문화의 발전에 공헌하고 있는 국제인이라고 할 수 있다.

여가 생활

경제의 발전으로 가계에 여유가 생기고 노동 시간의 단축으로 휴식 시간이 늘어나자, 국민들은 다양한 방법으로 여가를 즐길 수 있게 되었다. 도시에는 박물관, 미술관뿐만 아니라 대규모의 스포츠 시설이 만들어지고, 근교에는 각종 테마 파크와 할인 매장이 들어섰다. 그리고 전국에서는 문화 유적지가 정비되고 관광 유원지가 개발되었다.

주차장을 가득 메운 자가용 행렬

자가용 승용차의 보급은 여가의 즐김을 전국으로 확산시키는 계기가 되었다. 2002년 현재, 전국의 자가용 승용차는 천만 대를 돌파하였다. 그리하여 휴일이면 전국의 도로망은 가족 단위의 나들이객을 태운 자가용으로 넘쳐나게 되었다. 주 5일제 근무가 전반적으로 확산된 최근에는 이런 경향이 더욱 두드러지고 있다.

5 _ 문화 역량이 증대되다

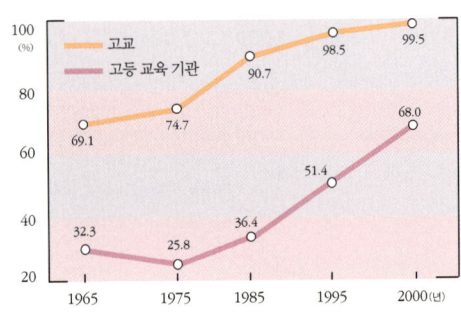

상급 학교 진학률
(한국 교육 개발원, 『간추린 교육 통계』)

교육 광복 당시 한국의 초등 학교 취학률은 50%, 그리고 중등 학교의 그것은 2% 정도에 불과하였다. 50여 년이 지난 지금 한국의 초·중등 학교의 취학률은 거의 100%에 육박하고 있다. 각종 대학의 입학 정원조차도 고등 학교 졸업생 수를 초과하여, 대학 교육이 이제는 대중 교육이 되어버렸다. 이처럼 한국의 교육열은 세계 어느 나라에 비해도 뒤떨어지지 않는다고 볼 수 있다.

한국의 학교 교육이 이렇게 급속히 팽창한 것은 한국인이 교육을 중시해 온 전통 이외에, 교육이 직업을 선택하고 생활을 향상시키는 데 좋은 수단이 되었기 때문이다. 경제 발전을 이룩하기 위해서는 높은 학력을 갖춘 양질의 노동력이 많이 필요하였다. 그러므로 국가도 교육의 확충에 큰 힘을 기울였다. 그렇지만 오래전부터 교육을 둘러싸고 벌어져 온 과도한 경쟁과 교육비 지출은 심각한 사회 문제로 부각되고 있다.

전통 문화와 대중 문화 한국의 급속한 근대화는 서구 문화에 대한 집착을 가져왔다. 그리하여 한국의 전통 문화는 한때 위기를 맞기도 하였다. 그렇지만, 경제의 발전으로 생활과 마음에 여유가 생기게 되자 전통 문화의 계승과 복원에 관심을 가지게 되었다. 그리하여 전통적인 음악, 미술, 공예, 놀이 등이 널리 부활하여, 외국인들로부터도 찬사를 받기에 이르렀다.

문화재와 유적지도 대대적으로 정비되었다. 이와 함께 전통 문화에 대한 관심도 민중에게까지 널리 퍼졌다. 1980년대 이후 자가용 승용차가 널리 보급되자, 가족 단위로 전국의 문화재와 경승지를 찾는 것이 붐을 이뤘다. 중요 문화재의 해외 전시도 자주 이루어져, 외국인이 한국의 전통 문화를 감상할 수 있는 기회도 많아졌다.

한국 사회가 정치적, 경제적으로 평등해지면서 문화의 대중화 현상이 급속히 확산되었다. 게다가 외국과의 교류가 활발해지자, 한국의 대중 문화는 세계의 조류와 흐름을 같이 하게 되었다. 그런 가운데서 한국의 영화, 음악 등이 세계 속으로 파고드는 현상도 나타났다. 90년대 말에 중국, 동남아시아 등에서 국지적으로 나타났던 '한류韓流' 열풍은 2010년

백제의 옛 고도인 충남 공주에서 열린 백제 문화제

대로 접어들면서 전 세계로 확산되는 경향을 보이고 있다.

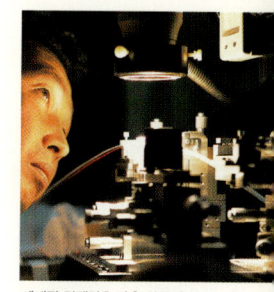

세계적 경쟁력을 갖춘 한국의 반도체 실험실*

◯ 음악과 미술, 과학 기술

한국인 중에는 서양의 음악과 미술에서도 두각을 나타내는 사람이 많다. 한국의 젊은이들이 성악뿐 아니라 피아노, 바이올린, 첼로 등의 세계적 콩쿠르에서 상위로 입상하는 일은 드물지 않다. 그리고 회화를 비롯하여 비디오 아트 등의 첨단 예술에 도전하는 사람들도 많다. 이들 중에는 세계적으로 유명한 연주자, 지휘자, 아티스트로 성장하여 세계를 무대로 삼아 활약하는 경우도 있다.

광복 당시만 하더라도 한국인 과학 기술자는 손꼽을 정도에 불과하였다. 한국 정부는 그 후 과학 기술의 발전에 온 힘을 기울여, 이제는 세계적으로도 유명한 과학 기술 단지를 가지게 되었다. 오늘날 한국은 반도체, 철강, 조선, 자동차 등의 분야에서 선진 대열에 낄 수 있을 만큼의 경쟁력을 갖추고 있다. 이것은 과학 기술의 뒷받침이 없으면 안 되는 일이다.

◯ 국제 교류 및 행사

한국의 경제 발전과 민주주의의 성취는 서울 올림픽(1988)과 한·일 월드컵(2002)에서 발휘되었다. 서울 올림픽은 동서 냉전이 막바지에 이른 시점에서 사상 최대 규모로 개최되었다. 그리고 한·일 월드컵은 한국과 일본이 공동으로 주최하여, 오랜 반목과 대립을 극복하고 두 나라가 협력할 수 있음을 세계에 보여 주었다. 한국은 두 국제 대회에서 각각 4위에 입상하여 스포츠 강국임을 보여 주었다. 그리고 강원도 평창이 2018년 동계올림픽을 유치하여, 성공적인 개최를 위해 노력하고 있다.

2002 한·일 월드컵 공식 마스코트

오늘날 세계 어디를 가든지 한국인을 만나지 않는 곳은 없다. 2010년 통계를 보면 한 해에 일본을 방문한 한국인이 2백 4십만 명을 넘어섰고, 전 세계를 합쳐 1천 2백만 명을 넘는 한국인이 해외로 출국하였다. 그리고 그 이상의 외국인이 한국을 방문한다. 한국이 해외 여행의 자유를 허용한 것이 1980년대 중반인 점을 감안하면, 국제 교류가 폭발적으로 증가했음을 알 수 있다. 여행뿐만 아니라, 국제 회의, 스포츠, 문화 예술, 유학, 평화 유지군 등의 각 분야에서도 국제 교류가 빈번해지고 있다. 한국인은 이러한 교류를 통해 인류의 번영과 발전에 기여하는 국제인으로 성장해 간다고 할 수 있다.

2002 한·일 월드컵 때 시청앞에 모인 시민들

6 _ 남·북한이 교섭하며 갈등하다

제2차 남북 적십자 회담(1972년) *

냉전 속의 남북 관계

제2차 세계 대전의 종결 과정에서 미·소의 분할 점령으로 남북으로 분단된 한반도는, 아직도 냉전 체제가 지속되고 있는 긴장 지역이다. 지난 50여 년 동안 남북한은 자본주의 진영과 공산주의 진영의 전초 기지로서, 자신의 체제를 수호하고 전파하기 위해 경쟁을 되풀이해 왔다.

6·25 전쟁(1950. 6~1953. 7)으로 심화된 남북한의 반목과 대결은 오랜 기간 동안 완화되지 않았다. 동서 양 진영의 냉전은 이런 상황을 더욱 굳게 만들었다. 그리하여 남북한 사이에는 크고 작은 충돌이 빈발하였다. 심지어는 북한의 군대가 서울의 대통령 관저를 습격하기 위해 남파되는 사건까지 발생하였다(1968). 이렇게 험악한 상황에서도 남북한은 결국 평화 공존을 위한 길을 모색할 수밖에 없었다. 그리하여 가끔 남북 대화를 시도하기도 하였다.

북한의 변모

북한은 1950년대 중반부터 대대적으로 전후 복구 사업을 추진하였다. 그리고 소련, 중국, 동구의 사회주의 국가들로부터 많은 원조를 받아 산업 시설의 현대화를 꾀하였다. 그리하여 1960년대 중반에는 경제 발전이 상당한 수준에까지 이르렀다. 그렇지만 격화되는 동서 냉전 체제 속에서 살아남기 위해 해마다 과도한 군사비를 지출하게 되고, 경직된 사회주의 계획 경제의 고집으로 경제 상황이 악화되어 국민 생활이 점차 어려워지게 되었다. 1980년대 이후에는 경제 성장이 정체되고 식량마저 부족하게 되는 현상이 일어났다. 특히 1990년대에 들어서서 소련을 비롯한 사회주의권이 몰락하자, 북한은 세계에서 경제적으로 뿐만 아니라 외교적으로도 고립되는 상황에 놓였다. 북한은 이러한 위기를 극복하기 위해 김일성과 김정일로 이어지는 유일 체제를 강화하고 신무기를 개발하는 등 군사 강국의 길로 내달았다.

남북 대화의 시도

1970년대에 들어서서 남북의 대결과 갈등의 상황에 변화가 일어났다. 동서 냉전이 붕괴되는 국제 정세를 이용하여 남북한도 소모적인 대결을 지양하고 화해를 이룩하기 위한 대화가 재개된 것이다. 그리하여

1972년에는 남북 정상의 지시로 평화적 공존을 천명하는 합의서가
발표되었다. 그리고 몇몇의 이산 가족이 잠시나마 만날 수 있도록
주선하였다.

이산 가족 상봉(2000) *

　그 후에도 북한이 남한의 대통령을 암살하려 한다거나(1982) 여
객기를 폭파하여(1987), 남북한 사이에는 자주 긴장과 대립이 고조
되었다. 그러나 이런 일도 궁극적으로는 대화와 교류의 물줄기를
거역할 수는 없었다.

　1990년대 초반 유럽 공산주의 국가의 몰락으로 냉전 체제가 붕괴되자, 한반도에도 긴
장 완화의 분위기가 조성되었다. 남북한은 상대방의 체제를 인정하고 평화적 통일을 위
해 교류와 협력을 계속한다는 기본 합의서를 채택하고, 국제 연합(UN)을 비롯한 국제 기
구에도 함께 가입하였다(1991). 또한 경제와 체육 등에서 교류와 협력의 폭을 넓혀 갔다.
그러나 북한의 핵 개발 의혹과 김일성의 사망 등으로 한때 주춤해지기도 했다(1994).

교류 협력의 확대

6 · 15 남북 정상 회담(2000) *

　1990년대 후반에 들어서 김대
중 정권은 경제적 지원을 지렛대
로 삼아 북한을 포용하는 정책을 추진하였다. 심각한 경제 위
기에 직면한 북한도 남한의 협력을 받아들여 남북의 대화와
교류는 급격하게 확대되었다. 남한은 북한에 대해 거액에 달
하는 식량, 비료, 현금 등을 제공하였다. 이러한 유화 정책이
효과를 발휘하여 남북 이산 가족의 만남이 자주 이루어지고,
국제 경기에서는 남북 선수가 한반도기(韓半島旗)를 들고 함께 입장하는 등 화해의 분위기도
형성되었다.

　또, 한국인이 북한의 금강산을 관광하는 등 사람의 왕래도 큰 폭으로 늘어났다. 남북의
지도자 김대중, 김정일이 정상 회담을 개최한 것은(2000) 남북 관계의 새로운 진전을 상징
하는 사건이었다. 노무현 정권에서도 남북의 교류가 계속되어 경제 협력과 이산가족의 상
봉이 이어지고, 정상 회담도 개최되었다(2007). 노무현 대통령은 남한의 국가 원수로서는
처음으로 걸어서 군사분계선을 넘어 회담 장소인 평양으로 향하였다.

남북한의 갈등

이명박 정권이 들어선 후, 금강산에 갔던 남한의 관광객이 북한군에 의해 피격 사망한 사건을 계기로 남북 관계가 급격히 경색되었다(2008). 북한은 체제의 안정과 유지를 위해 핵무기의 개발이 불가피하다고 여기고, 남한은 북한이 핵무기 개발을 포기하지 않는 한 경제 협력은 물론 어떠한 접촉도 무의미하다고 생각하며 서로 엇나갔다. 그리하여 상호 감정이 격화되는 가운데, 2009년에는 서해의 대청도大靑島 인근 해역에서 북한의 도발로 교전하는 사건이 일어났다. 그리고 2010년에는 북한이 남한의 천안함天安艦을 격침하고 연평도延坪島를 포격하였다. 북한에서 김정일의 사망 후 김정은이 권력을 승계함에 따라(2011), 3대 세습 체제가 안정될 때까지 남북 관계의 개선은 당분간 어려울 것으로 전망되고 있다.

국제 사회의 신뢰와 협조

남북한이 교류하기도 하고, 충돌하기도 하면서 갈등하고 있지만, 본디 하나의 나라요 민족이므로 모든 일은 다 통일을 향한 과정이라고 할 수 있다. 그러나 남북한이 과연 통일을 이룰지는 아직 아무도 예측할 수 없다. 북한에는 체제를 수호하기 위해 남한과의 교류를 경계하는 세력이 존재하고, 남한에는 북한에 대한 일방적 경제 지원에 불만을 표시하는 소리도 높다. 또, 북한이 경제 위기 속에서도 핵무기와 미사일 개발을 강행하고 있는데 대한 국제 사회의 우려와 압박도 강화되고 있다. 앞으로 남북한이 대화와 교류를 지속하여 화해와 통일을 이룩하기 위해서는 국내외의 신뢰와 협조를 획득하는 데 더욱 힘을 쏟아야 할 것이다.

2006년 도하 아시안게임
남·북한 선수단 동시 입장 장면

2부

한국과 일본의 문화 교류

조선 통신사 행렬도

문화 교류의 역사를 바르게 이해하자

어느 민족, 어느 나라를 막론하고 형태는 다르지만 그 나름의 문화를 가지고 있다. 문화를 계속 발전시키기 위해서는 옛 사람들로부터 물려받은 전통 문화를 바탕으로 여기에 민족적 창조의 슬기를 더하는 노력을 끊임없이 기울여야 한다. 또, 이질 문화를 진취적으로 받아들여 이를 소화·섭취함으로써 자기 것으로 만드는 능력을 발휘해야 한다. 자기 문화만을 고집할 때에는 발전에 한계가 있으며, 때로는 퇴행·쇠락할 수도 있다.

이질 문화는 밖으로부터 전해지기도 하고 안에서 구하기도 하는 두 가지 모습으로 수용된다. 이웃하고 살아온 민족끼리는 예부터 지금까지 서로 알게 모르게, 여러 모습으로 문화를 주고받으며 살아왔다. 앞으로도 계속 이웃하고 살아야 하는 지리적 숙명성을 지닌 한·일 두 나라 국민은, 국제화의 추세가 더욱 항진되는 현대 세계와 지구촌 시대의 미래를 함께 살아 가기 위해, 지난날의 역사에서 귀한 삶의 교훈을 터득하고, 앞날의 역사를 같이할 동반자로서 서로 믿음을 쌓아 나가야 한다.

인간은 한 곳에서만 살아온 것이 아니다. 필요에 따라 개인적으로 이주하기도 하고, 집단적으로 이동하며 살아왔다. 이러한 인간의 이동은 문화의 전파를 동반하였다. 즉, 인간은 그들이 지닌 기술과 문화를 새로 옮겨 간 지역으로 전파하며, 그 지역의 선주 토착민 사회는 이주민이 소개한 기술과 문화를 받아들여 자기 것으로 소화하고 자기의 슬기를 더하는 창조적 노력을 기울여 새로운 발전을 추진해 왔다. 산 넘고 바다 건너 이동하는 인간의 흐름은 이미 선사 시대부터 우리가 상상하는 것보다 훨씬 더 다양한 모습으로 전개되어 왔다. 좁은 해협 하나를 사이에 두고 살아온 한·일 두 나라 간에도 아득한 옛날부터 인간의 이동이 있었으며, 그에 따른 문화의 전파와 교류가 있었다.

여기에 그 역사를 간략하게나마 정리하여 따로 하나의 편목으로 묶는다. 이를 통해 한국인은 일본과의 관계가 매우 오래되고 돈독하였음을 알고, 또 일본인은 한국을 잘 이해하여 친근하게 여기고 서로 도우려는 마음을 갖게 되길 바란다. 두 나라 사이에 펼쳐진 상호 교류와 유대의 역사를 올바로 파악하고, 그 토대 위에서 서로 존중하며 진실한 마음으로 대하는 국가와 국민이 되어 세계의 발전에 공헌하는 것이 선사시대부터 지금까지 이어온 친교와 믿음의 역사 및 전통을 올바로 계승하는 길이다.

1 원시시대, 동북아 대륙과 일본 열도의 문화 교류

1 _ 육지와 해양을 통해 문화 교류가 진전되다

◯ **한반도의 교류사적 위치**

흔히, 아시아 대륙과 일본 열도 사이에 자리잡고 있는 한반도가 '문화 교류의 교량적 역할'을 해 왔다고 들 한다. 그러나 이 말은 역사적으로 오해를 불러일으키기 쉬운 표현이다.

교량은 인간이 건너다니는 다리일 뿐, 그 위에 사는 사람은 없다. 한반도는 옛날부터 한국인이 살아왔고, 독특한 문화를 발전시켜 온 역사 전개의 무대이다. 따라서, 한반도가 대륙 문화를 일본 열도로 전달하는 교량의 구실을 해 왔다는 표현은 자칫 한반도에 살아온 한국인의 존재와 그 역사를 망각하는 잘못된 역사 인식을 키울 수 있다.

대륙 문화가 한반도에 전승되자마자 곧바로 일본 열도로 전달된 것은 아니다. 그것은 한반도에 수용된 후, 한반도의 주인공인 한국인에 의해 한국적으로 소화되고 변형된 모습으로 일본 열도로 흘러갔다. 대륙의 문화만이 아니라, 한반도에 산 한국인들이 창조적 활동에 의해 형성한 개성적인 한국 문화도 일본으로 전해졌다.

◯ **열린 해상의 길**

지질학자들은 1만5천 년 전까지 일본 열도가 대륙과 육지로 연결된 땅이었고, 동해는 큰 호수였다고 한다. 그 시절에 산 사람들의 문화를 구석기 문화라 한다. 오늘날 구석기 시대의 문화 유적은 한반도와 일본 열도 곳곳에서 발굴되어 양국 구석기인들의 생활을 알려 주고 있다. 그 후, 지구의 기후 환경이 변화함에 따라 지구 전체의 해면 수위가 높아지면서 일본 열도가 생겨나고 한반도가 형성되었다. 한·일 두 나라의 조상들은 그들이 사는 자연 조건의 차이에 따라 각기 다른 역사를 전개하게 되었으며, 두 민족이 이룩한 문화에도 조금씩 차이가 생기게 되었다. 바다를 사이에 두고 살게 된 두 지역 사이에는 신석기 시대에도 인간의 왕래가 이어졌다. 각기 다른 역사적 삶을 살면서도, 두 지역이 분리된 후에 생겨난 쓰시마 섬對馬島, 이키 섬壹岐島을 디딤돌로 삼고 해류를 이용하여 통나무 배로 왕래하였다. 이 사실은 양국에서 출토되는 그 시대의 유물을 통해 증명되고 있다.

2 _ 선사 문화가 교류하고 벼농사를 전하다

(위)빗살무늬토기*
(아래)조몬토기*

빗살무늬토기와 조몬토기

한반도와 일본 열도가 형성된 후 신석기 시대의 역사가 열리면서, 한반도에서는 빗살무늬토기 문화가, 일본 열도에서는 조몬토기繩文土器 문화가 각각 발달하였다. 이 시기 두 지역 사람들의 주된 생활 기반은 수렵, 어로와 식물 채집을 중심으로 하는 채집 경제에서 점차 벗어나 일부에서는 농경도 시작되고 있었다.

일본의 규슈九州에서는 한반도의 빗살무늬토기가 여러 곳에서 발굴되고 있다. 한편 한반도 남해안 지역에서는 일본의 조몬토기나 일본산 흑요석黑曜石과 이것을 재료로 하여 제작된 화살촉, 어구들이 출토된다. 이러한 출토품들을 통해서 두 지역 사이에 왕래가 있었다는 것을 알 수 있다.

벼농사의 흐름

벼농사는, 기원전 2천 년경의 탄화된 볍씨가 한강 하류 지역에서 발견되었지만, 일반적으로는 중국에서 황해를 건너 한반도로 전해졌으며, 그로부터 약 2세기 후 규슈 북부 지역으로 전해졌다고 알려져 있다. 일본 여러 곳에서 한반도의 것과 같은 숯이 된 볍씨가 출토되고, 벼의 수확 기구인 돌칼이 발견되어 이런 사실을 입증하고 있다. 벼농사가 동부 일본으로 전해진 것은 조몬 시대 말기의 일이라고 하나, 혼슈本州 서부 지방에까지 벼농사가 보급된 것은 야요이 시대彌生時代에 들어와서의 일이었다. 이 때부터 쌀을 주식으로 하는 새로운 문화가 시작되었다.

야요이 문화

벼농사가 동부 일본으로 보급되는 기원전 3세기경, 일본에서는 야요이 시대의 역사가 열렸다. 한반도의 무늬없는토기 시대와 관계되는 청동제의 무기류인 동검銅劍, 동과銅戈, 동모銅鉾와 잔무늬거울細紋鏡 같은 청동기 문화 및 철기 문화가 전해졌다. 또, 청동기와 철기의 제조 기술이 전해졌다. 이러한 유물들은 규슈와 서부 혼슈 각지에서 발견되고 있어 기원전 3세기에서 기원 후 3세기에 걸친 야요이 시대에 양국 사이의 문화 교류가 이루어졌다는 것을 입증하고 있다.

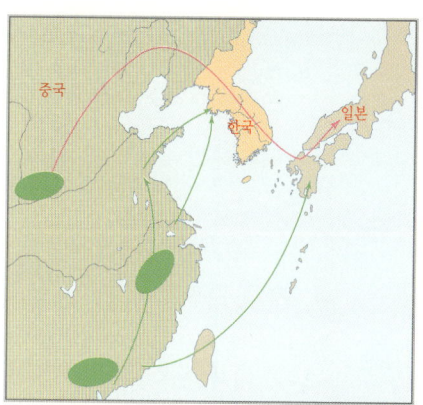

벼농사의 전래 루트* 여러 설이 있으나 한반도를 거쳐 서부 일본으로 전해졌다는 것이 통설이다.

삼국에서 일본 열도로 향한 사람들, 그리고 문화

1 _ 삼국이 '왜'와 교류하다

정치 생활의 변화

쌀농사와 금속기 문화를 수용한 기타큐슈北九州에서는 야요이 시대 중기 이후로 각지에 농업 공동체가 형성되고, 나아가 농업을 기축으로 농업 공동체의 통합이 진전되어 여러 곳에 소규모의 국가가 생겨나게 되었다. 청동기와 철기 등 금속기 사용이 보편화되면서 이들 소국가 사이에는 투쟁이 격화되고 통합이 진행되었다. 이러한 추세 속에서 주위의 여러 작은 나라를 지배하게 된 '왜倭'가 등장하였다. 왜는 4세기에 들어 고대 국가 일본으로 발전하는 정치적 모체였다.

야마토 정권과 한반도

일본의 야요이 시대에 한반도에서는 그동안의 고조선 역사가 끝나고, 중국 동북부와 한반도 일대에 여러 나라가 들어서 경쟁하는 새로운 역사가 전개되었다. 고조선의 유민들이 일부는 그대로 남아 그들의 땅을 지배하게 된 한 군현 세력에 대항하고, 일부는 멀리 한반도 남부로 이주하여 각기 새 나라를 세운 것이다. 이들 여러 나라는, 압록강 유역에서 일어난 고구려와 한강 하류 지역에서 일어난 백제, 한반도 동남부 일대를 무대로 등장한 신라 등 삼국에 의해 통합되어, 삼국이 서로 각축하는 형세를 이뤘다. 낙동강 중·하류 지역에서는 가야 연맹이 일어났으나, 가야 연맹은 중앙 집권 국가로 발전하지 못하고 일찍 신라에 병합되고 말았다.

중국 고대의 역사 기록에 의하면, 왜의 국왕이 중국에 사신을 보내 왜왕으로서 인수印綬(금인金印)를 받았고 조공을 바쳤다는 기록이 보이나, 이에 수반하여 일본이 중국과 직접적인 문화 교류 활동을 벌인 것은 아니었다. 이 시기에 왜는 선진 문명을 한반도로부터 받아들이고 있었던 것으로 나타난다.

왜, 야마토, 일본

'왜'는 고대인들이 일본을 부르던 호칭이다. 한국인과 중국인은 물론 일본인 스스로도 이를 국호로 사용하였다. 이를테면 5세기에, 왜의 다섯 왕이 '왜왕'을 자칭하고 중국에 사신을 보내 상소를 올린 일이 있다. '왜'의 한자 훈訓이 '야마토'이므로, 시대가 흐름에 따라 같은 소리가 나는 한자 '邪馬台' 또는 '大和'로도 표기하게 되었다. '일본'이라는 국호는 702년에 당으로 사신을 파견할 때 처음 사용하기 시작한 것으로 알려져 있으나, 『삼국사기三國史記』에는 신라 문무왕 10년(670) 12월에 왜국이 나라 이름을 일본으로 고쳤으며, 스스로 해가 뜨는 곳에 가까우므로 이렇게 고친다고 했다고 기록되어 있다.

2 _ 일본 열도로 집단을 이루어 이주하다

○ 한반도의 정치적 격동과 야마토 사회　야요이 시대에 뒤이어 3세기 말에서 7세기경까지 일본에서는 '고분 시대古墳時代'의 역사가 전개된다. 나라奈良 지방의 야마토가 집권력을 강화하며 율령 국가律令國家로 발전하던 시대였다.

이 때는 한반도에서 왕조 국가로 기초를 굳힌 고구려·백제·신라 삼국과 남부의 가야 연맹이 한반도의 패권을 두고 격렬한 투쟁을 전개하며, 각기 특색 있는 문화를 발달시키던 시대에 해당한다. 한편, 야마토 세력이 선진 문화와 철 자원을 획득하고자 한반도로 진출을 꾀하여 군사적 충돌을 자주 일으켰던 때이기도 하다. 정치 정세가 계속 격동함에 따라 한韓민족 중에는 안전과 평화를 얻고자 바다 건너 일본으로 집단 이동하는 사람들이 생겨났다. 이러한 이동은 한반도의 정치 정세의 향방과 관계되어 3단계로 파도치듯 진전되었다.

일본으로 건너가는 이주민

한반도에서 일본 땅으로 이주한 사람들을 일본에서는 '도라이진渡來人'이라고 표현하고 있다. 도라이진은 바다를 건너 이주해 온 사람이라는 일본 측의 역사 용어지만, 그들은 바로 거듭되는 전란으로 닥치는 위험과 고난을 피해 한반도에서 바다 건너 일본땅으로 이주한 도항 이주민渡航移住民들이었다.

5세기 중엽 이후의 도항 이주민들은, 한반도의 정치 정세 변동과 관계되어 수차에 걸쳐 집단적으로 바다를 건너 일본으로 들어간 이주민이었다는 점에서 그에 앞선 야요이 시대에 일본으로 건너간 이주민들과 구분된다.

고대 한인 도항 이주의 파동

일본으로의 집단적 도항 이주는 3단계로 진행되었다. 제1파동은 5세기 전반 고구려의 남진 정책에 따라 심한 군사적 압력을 받게 된 백제, 신라, 가야 등 한반도 남부 지방민들의 도항 이주였다. 이어서 전개된 제2파동은 5세기 후반에서 6세기 전반에 걸쳐 벌어진 백제에 대한 고구려의 군사적 압력, 백제와 신라의 가야 공격 등으로 고난에 빠지게 된 백제와 가야의 귀족 세력이 영도한 집단 이주였다. 그 후의 제3파동은 7세기 후반 나·당 연합군의 공격으로 백제와 고구려가 망한 후, 그 유민들이 옛 왕족과 귀족의 인솔 아래 여러 해를 두고 집단으로 도항 이주한 것이었다.

삼국 통일 이후 한반도 정세가 안정되면서 한반도에서 일본으로 이주하는 도항 이주자들의 발길은 끊어졌다.

역사쪽지

도라이진·기카진

근년에 일본에서는 바다를 건너온 이주민들이 어디서 어떻게 왔던지 상관없이 일본에 귀화하여 일본인이 된 사람들이란 뜻을 강조하기 위해 '도라이진'이란 용어보다는 '기카진歸化人'이란 용어를 더 즐겨 쓰고 있다.

도항 이주민의 행로

3 _ 야마토가 도항 이주민 문화를 수용하다

도라이 분카

'도라이 분카渡來文化'란 고대 한반도로부터 집단적으로 도항 이주한 사람들이 전한 문화로, 일본의 고래古來 문화와 구별되고 있다. '도라이' 문화의 내용 중에는 인간의 이동에 수반하여 전해진 각종의 생활 기술도 있었으나, 의도적인 활동을 통해 전해진 지적知的 문화도 있었다. 한자와 한문, 유학과 불교가 그 예이다.

한반도에서 일본으로 건너간 도항 이주민은 선진의 기술과 지적인 문화를 터득하고 있었기 때문에 야마토 사회에서 크게 환영받았다. 야마토는 그들의 기술과 문화에 상응하는 지위와 일자리를 주어, 그들의 기술과 문화를 활용하여 사회 발전에 큰 도움을 얻고 국가 발전을 촉진하게 되었다.

기술 문화의 전파

집단으로 이루어진 도항 이주민에 의한 기술 문화의 전승은 5세기 전반 고구려의 남진 압박에 밀리게 된 백제와 신라, 그리고 가야 등 한반도 남부민의 일본 이동으로 진행되었다.

도항 이주 후 일본 고대 사회 발전에 크게 기여한 가장 유력한 이주민 집단은 하타우지秦氏와 아야우지漢氏였다. 새로운 토목 기술을 지니고 있었던 하타우지는 교토 분지를 개발하면서 지방 토호로서 세력을 구축하여 활동하였고, 아야우지는 나라奈良 분지에 거주하면서 기술과 문필 기능을 살려 야마토 정권에 봉사하면서 중앙 관료로 활동하였다. 이 두 씨족은 야마토 정권의 정치적 변동에 깊이 간여할 수 있을 정도로 큰 세력을 키웠던 이주민 집단이었다.

6세기를 전후해서는 '이마기노 데히토今來才伎'라고 불리게 되는 새로운 기술 집단을 포함한 도항 이주민이 대량으로 일본으로 건너갔다. 야마토 정권은 그들을 나라 지방 각지에 기술별로 집단 거주지를 정해 주고, 도모베品部에 편속시키고 오비토씁의 관할 하에 수공업 생산에 종사하도록 하였다. 이마기노 데히토의 일본 정착과 활동에 따라 철기 생산이 활발해져 새로운 농구, 공구가 제작되고 무기, 마구 등이 생산되어 널리 실용되었다.

가야에서 조선까지 우리 나라 문화가 일본에 흘러들었음을 기리는 오사카 왔소 마츠리 축제 장면이다.

4 – 학식과 기술 문화를 전하다

한자, 한문

한자는 중국인에 의해 발전되고 확산된 문화이며, 유학은 중국에서 기원한 문화이다. 그것을 쓰는 민족에 따라 한자를 읽는 음과 사용법, 학문 이해의 내용 등에 차이가 있었으나, 한자와 유학은 근대 이전의 동아시아 세계에서 정신 문명의 기반으로 작용하던 문자이고 학문이었다.

고대 일본 사회에는, 5세기 초에 일본으로 건너간 백제 아직기阿直伎의 추천으로 왕인王仁이 뒤따라 건너가 「천자문」과 『논어』를 일본에 전함으로써 한자와 유학이 널리 알려지게 되었다. 아직기의 후손인 야마토노 아야우지東漢氏나, 왕인의 자손이라는 가와치노 후미우지西文氏는 대대로 기록과 출납을 주관하며 야마토를 도왔다.

유학과 기술학

6세기 초에 접어들어 백제는 단양이段楊爾, 고안무高安茂 등 오경 박사五經博士를 교대로 일본에 파견하여 유학 학습을 도왔다. 663년에는 오경 박사만이 아니라, 역박사曆博士·의박사醫博士 등 다방면에 걸친 기술학의 전문가를 파견하여 고대 일본의 개명開明에 기여하였다.

불교와 불교 미술

불교는 4세기 후반에 중국에서 먼저 고구려로 전승되고 뒤이어 백제에 전승되었다. 이후 고구려의 불교는 신라로 전수되고, 백제 성왕이 불상과 불경을 일본으로 보내 일본에 불교가 전승되었다(538).

새로운 신앙, 새로운 삶을 가르치는 불교의 수용 문제로 야마토 귀족들은 서로 갈라져 다투었으나, 도항 이주민 세력을 배경으로 한 숭불파인 소가씨蘇我氏가 정권을 장악하자, 그 후원에 힘입어 불교 신앙은 일

불교의 전래 루트 *

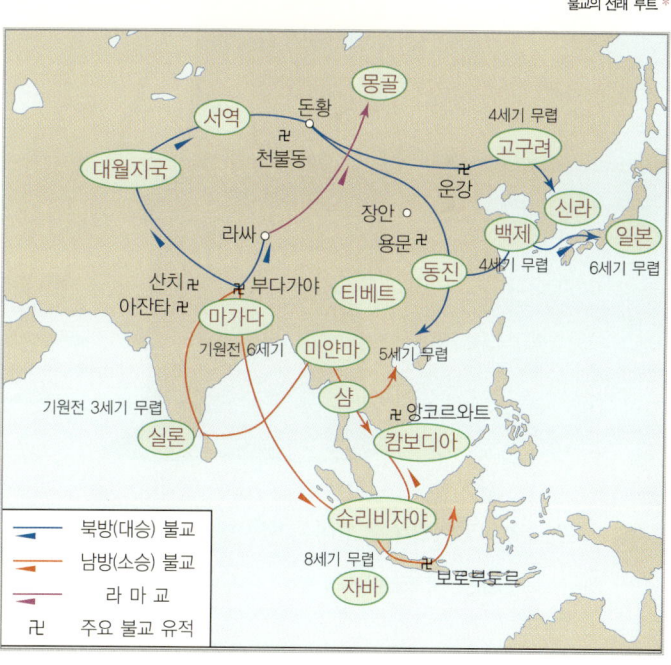

본 사회에 굳건한 자리를 차지하게 되었다.

일본 사회가 불교를 받아들인 이후, 한반도로부터 혜자惠慈, 관륵觀勒, 담징曇徵, 혜관慧灌 등 여러 고승이 잇따라 일본에 건너가 일본 고대 불교의 발전을 도왔다. 한편, 사찰과 탑, 불상과 불구, 불화 제작에 관계되는 불교 미술의 전문 기술자들이 일본에 건너가 각지에 사찰을 건립하여 신앙 생활을 도왔다.

(좌)백제의 금동 반가사유상＊ 두 불상의 유사함에서 한국과 일본 사이에 미술사상 상당한 교류가 있었음을 알 수 있다.

(우)일본 고류지廣隆寺 반가사유상＊

도항 이주민 씨족과 일본 고대 왕가의 혈맥 관계

『속일본기續日本記』에 의하면, 야마토우지和氏 계의 일족으로서 고닌 천황光仁天皇의 왕비이자 간무 천황桓武天皇의 생모인 다카노노 니이가사高野新笠는 백제 무령왕의 후예라고 한다. 야마토 왕족과 도항 이주민 씨족 간의 혼인 관계는 이 밖에도 몇몇 예가 더 있으며, 일본 호족 집안과 혼인한 예도 다수 알려져 있다(우에다 마사아키上田正昭, 『귀화인歸化人』 중에서). 2002년에 열린 한·일 월드컵 때에는 일본의 아키히토明仁 천황이 『속일본기』의 기록을 들어 한국과의 연고를 느낀다고 언급하여 많은 한국인에게 깊은 인상을 주었다.

5 _ 일본이 견수사·견당사를 파견하고 백제·고구려 유민을 받아들이다

○ **일본 고대 사회와 도항 이주민 문화에 대한 올바른 이해** 많은 사람들이 한반도에서 일본 열도로 건너감에 따라 이주민들이 지녔던 기술과 학식이 고대 일본으로 흘렀다. 일본 고대 사회는 도항 이주민들의 기술과 학문을 진취적으로 수용하고 이를 소화하여 자기 발전에 활용하였다. 따라서 이 사실을 역사적으로 이해함에 있어, 고대의 일본이 한반도에서 건너간 도항 이주민의 절대적 영향 하에 발전하였다고 생각하는 것은 한쪽으로 치우친 편견이다. 또한 이와 반대로, 일본 고대사의 발전은 일본인 자신의 노력으로 성취한 것이며, 도항 이주민들도 일본인으로 활동한 것이므로 '도래인'의 역사적 공헌은 무시해도 좋다고 여기는 것도 바른 시각이라 할 수 없다. 선진 문화를 새로운 이주지로 전한 사실은 중시될 필요가 있는 일이다. 다만 그 문화를 자기 발전에 현명하게 활용할 수 있었던 능력과 활동, 이주민들을 과감하게 받아들인 고대 일본 사회의 개방과 진취적 문화 풍토 등도 함께 생각하지 않으면 안 된다. 이웃나라끼리의 인적, 문화적 교류가 얼마나 중요한 것인가를 담담하게 사실로서 이해하고 평가하여야 한다.

견수사와 견당사

한문과 유학, 그리고 불교의 수용과 학습을 통해 야마토는 아시아 문화 세계에 대한 안목을 넓힐 수 있었다. 이후 야마토는 차차 한반도를 뛰어넘어 중국과 직접 연계해서 문화 도입을 꾀하였다.

607년 이후 일본은 정치적 교섭과 선진 문화의 수용을 위해 수차에 걸쳐 견수사遣隋使를 파견하였다. 견수사를 따라 다카무코노 구로마루高向玄理, 미나미부치 세이안南淵請安, 소빈僧旻 등 여러 명의 유학생, 유학승도 중국으로 파견되었다. 이 가운데 다수가 귀국하여 다이카 개신大化改新의 정치 개혁의 주역으로 활약하였다. 이들은 거의가 도항 이주민의 후손들이었다. 야마토는 9세기 말까지 20차 가까이 수를 이은 당으로도 견당사遣唐使를 파견하여 당과의 정치적 교류와 문화 수용에 노력하였다.

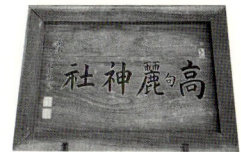

고마 진자高麗神社의 현판* 무사시노武藏野 개발에 공헌한 고구려 이주민의 지도자 자코若光王를 모시는 신사다.

백제·고구려 유민의 도항 이주

한반도의 패권을 다투어 오던 신라는 676년에 마침내 통일을 완수하였다. 격렬한 통일 전쟁의 와중에서 조국을 잃게 된 백제와 고구려 유민의 일부는 일본으로 도항 이주하기도 하였다. 이들 집단 도항 이주민은 고구려와 백제의 옛 왕족, 호족, 그리고 관인을 포함한 정치적 망명자의 무리였다. 이들 새 이주민은 수준 높은 정치적 식견과 문화적 능력을 지니고 있었다. 고대 일본 정부는 이들의 경험과 학식, 기술을 활용하기 위해 그들을 율령 편수나 학문 담당 업무에 종사시키면서 행정 관료로 등용하였다.

한편, 야마토는 이들 이주민들을 집단적으로 변방 각지로 보내어 변방 개척에 종사시켰다. 오늘날, 일본의 수도인 도쿄 일원에 자리 잡았던 무사시노쿠니武藏野國는 고구려 및 신라에서 건너간 유민들에 의해 개척된 지역이다.

통일 신라 및 고려의 대일 통교 경색과 민간의 문화 교류

1 _ 통일 신라와 일본이 소원해진 가운데 문화교류를 이어가다

○ **통일 신라 시기의 일본** 260년간에 걸친 통일 신라 시기(676~935)는 일본의 아스카 시대飛鳥時代 후반기로부터 나라 시대奈良時代를 거쳐, 헤이안 시대平安時代 초기에 이르는 시기에 해당된다. 이 기간 동안 야마토는 율령제에 입각한 집권적 왕권 국가로 발전하여, 천황가를 중심으로 한 '일본'으로 거듭났다.

빈번했던 사신의 내왕

신라는 668년에 일본으로 사절을 파견하여 국교를 재개하고, 당과 싸우면서 견일본사遺日本使를 거듭 파견하였다. 한편, 일본도 672년에 왕위를 둘러싸고 벌인 권력 투쟁을 극복한 후, 그 때까지 5차나 파견하였던 견당사를 30년에 걸쳐 중단하고, 내정에 힘쓰며 빈번하게 견신라사遺新羅使를 파견하였다. 이들 사절은 정치적 목적을 가진 것이었으나, 일본의 견신라사는 승려와 유학생을 대동하였으며, 그들 유학생들은 귀국 후 일본의 율령 체제를 형성하는 데 공헌하였다.

무역 활동에 따른 문물 교류

일본과 신라와의 관계는 대륙 정세의 변화에 따라 점차 소원해지다가 779년 양국 간의 외교 활동을 통한 교류는 두절되었다. 그러나 상인들에 의한 경제적 교류마저 단절한 것은 아니었다. 문물 교류는 이들 상인들의 무역 활동에 수반하여 신라 말까지 지속될 수 있었다.

당시 신라인들은 활발하게 해외로 진출하여 당 해안 도시 여러 곳에 신라인의 거주지인 신라방新羅坊과 사찰인 신라원新羅院을 건설하였는데, 일본의 도당 구법승인 엔닌圓仁은 신라 상인을 따라 당으로 건너가 신라인의 이러한 시설들을 이용하여 구법 순례求法巡禮를 무사히 마칠 수 있었다. 9세기 이후 신라 상인들이 하카다博多, 다자이후大宰府에 출입하며 신라 문물을 무역하는 한편 중국과 동남 아시아 상품의 중계 무역에 종사하였다. 신라 상인을 통한 문물 교류는 왕실의 귀중품 수장고였던 쇼소인正倉院(일본 왕실의 유물 창고)에 보관되어 있는 신라 산물들을 통해 파악할 수 있다.

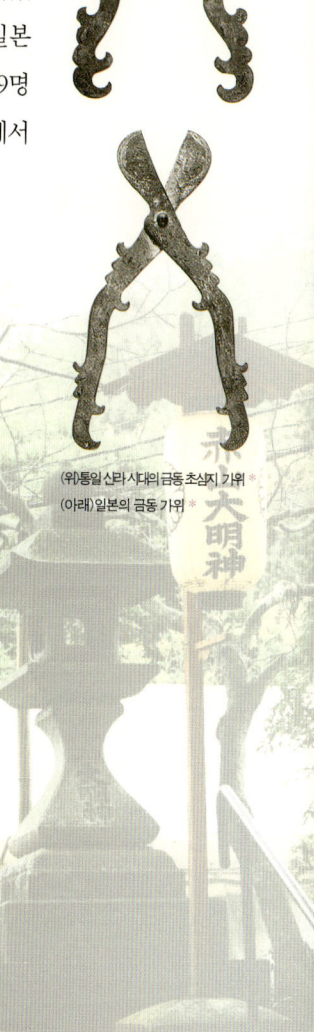

신라 불교의 영향

통일 신라 시대 일본과의 문물 교류사상 주목되는 인물은 신라승 심상審祥이다. 그는 571권의 불경을 일본에 전하였고, 신라의 고승 원효와 의상의 영향을 받은 화엄종에 관한 경전 60여 종을 3년간 일본 땅에서 강술하며 일본 화엄종의 종사로 활약하였다. 나라 시대에 불경에 주석을 단 99명 중에서 11명이 신라 학승이었으며, 원효의 저술이 대량으로 필사되어 유포된 사실 등에서 8세기경의 일본 불교와 신라 불교 사이에 밀접한 교류가 이루어졌음을 알 수 있다.

(위)통일 신라 시대의 금동 초심지 가위
(아래)일본의 금동 가위

엔닌이 일본에 귀국한 후 세운 적산선원

2_ 발해와 일본의 교류가 빈번해지다

발해 왕국

　발해는 고구려가 망한 후, 고구려의 옛 땅이던 중국 동북 지방과 연해주 및 한반도 북부를 아우르고 229년이나 군림했던 국가이다 (698~926). 한반도를 정치적으로 통일한 신라와 겨루며 안으로 내치에 힘쓰고 당과 정치적, 문화적으로 밀접한 관계를 유지하며 국력을 강화하여 한때 동아시아에서 그 강성함을 자랑하였다.

　발해 문화는 고구려 문화 유산을 계승하고, 당 문화를 받아들여 재편한 문화였다. 그 문화의 자취는 요·금·송·원·명·청 등 이민족 국가들에 의해 오랜 통치를 받는 가운데 유물과 유적이 손상 파괴되어 그 실상을 자세하게 파악하기 어렵지만, 중국에서 해동성국海東盛國이라고 부를 만큼 수준 높은 문화를 이룩하였음을 기록을 통해 알 수 있다.

일본과의 관계

　발해는 고구려를 계승한 국가였으므로 건국 초부터 통일 신라와 원만한 관계를 맺기 어려웠다. 친당 정책을 취하여 당나라로 견당사를 자주 파견하는 한편, 일본에도 30여 차에 걸쳐 견일본사를 파견하여 국제적 우의를 다졌다. 일본도 신라 견제책의 일환으로 15차에 걸쳐 견발해사遣渤海使를 파

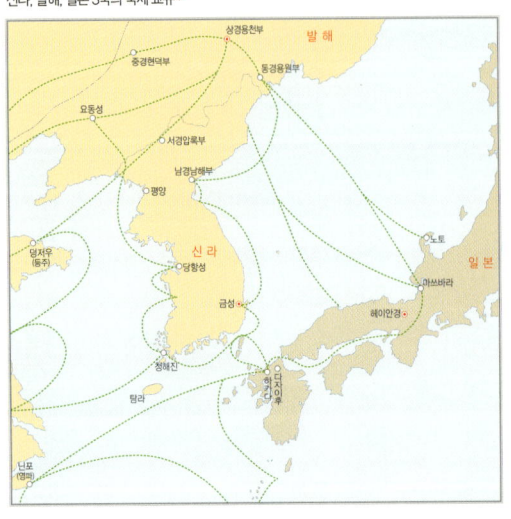

신라, 발해, 일본 3국의 국제 교류

견하였다. 일본과의 친교는 정치적 목적 못지않게 문화 교류가 중시되던 당과의 관계와 달리, 주로 정치적·경제적 필요 위에서 이루어졌다.

　일본과 발해는 사절을 태운 배가 출입하는 각 지역에 객관을 설치하여 문물 교류에 힘썼다. 발해 측은 남경남해부에, 일본 측은 노토能登나 마쓰바라松原에 객관을 세워 사신의 왕래와 교역을 도왔다. 발해와 일본의 사신 왕래는 문화적 면보다는 정치적, 경제적인 목적에 치중한 것이기에 일본 서부의 산인山陰 지방 각지에 이국적 자극을 가하기는 했으나, 양국 간의 문화 교류면에서 문화의 흐름을 바꾸어 놓을 만한 것은 아니었다.

3_ 고려에 들어와서도 일본과의 소원한 외교 관계가 지속되다

○ **동아시아사의 새 형세** | 10세기 초인 907년, 중국에서 당이 멸망하였다. 뒤이어 926년에는 발해 왕국이, 935년에는 신라가 국운이 다하였고, 한반도 최초의 통일 국가인 고려가 등장하게 되었다. 한편, 일본은 이에 앞서 894년에 당과의 공식적 통교를 완전히 끊었다. 당을 정점으로 한 동아시아 국제 질서가 붕괴된 가운데, 고려와 일본은 각기 독자적 정치 활동을 추진하며 특성 있는 나름대로의 문화를 발전시켰다.

일본의 외교적 쇄국　해양 국가인 일본은 779년 신라와 외교 관계를 끊었고, 이어 당과의 외교 관계도 끊었다(838). 한편, 발해가 926년에 망하게 되니 일본과 동아시아 여러 나라와의 통교는 10세기를 전후하여 전면적으로 단절되었다. 이후 일본이 다시 한반도 및 중국 대륙의 국가와 공식적으로 국교를 열게 되는 것은 15세기 전후의 일이니, 중세 일본은 거의 600년 이상 정치적으로 대외 접촉을 끊은 쇄국의 국책을 지속해 나간 셈이다.

고려와의 관계　신라의 뒤를 이어 한반도의 지배자로 등장한 고려는 건국 후 일본에 사신을 파견하고 국교를 재개하기 위해 노력했으나, 일본은 이에 비협조적인 태도로 일관하였다. 두 나라가 다시 국교를 열게 된 것은 고려 말에 왜구 문제로 사신을 교환하게 되는 1367년의 일이었다.

송상을 매개로 한 경제 교류　당이 망한 후에 5대 10국의 정치적 혼란을 평정하고 등장한 나라는 송이었다(960). 송은 거란과 여진이 연이어 일어나 군사적으로 압박하자 양쯔강 하류 지역으로 옮겨가지 않을 수 없었으나, 경제적으로는 넉넉한 나라였다. 남송南宋의 상인들은 고려, 일본과 활발한 교역 활동을 벌였다.

고려와 일본은 공식적인 국교 관계를 맺지 않았으나, 닌포寧波, 벽란도, 하카다를 드나드는 송상을 매개로 경제적 교류는 지속하였다. 그러나 이 교류가 양국의 문화 생활에 큰 영향을 미칠 정도로 활발하게 이루어진 것은 아니었다.

『고려도경高麗圖經』의 「예성항」조◆
『고려도경』은 송末의 서긍徐兢이 송도에서 보고 들은 것을 그림을 곁들여서 기록한 책이다.

4 _ 왜구를 둘러싸고 고려와 일본의 대립이 심해지다

왜구의 침입과 격퇴*

왜구 문제

13세기 동아시아는 몽골의 홍기와 서양 원정, 요의 멸망과 금의 홍기, 송의 남천, 몽골의 40년에 걸친 고려 침공, 그리고 두 차례 시도된 몽골의 일본 원정 등으로 국제적으로 매우 어수선하였다.

몽골의 일본 원정에 고려군이 동원된 일로 말미암아 고려와 일본의 관계는 더욱 소원해지지 않을 수 없었고, 뒤이어 이른바 '왜구'가 한반도 해안 지방을 자주 침범하게 되어 양국 관계는 더욱 꼬이기만 하였다. 왜구가 고려 땅에 출몰하게 된 것은 13세기부터의 일이나, 그 기세가 매우 사나워지고 고려의 해안 지대에 잇따라 출몰하며 심한 해를 가하게 되는 것은 일본의 정치적 쟁란기인 남북조 시대의 일이었다.

고려의 왜구 대책

고려는 왜구 문제에 강유强柔 두 가지 정책으로 대응하였다. 외교적으로 일본의 집권 당국자나 서부 일본의 유력한 무가 세력에게 사신을 파견하여 왜구에 대한 금압을 거듭 요청하였다. 그러나 이렇다할 결과를 얻지 못하게 되자, 해안 각지에서 맞서 싸우는 한편, 나아가 왜구의 소굴로 지목된 쓰시마 섬에 정벌군을 동원하여 토벌전을 펴기도 하였다.

황산대첩비* 이성계가 남원의 인월역에 진을 치고 있던 왜구를 격퇴(황산대첩)한 것을 기념하기 위해 1577년 선조 10년에 세운 비석이다.

양국의 국교 재개

1367년부터 고려는 몽골의 일본 원정으로 소원했던 일본에 사신을 보내어 왜구 금압을 위한 적극적 대책을 요청하게 되었다. 당시 일본의 실권을 장악하고 있던 아시카가 막부와 왜구 문제로 거듭 접촉을 가지게 된 것이다. 그러나 양국 사이에 정식으로 국교가 회복된 것은 고려 시대가 아니라 조선이 건국된 후의 일이었다. 일본의 실권자이던 아시카가 요시미쓰足利義滿가 1401년 일본 국왕 명의로 조선 왕국에 사신을 파견함으로써 신라 말에 단절되었던 국교가 625년 만에 다시 열리게 된 것이다.

4 조선에서 일본으로 향한 문화의 흐름

1 _ 조선 문화가 일본으로 흐르다

문화 교류의 혼선   고려의 뒤를 이어 1392년에 건국한 조선은 이후 1910년에 국운을 마칠 때까지 519년이나 지속된 왕조였다. 그 중 1897년부터 1910년까지는 대한 제국이었다. 한 · 일 교류사의 측면으로 볼 때, 1876년 조선의 개항 이전에는 문화가 대륙과 한반도에서 일본 열도로 흘렀으나, 19세기 후반 조선의 개항 이후는 흐름의 대세가 해양에서 대륙으로, 일본 열도에서 한반도로 흘렀다. 개항 이후의 흐름은 정치적 군사적으로 추진된 것이어서 한반도에 아픔을 가하는 흐름이었다.

개항 전 4단계의 문화 교류   조선이 개항하기 전 거의 5세기 동안의 문화 흐름은 여러 형태로 일본 열도로 향하였다. 조선 초기에는 국교 활동에 따른 일본 측의 구청求請에 의해, 중기에는 전쟁에 수반된 문화 약탈에 의해, 그리고 후기에는 통신사 외교와 관계되어서, 통신사 외교가 끊긴 후에는 동래와 쓰시마 섬을 창구로 이어진 실무 외교 담당 사신들의 내왕에 의해 문화 접촉을 가졌다.

빈번했던 사신 왕래   1404년 7월, 오랫동안 끊겼던 양국의 국교가 왜구 문제를 계기로 다시 열리자 조선은 국초 이래의 교린 정책에 따라 일본과의 평화적인 국교 관계를 유지하였다. 국교가 재개된 후 무로마치 막부가 무너질 때까지 일본은 160년 동안 60여 차례나 국왕 명의의 사신을 조선에 파견하였다. 한편, 조선은 초기에는 회례사回禮使 등의 이름으로 일본에 사신을 파견하다가 1428년부터 통신사를 보내 신의를 다지게 되었다. 이 기간에 일본은 견명사遣明使를 명으로 파견하여 조공 관계를 유지했는데, 그 횟수는 19회에 지나지 않았다. 일본은 당시 명보다 조선과의 선린 외교를 더 중시했던 것이다.

또한, 조선은 국왕사만이 아니라, 서부 일본의 유력한 슈고 다이묘守護大名가 파견하는 거추사巨酋使나 그보다 하위직자들이 파견하는 제추사諸酋使도 자주 받아들였다.

일본인의 조선 상경로

2_ 조·일 간의 무역 활동이 활발히 전개되다

문인·도서제 무역

교린 정책에 입각하여 일본을 대한 조선은 일본에서 파견하는 여러 종류의 사행을 받아들이는 한편, 허가받은 일본인들의 조선 무역을 허용하였다. 세종은 쓰시마 도주에 대해 왜구가 아님을 보장하는 증명서 격인 '문인文引'의 발행권을 부여하여, 그 서장을 지참한 사람에 대해서만 조선과 교역할 수 있는 특혜를 주었다. 그리고 서부 일본 호족에게 구리로 만든 인장인 '도서圖書'를 주어, 그 인장을 찍은 증명서를 가지고 오는 이들의 삼포 입항과 교역을 허용하는 제도를 실시하였다.

국왕과 유력 호족의 사송선, 쓰시마 섬의 세견선과 특송선, 그리고 문인 제도의 혜택을 받는 일본 상인 등의 내왕이 빈번하여 15세기 중엽에 삼포를 드나든 일본 배가 연간 200척을 넘을 정도였다고 한다.

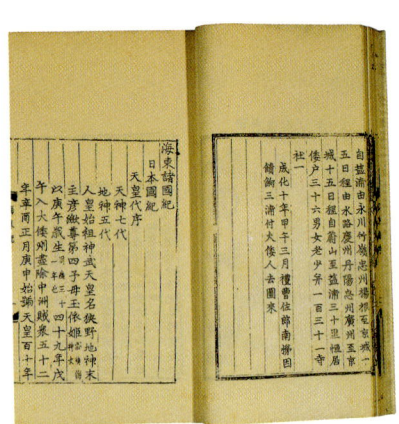

『해동제국기』 세종 25년(1443)에 서장관으로 일본에 다녀온 신숙주가 28년 뒤인 성종 2년(1471)에 편찬한 것으로 일본의 지세, 국정, 교빙 왕래의 연혁 등을 기록한 책이다.

조선 삼포와 일본 하카다

조선은 내왕 사신과 일본 무역선들의 출입을 위해 1423년 부산포釜山浦와 제포薺浦를 개항하였다. 그 후 내왕 선박이 늘어나자 염포鹽浦를 추가로 개항하였다. 이들 삼포에는 일본 선박이 출입할 뿐만 아니라 아니라, 항거왜恒居倭라는 일본인 거류민이 상주하기도 하였다. 삼포에는 사신 접대와 상거래의 편의를 위해 왜관을 설치하였다. 1443년, 일본에 사행한 신숙주의 『해동제국기』에 의하면 부산포에 323명, 염포에 131명, 제포에 1722명 등 다수의 항거왜가 상주하고 있었다고 한다. 삼포에는 연간 약 5천 명의 일본인들이 드나들었다고 한다.

일본의 하카다博多, 사카이堺 등은 당시 무역품의 집산지로 발전한 항구 도시이고, 규모가 큰 상행위를 하는 거상들의 본거지인 경제 도시였다. 당시 한반도에 가장 가까운 위치에 있었던 하카다 항은 조선뿐만 아니라 중국과 유구, 멀리 남만 상선이 드나들던 국제 무역 항구로 번성함을 자랑하던 항구였다.

『해동제국기』에 나타난 그림 지도

3 _ 일본 사신이 조선의 문물을 청해 가져가다

청래 문물　　　일본은 조선에 사신을 파견하여 조선의 문물을 '구청求請' 해 갔다. 일본에서는 이러한 문물을 '청래 문물請來文物'이라고 부른다. 청래 문물은 고려 말 조선 초기에 문화 교류의 한 형태로 일본에 전해진 문물이었으며, 대장경, 불경, 도서와 문구류가 대표적인 것이었다. 면포는 문화와 직접 관계된 물품은 아니었으나, 일본이 특별히 청해서 구해 간 물품으로서 선박의 돛을 만드는 데 많이 쓰였다. 대장경은 청래 문물 중에서 가장 중시되던 문화재이다.

활자 주조 광경*

대장경, 범종과 불화　　　고려 대장경은 발달된 고려 목판 인쇄술에 의해 많은 부수가 인행되었기 때문에 조선 초기에도 여러 곳에 전해지고 있었다. 일본 사회의 집권자나 서부 일본 각지의 유력자들은 조선에 대장경을 하사해 줄 것을 청하는 경우가 많았다. 서부 일본의 유력자 오우치씨大內氏 집안에만 해도 몇 차례에 걸쳐 10여 부나 사급되었다. 일본만이 아니라 류큐琉球 왕국도 대장경과 각종 불경의 사급을 거듭 요청해 왔다. 심지어 일본으로부터는 대장경을 구청하는 거짓의 사신, 즉 위사僞使마저 자주 조선에 건너와 문제를 일으키기도 하였다.

불교 관계의 청래 문물은 대장경만이 아니었다. 범종과 불화, 경함經函도 구청해 갔다. 현재 일본 각지에 50여 개의 조선 범종, 90여 점의 고려 불화 등이 전해지고 있는데, 그 수는 한국에 전해지는 것보다 더 많다. 전란을 틈타 불법 반출해 간 것도 있으나, 그 대부분은 이 때 구청해 간 것이다.

문구와 다구　　　각종 문구와 사군자 그림, 수묵화 작품 등도 일본이 즐겨 구청한 문물이었다. 아시카가 막부 시대 일본 사회에서는 차를 즐기는 다도茶道의 습속이 사원과 무인들 사이에 유행하고 있었다. 다도가 생활 문화로 존중되면서, 이도차완井戶茶碗이라고 불리게 된 조선의 서민용 찻잔은 그 은근하고 소박한 미에 매료된 일본인들이 조선에 자주 구청하던 다기茶器이며, 일본 다도와 관계된 다구茶具였다.

4 _ 전쟁 중에도 문화가 건너가다

○ **활자 전쟁, 서적 전쟁, 도자기 전쟁** 이 말은 일본의 어느 문화 인사가 임진왜란을 빗대어 쓴 말이다. 왜란으로 일본이 얻게 된 문화적 이득에 초점을 맞추어 표현한 것이라 하겠다. 전쟁은 비극이고 파괴요 아픔이다. 7년간 한반도를 엄습했던 전란으로 인한 인명 희생, 국토 황폐, 경제 손실, 사회 고난과 더불어 문화적 피해도 컸다. 문화 파괴와 문화 약탈이 벌어졌기 때문이다. 문화 파괴는 침략군과 난민들이 궁전, 관아, 사찰, 민가를 불태우고 더불어 서적, 서화, 그 밖의 귀중한 문화재를 훼손함으로써 진행되었고 문화 약탈은 문화재의 반출과 문화기능자의 납치로 자행되었다.

유럽 땅에 건너간 최초의 한국인으로 추정되는 안토니오 코레아(루벤스 作)*

문화재 반출과 문화 기능인 납치

왜란 초기에 한성을 점령한 일본군은 교서관校書館에서 약 9만 자의 금속 활자와 인쇄 기기를 일본으로 반출하였다. 한편, 각 부대에 종군한 일본 승려들이 관여하여 귀중한 불경과 불전, 불화와 범종 다수를 약취했으며, 유학과 한문학 관계의 서적 및 서화는 물론 건물의 편액까지도 불법 반출해 갔다.

문물의 약탈 반출과 더불어 중시해야 할 일은 유학자 · 의원, 그리고 도자기 · 제지 · 상감 · 재봉 등 각종 기능 보유자를 강제로 일본으로 납치해 간 일이다. 일본군은 7년 동안의 전쟁 기간에 군인과 민간인을 가리지 않고 마구 납치하여 다수를 일본 본토로 강제 연행하였다

조선인 부로들의 생활

일본으로 강제 납치된 수만의 조선인은 군인 신분의 전쟁 포로가 아니라 민간인 신분의 남녀노소 피랍자들이었다. '부로俘虜'라고 불리던 피랍 조선인의 대부분은 각지에서 노예로 강제 사역을 당하였다.

다만, 학식이 풍부하거나 특수 기능을 소유한 기술자들은 다소 나은 대우를 받으며 일본 문화 발달에 기여하게 되었다.

일본 오오즈大洲에 있는 강항의 비석*

일본 땅에 전승된 조선 문화

전쟁 기간에 다수의 금속 활자와 불교 관계의 서적뿐 아니라 더불어 조선의 유학서와 조선에 전래되어 있던 중국 서적 다수가 일본으로 불법 반출되었다. 이러한 서적과 금속 활자, 인쇄술은 이후 일본 사회에 큰 문화적 영향을 끼쳤다.

조선인 부로 중에는 유학자도 있었는데, 그들은 조선의 성리 유학을 일본 사회에 전수

하였다. 특히 강항姜沆은 뒷날 일본 에도 유학江戶儒學의 영도자로 활약하게 되는 후지와라 세이카藤原惺窩나 하야시 라잔林羅山에게 조선 성리학을 전수하였으며, 그 공으로 본국으로 살아 돌아올 수 있었다. 그 밖에도 이매계李梅溪, 이진영李眞榮 부자나 홍호연洪浩然 등과 같이 지방 영주들에게 협력하여 지방 유학 발달에 크게 공헌한 부로 학자도 있었다.

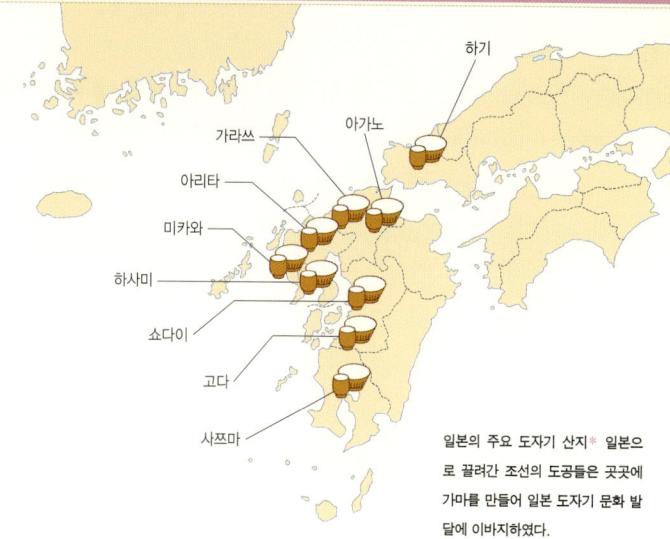

일본의 주요 도자기 산지* 일본으로 끌려간 조선의 도공들은 곳곳에 가마를 만들어 일본 도자기 문화 발달에 이바지하였다.

일본 땅에 피어난 조선의 도예

16세기 말 당시 일본은 도기를 제작할 수는 있었으나 유약을 발라 고열로 제작하는 자기를 생산하지 못하였다. 한편, 당시 사원과 무사들 사이에 다도가 유행하여 다구에 대한 관심이 컸다. 조선을 침략한 일본군은 주로 남해안 각지에서 우수한 도자기 기술을 지닌 도예 기능인들을 일본으로 강제 연행하였다.

전후 각 지방 영주들은 이들 조선 도공들이 우수한 도자기를 생산하도록 유도하였다. 17세기 중엽부터 기타큐슈와 서부 일본 각지에서 조선 도공들이 우수한 도자기를 생산하게 되어 상류 지배층은 물론 초닌町人이라고 불리던 서민들 사이에 널리 인기를 얻게 되었다. 조선 도공들의 후예에 의해 일본의 도예 문화는 세계적 수준으로 올라설 수 있었다.

에도 시대 유학과 퇴계 유학

가마쿠라 시대 이래 일본의 오랜 무사 집정 시대는 불교 사상이 주름잡던 시대이고, 승려들이 학문 활동을 전담하던 때였다. 도쿠가와 정권 하의 에도 시대에 들어와 유교 사상이 중시되고 유학자가 학문 활동을 주도하는 세상으로 문화 풍토가 바뀌게 되었다. 에도 시대 유학은 조선의 부로 학자인 강항이 후지와라 세이카와 하야시 라잔 등에게 조선 성리학을 전수함으로써 출발하게 되었다. 특히 하야시 라잔은 에도 시대 300년을 두고 가장 많은 조선의 유학서를 검토한 학자이며 성리학을 일본의 관학官學으로 자리를 굳히게 한 학자이다. 그는 전후 여섯 차례나 조선 통신사가 올 때마다 외교적, 문화적으로 대응한 인물이었다.

하야시의 뒤를 이어 일본의 유학은 여러 학파로 갈라지지만, 그 가운데 에도에서 활동한 야마자키 안자이山崎闇齋나 구마모토를 중심으로 활동한 오츠카 타이야大塚退野와 그의 학문에 영향을 받은 유학 계열이 특히 조선 퇴계 유학을 존숭하였다. 메이지 시대의 일본 근대 유학의 흐름을 주도하던 요코이 쇼난橫井小楠, 모토다 나가사네元田永孚 등도 퇴계 유학의 가르침을 받아 근대 일본 국민 사상 형성에 큰 영향을 끼친 유학자이다. 퇴계 선생의 저서는 거의 다 에도 시대에 출판되어 널리 보급되었다. 특히 『자성록自省錄』은 판심版心에 한글이 들어 있는 채 거듭 복간되어 학자들 사이에 널리 읽혀졌다.

5 _ 통신사행이 문화 교류에 이바지하다

○ **조선과 일본의 국교 회복**   임진·정유의 전쟁으로 양국의 국교는 단절되었고, 전후 다시 국교를 회복하는 일은 예측하기 어려웠다. 그러나 일본의 새 집권자인 도쿠가와 이에야스德川家康가 쓰시마 도주를 통해 적극적으로 교섭해 오고, 조선 정부가 교린 정신에 입각하여 이에 호응함으로써 종전한 지 10년이 채 안된 1607년에 국교가 회복되었다. 그리고 2년 후에는 기유약조己酉約條를 체결하여 통상 관계를 재개하였다. 이 때부터 약 200년간 조선은 통신사를 파견하여 일본과 외교 관계를 유지하였다.

통신사의 의미   통신사는 조선 국왕이 '국제적 신의'를 통하기 위해 일본에 파견한 외교 사절이었다. 400~500명 내외의 인원으로 편성되던 통신사 일행은, 국제적 신의와 정권의 위신을 높이려는 에도 막부의 의도에 따라 최대의 편의와 예우를 받았다. 조선 사행원의 귀국 보고서나 기행문, 일본 측 관계 기록을 보면, 사행원들은 비교적 자유롭게 각계 각층의 일본인과 문화적 교류를 했다는 것을 알 수 있다.

통신사를 일본의 통치 실권자인 쇼군將軍이 바뀔 때마다 파견되는 사신으로 규정하고, 이를 사대 사신으로 파악하는 견해도 있으나, 이는 통신사가 파견되는 취지를 잘못 이해한 것이다. 조선은 에도 막부에 대해 아홉 차례 통신사를 파견하였다. 흔히 12차의 통신사행이 있었다고 하지만, 처음 세 차례는 회례사 혹은 회답겸쇄환사의 직명으로 파견된 사절이다. 통신사는 일본의 요청에 의해 파견되는 외교 사절이었다.

통신사행의 절차   일본에서 쇼군이 새로 취임하면 먼저 쓰시마 도주가 대경참판사大慶參判使(조선에서는 關白承襲告慶差倭로 불렀다)를 파견하여 그 사실을 알려 오고, 이어 수빙참판사修聘參判使(通信使請來差倭)가 건너와 통신사를 파견해 줄 것을 조선에 요청한다. 그 후 양국의 준비가 끝날 무렵 영빙참판사迎聘參判使(通信使迎接差倭)가 동래로 건너와 통신사행을 일본으로 안내하게 되어 있었다. 일행의 경호와 영접 비용은, 뒷날 일본 정부 내에서 물의가 일어날 정도로 큰 부담이었다. 통신사행이 지나는 길목의 모든 지방과 에도에서는 이들을 극진히 영접하고 환대하였다.

조선 통신사 행렬도*

일본인과의 접촉

고대의 문화 흐름은 일본 열도에 집단적으로 건너간 도항 이주민들의 일본 사회 정착에 의해 진행되었다. 이후 중세의 문화 교류는 해상 활동에 따라 가냘프게 유지되었다. 그러나 통신사 외교에 따른 근세의 문화 교류는 소수의 사행원들이 일본에서 현지인들과 직접 접촉하는 형태로 전개되었다는 점에서 새로운 차원의 문화 교류였다.

대규모의 통신사 선단이나 수천 명으로 구성된 화려한 통신사 행렬, 외교적 의식 등은 이를 보게 된 일본인들에게 있어서는 다른 문화를 접촉할 수 있는 좋은 기회였다. 비상한 관심과 문화적 의욕을 가지고 사행원과의 교류를 원하는 일본인들이 많았다. 통신사 일행이 이들과 적극 접촉하는 과정에서 한·일 간에 실질적인 문화 교류가 이루어졌다.

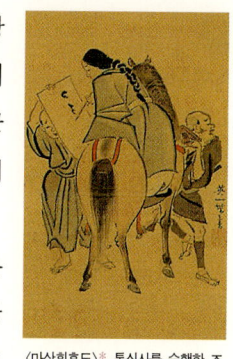

〈마상휘호도〉＊ 통신사를 수행한 조선 소년이 일본인의 요청으로 말 위에서 휘호揮毫를 써 주고 있다. 이는 사신 일행이나 학자만이 아니라 서민들 간에도 문화적인 교류가 있었음을 보여 주는 한 예이다.

문화 교류의 실상

통신사는 양국 상호간에 구체적인 정보를 나누고 이해를 증진시키는 계기가 되었지만, 특히 일본에게는 조선 사정과 더불어 중국에 관한 정보도 얻을 수 있는 기회로 작용하였다.

사행원들은 연도의 각지에서 일본의 승려, 유생, 의원 및 문인들과 필답 수응, 시문 창화詩文唱和, 문예 교류 등을 통해 조선의 학문과 문예를 전수할 수 있었다. 사행원들이 묵는 객사客舍와 사행선使行船을 찾아 문화적 접촉을 원하는 일본의 관료나 지식인들의 요청으로, 제술관製述官과 정·부사正副使를 수행한 서원書員은 때로는 밤을 지새워 가며 이들을 응대했으며, 의원醫員은 일본 의원과의 의사 문답醫事問答을 교환하고 의서醫書를 증정하는 활동을 전개하였다. 또, 수행 화원畫員도 많은 그림을 일본에 남겼으며, 이에 자극받은 일본 화가들은 통신사 행렬이나 통신사에 관한 그림을 즐겨 작품화하여 후세에 남겼다. 양국의 문화 교류는 그림에까지 확대되었다.

통신사는 일본의 민중 문화에도 큰 영향을 미쳤다. 대규모의 화려한 통신사 행렬이나 통신사 일행이 연출하는 마상재馬上才, 악기 연주, 무용 연출 등은 연도의 민중에게 큰 인상을 심어 주어, 뒷날 이를 소재로 한 민중 연희와 문예 작품이 일본 각지에서 유행하기도 하였다.

6 _ 통신사의 단절로 문화 교류가 옹체되다

문화 교류의 옹체

일본 내의 사정으로 말미암아 통신사 외교는 1811년에 막을 내리고, 외교와 통상 업무의 실무 처리를 위해 동래 부사와 쓰시마 도주 사이에 오가던 역관사와 참판사를 통해 양국 관계가 겨우 유지되었다. 이러한 국교 체제 하에서 양국인의 접촉은 지정된 항구의 지정된 장소에서 소수의 관원과 출입 상인 사이에 이루어지는 데에 그쳤으니, 문화 교류가 종래에 비해 크게 옹체壅滯될 수밖에 없었다.

한편, 당시 일본에서는 국학 사상이 힘을 얻기 시작하였는데, 그 영향으로 편향된 조선관이 고개를 들게 되고, 더 나아가 정한론征韓論마저 일어나고 있었다. 그리고 조선에서도 서구 식민주의 세력의 침략적 접근에 자극되어 천주교 박해가 일어나고, 위정척사 사상衛正斥邪思想이 득세하여 양국 관계는 더욱 소원하게 되었다.

조선과 쓰시마의 교류

성신 외교를 주장했던 일본의 유학자 아메노모리 호슈

쓰시마가 소씨 이에야쿠宗氏家役로서 조선과의 외교 실무를 담당하게 된 것은 에도 막부 초의 일이었다. 쓰시마는 통신사 외교가 이루어진 시기는 물론, 1811년에 이것이 단절된 이후에도, 조선과의 외교와 교역 실무를 담당하는 역할을 메이지 유신 때까지 계속 수행하였다. 동래와 쓰시마 사이에 이어진 공적 외교 통로는 교역 관계를 둘러싸고 이루어진 것이었으므로 문화 교류는 부진할 수밖에 없었다. 그러나 양국은 이 통로를 통해 대륙 정세와 서구 식민주의 국가들의 동아시아 진출에 관한 정보를 교환하였으며, 조선 문화, 특히 다수의 서적이 쓰시마에 전해졌다. 이는 소케 문서宗家文書나 소케 어문고宗家御文庫(현 宗家文庫)에 소장되어 있는 서적의 상당수가 조선에서 간행된 것이라는 사실을 통해 잘 알 수 있다.

상대를 알고 성신으로 교린에 힘써야 한다

"조선 국교의 요체는 먼저 인정人情과 시세時勢를 아는 것이 중요하다…성신誠信이란 실의實意를 뜻하며, 서로 속이지 않으며 다투지 않고 진실하게 대하는 것을 성신이라 한다."

이 말은 1693년 쓰시마에서 외교 문서를 취급하며 조선 사신을 응대하는 진문역眞文役의 직책을 오래도록 담당하던 아메노모리 호슈雨森芳州가 대 조선 외교의 원칙을 후세 사람에게 가르치기 위해 저술한 『교린제성交隣提醒』에 실린 글귀이다. 그는 자신이 제시한 원칙대로 조선의 사정과 시세를 알기 위해 동래로 건너와 조선어를 학습하였고, 한·일 간의 외교를 성실하게 수행한 외교 실무자로서 자신의 이러한 신념을 그대로 실천하며 살았던 인물이다. 상대를 이해하고 신의를 나누어야 한다는 가르침은 이웃의 국민으로서 현대 사회를 살아가는 한국인과 일본인들이 귀감으로 삼을 만한 교린 정신이다.

5

일본의 근대화와 문화 흐름의 역전

1 – 근대의 서양 문명이 동양으로 밀어닥치다

○ 세계사의 새 조류   17세기 이래 유럽은 아시아, 아프리카 등에 진출하여 이른바 '유럽의 세계화 운동'을 전개하였다. 유럽의 여러 나라가 동아시아로 진출하자, 기존의 국제 질서와 전통 사회는 큰 변화를 맞게 되었다. 이 역사적 조류는 정치, 경제, 사회, 문화의 모든 면에서 열강이 일방적으로 약소국을 압박하는 흐름이었다. 제국주의 국가로 변신한 일본과 이의 침략으로 식민지가 된 한국의 관계도 마찬가지였다.

○ 일본의 근대적 변모

영국은 동아시아의 시장을 확보하기 위해 1840년 청에 아편 전쟁을 도발하여 주요 항구를 개방시켰다. 한편, 태평양을 건너 아시아 진출을 기도하던 미국은 '포함 외교砲艦外交'를 통해 일본과 통상 조약을 체결하였다. 이처럼 아시아의 근대사는 서양 세력이 군사적 압력을 가하는 가운데 막이 열렸던 것이다. 일본의 하층 무사들은 260여 년 동안 지속했던 에도 막부를 무너뜨리고 왕정복고王政復古를 이룩하였다(1868). 메이지 정부는 입헌주의 정치 체제 확립, 식산 흥업의 달성, 문명 개화의 실현을 목표로 삼고 개혁을 추진하였다. 그 결과, 일본은 아시아에서 드물게 근대 국가로 변신할 수 있었다.

○ 조·일 관계의 변화

임진왜란 이후 조선과 일본은 서로 신뢰하며 교린 관계를 유지했으나, 서양 세력의 침투가 격화되자 갈등과 대립의 관계로 변화하였다. 특히 조선보다 먼저 문호를 개방하여 근대 국가를 수립하였던 일본은 서양 열강에 당했던 쓰라린 경험을 조선에 덮어 씌움으로써 한반도에 진출하려고 애썼다. 그리하여 250여 년 동안 지속됐던 양국의 평화적 교류는 끝나고 말았다.

○ 서양 문명의 수용

조선, 일본, 중국의 동아시아 3국은 압도적으로 우세한 서양의 과학 기술과 군사 장비에 충격을 받고, 이를 수용하기 위해 노력하였다. 그렇지만 그 열성과 성과는 각국의 역사적 경험과 현실적 능력에 따라 서로 달랐다. 일본은 천황을 내세워 국민을 통합하는 한편, 서양 문물의 수용에 매진하여 부국강병富國強兵을 이룩하였다. 반면에, 조선은 전통을 고수하며 소극적인 자세로 임해 역사적으로 아쉬움을 남기게 되었다.

개화기 때 일본 자본의 방적 공장*

2 _ 한국이 근대 문화를 수용하려고 노력하다

견문 사절단의 파견　　개항 이후 조선 정부는 청·일 두 나라에 사절단을 파견하여 근대 문화를 수입하려고 시도하였다. 조선 정부는 일본에 수신사修信使와 근대 문물 시찰단인 조사사찰단朝士視察團을 파견하여 정치, 경제, 행정, 사법, 군사 등에 관련된 중추 기관을 살펴보고, 개화 정책의 추진에 참고하도록 하였다.

조선 정부는 또 청에 영선사領選使와 함께 40여 명의 학생과 관료를 파견하여 기기국機器局에서 근대적 기술을 연마하도록 하였다. 이들은 귀국하여 기기창機器廠을 건립하여 운영하였다. 조선 정부는 미국에도 보빙사報聘使를 파견하여 국제 정세를 살피는 한편, 선진 문물을 사찰하도록 하였다. 또, 기독교를 전파하기 위해 내한한 선교사 등을 통해 근대 교육과 학문을 도입하였다.

유학생의 증가　　개항 직후 일본에 파견하였던 사절단 중에서 몇 사람은 현지에 잔류하여 일본이 수용한 서양의 학문과 기술을 배웠다. 이들은 학업을 마치고 귀국하여 조선의 근대적 개혁을 위해 공헌하였다.

19세기 말 조선 정부는 국비 유학생을 일본에 파견하였다. 200여 명에 달하였던 이들은 게이오기주쿠慶應義塾에서 공부한 후 상급 학교에 진학하였다. 그 후, 일본이 노골적으로 조선 침략을 시도하자 국비 유학생은 차차 줄어든 반면에 사비 유학생이 점차 늘어났다. 그리하여 일본이 한국을 강점하여 식민지 지배 체제를 확립한 1920년대에는 그 수가 4천여 명에 달하였다. 이들 중에는 대지주와 같은 유복한 가정의 자제도 있었지만, 가난 때문에 일을 하면서 공부하는 학생도 적지 않았다.

연도		1897	1898	1899	1900	1901	1902	1903	1904	1905	1906	1907	1908	1909
학생수	기왕	150	161	152	141	140	148	102	197	430	554	702	739	595
	신규	160	2	6	7	12	37	158	252	153	181	103	147	5

대한 제국기의 일본 유학생수 변화
(김기주, 『한말 재일 한국 유학생의 민족 운동』)

◯ 근대 사회의 모색

일본 유학생은 귀국하여 관료, 군인, 기술자, 사업가로 활약하며 근대 문명을 조선에 이식하는 데 기여하였다. 이들 중에는 급진적 방법으로 국가 개조 운동을 벌인 사람들도 있었다. 그리고 일본의 세력을 등에 업고 권력을 장악하려고 날뛴 사람들도 있었다. 반면에 사회 진화론이나 민족주의 사상 등을 수용하여 자강 계몽 운동이나 실력 양성 운동을 전개한 사람도 있었다. 또, 사회주의 사상을 도입하여 노동자 운동이나 농민 운동의 선봉에 선 사람도 적지 않았다.

◯ 근대 문화의 수용

한국은 자신의 전통 문화와 외래 문화를 결합하여 새로운 근대 문화를 스스로 만들어 내는 데 많은 어려움을 겪었다. 일본의 침략으로 나라마저 빼앗긴 상황에서는 더욱 그러하였다. 더구나 서양 문화를 나름대로 소화해 낸 일본이 압도적인 힘으로 한국에 군림하자, 한국인의 문화적 자주 의식은 쇠퇴할 수밖에 없었다.

그렇지만 시간이 지남에 따라 근대 교육을 받은 지식인이 늘어나고 근대 문물의 효용을 자각하는 민중이 증가함에 따라 한국에서도 근대 문화 수용이 진전되었다. 다만, 한국에서의 근대 문화의 주도권은 어디까지나 일본인들이 쥐고 있었기 때문에, 거기에는 일본적 색채가 짙게 배어 있었다. 그럼에도 불구하고 한국인들은 이러한 근대 문화를 통해 삶의 질을 향상시켜 나갔다. 또, 체육이나 무용 등의 분야에서는 한국인이 숨겨진 문화적 소양을 발휘하여 일본인을 능가하는 업적을 쌓기도 하였다.

일본 최초의 정부 구미 시찰단* 오른쪽에서 두 번째가 이토 히로부미다.

◯ 일본 문화에 대한 반발

한국에 도입된 근대 문명의 이기는 대부분 일본이 한국을 침략하고 지배하기 위한 목적을 어느 정도 가지고 있었다. 한국인들은 처음에 이를 대단히 못마땅하게 여기고 철도, 전신 등을 파괴하기도 하였다. 그렇지만 언제까지나 근대 문명의 편리함을 완전히 부정할 수는 없었다. 한국인들은 근대 문명을 향유하면서 자신의 삶을 개선하고, 또 이의 발전을 통해 궁극적으로는 일본의 지배를 극복하려고 노력하였다.

3 _ 일본 문화가 한국으로 전해지다

문화 전파의 새 유형
　　　　　　　　근대에 들어서서 한국과 일본의 문화 교류는 종래와 다른 양상을 보였다. 전 근대 시기에는 대륙의 선진 문화가 한반도에서 소화되어 일본으로 흘러가는 것이 일반적 흐름이었다. 그렇지만 근대에 들어서서 서양의 선진 문화가 동양으로 밀어닥치자, 이를 재빨리 받아들여 소화해 낸 일본의 문화가 한반도로 침투하는 경향이 강해졌다. 문화 교류의 역전 현상이 일어난 것이다.

　문화 교류에는 예부터 인간의 이동 등에 의해 자연적으로 이루어지는 '유전流傳'과 지배 세력이 자신의 문화를 강제로 보급하는 '이식移植'의 두 형태로 진전되어 왔다. 일본 문화가 한반도에 전파되는 데는 이 두 가지가 모두 작용하였다. 이러한 일본 문화의 전파는 한국인의 필요에 의해 이루어지기도 했지만, 한국 문화와 마찰을 일으켜 반발과 저항을 불러일으킨 경우도 많았다.

일본인의 한반도 이주
　　　　　　　　일본이 한국을 침략하고 지배하는 과정은 일본인이 한국인에 이주하여 정착하는 과정과 일치하였다. 일본인의 이주는 개항과 더불어 시작되었는데, 러 · 일 전쟁 이후 그 수가 급격히 늘어났다. 그리고 한국 강점 이후에는 일본인이 전국 구석구석까지 파고들어 민간인만도 70만 명이 넘었다.

일본 문화의 유전
　　　　　　　　일본인의 이주는 자연히 일본 문화의 유전을 초래하였다. 그들은 선진 학문과 기술을 몸에 익히고 있는데다가 권력의 비호 아래 관료뿐만 아니라 농업, 상업, 공업, 광업 등 모든 직종의 주요 직책을 독점하고 있었기 때문에 한국 사회에 미치는 영향이 컸다. 일본인 이주자들은 한국의 사회와 문화에 동화하기보다는 자신들의 생활 방식과 문화 의식을 고수하였다. 오히려 지배자 문화라는 유리한 조건 속에서 일본 문화가 한국인에게 침투하는 경향이 강하였다.

　한국에 유전된 일본 문화는 일본 고유의 것도 있었지만 대부분은 서양의 문화를 일본에서 소화한 것이었다. 그렇기 때문에 한국인도 별로 저항감을 느끼지 않고 받아들이는 경우가 많았다.

○ 일본 문화의 이식

일본의 한국 통치의 기본 방침은 한국인을 일본인으로 만드는 데 있었다. 그렇기 때문에 일본은 한국에 일본 문화를 이식하려고 애썼다. 특히 1930년 대 이후 전시 체제가 강화되면서부터는 한국인의 민족 의식과 민족 문화를 말살하고 일본 정신과 일본 문화를 심어주기 위해 갖은 노력을 다하였다. 이에 신사 참배, 일본어 상용, 창씨 개명 등을 통해 일본 정신과 일본 문화를 몸에 익히는 한국인도 있었으나, 한국의 전통 문화와 민족 의식은 강화되었다.

등교(1940년대 초)＊ 전시 동원 체제 하의 학교 교육의 현주소를 잘 보여 주는 사진이다. 이 시기 학생들은 '근로 봉사' 라는 이름의 강제 노동에 동원되거나 각종 행사장에 동원되어 공부할 시간은 거의 없었다.

전시 체제기에 일본이 한국에 이식하려고 애쓴 문화는 일본의 텐노주의天皇主義나 내셔널리즘을 극단적으로 강조하는 것들이었다. 그렇기 때문에 한국인이 이를 흔쾌히 받아들이기가 어려웠다. 따라서, 일본 문화의 강제 이식은 자연히 한국인의 반발과 저항을 초래하였다. 한국인은 자신의 역사와 문화에 대한 자부심이 강한데다가 일본에 대해서는 우월 의식조차 가지고 있었기 때문에 더욱 그러하였다.

비석에까지 새겨 놓은 내선 일체＊ 일제는 한민족의 일본인화를 위하여 소위 '내선일체內鮮一體'를 부르짖었다. 그리고 전국 각처에 이를 선전하는 비석을 세웠다.

4 _ 한국인과 함께 살아가려는 일본인도 있었다

야나기 무네요시*

한국인의 처지를 이해한 일본인

극히 드문 일이었지만 한국인의 처지를 이해하고 도우려는 일본인이 없었던 것은 아니었다. 한국의 문화를 높이 평가하고 한국인과 같이 살려고 노력한 사람도 있었다. 일본인의 대다수가 한국인의 고통을 외면하는 가운데 국경과 민족을 뛰어넘어 보편적 인류애를 실천한 일본인에 대해 한국인들은 감사한 마음으로 대하였다. 민족 간의 갈등과 투쟁으로 점철되던 시기에 일본인과 한국인 사이에 실낱같지만 인간적 교감과 교류가 있다는 사실은 오늘날 우리에게 많은 교훈을 준다고 할 수 있다.

한국을 사랑한 일본인

일본 문예 운동의 창시자, 지도자로 알려진 야나기 무네요시柳宗悅(1889~1961)는 1910년대 몇 차례 한국을 여행하며 한국의 도자기, 건축, 불상, 민화의 아름다움을 발견하였다. 그리하여 그는 조선 총독부 건물을 세우기 위해 경복궁景福宮의 정문인 광화문을 철거하자는 논의가 일었을 때 이에 극력 반대하였다. 그리고 예술을 통해 조선인을 이해하려고 노력하여, 조선미술관을 설립하고 전람회를 열었다. 그는 무력과 탄압으로 한국을 지배하던 조선총독부의 식민 정책을 비판한 양식 있는 문화인이었다.

아사카와 타쿠미*

아사카와 타쿠미淺川巧(1891~1931)는 조선 총독부의 기술 관료였으나, 한국의 문예를 이해하고 한국의 산림 녹화에 종사하였다. 그는 한국의 산과 민예를 무척 사랑하였다. 그리하여 한국인의 마음을 사로잡았다. 그가 죽은 후 한국인들은 그를 한강이 내려다보이는 산기슭에 묻고 "한국인의 마음 속에 산 일본인, 여기에 한국의 흙이 되다."라는 묘비를 세웠다.

한국의 민족 운동과 뜻을 같이한 일본인

혁명가 박열朴烈의 부인 가네코 후미코金子文子(1903~1926)는 1923년 관동 대진재 때 체포되어 대역죄로 기소되었다. 그는 천황과 국가를 부정한 죄로 사형을 선고받은 후 무기 징역으로 감형 받았으나, 국가 권력으로부터 주어진 삶을 거부하고 23세의 나이에 감옥에서 스스로 목숨을 끊었다. 그런데 당시 박열과 가네코의 변호

가네코 후미코*

를 담당한 일본인 변호사 후세 다츠지布施辰治(1880~1953)는 광주 학생 운동 당시에도 재판 과정에서 한국 학생을 변호하였다. 그는 한국인의 아픔을 이해하고, 그들의 형량을 줄이기 위해 노력한 국제 평화주의자였다.

후세 다츠지*

한국 고아의 어머니가 된 일본 여성

다우치 치즈코田內千鶴子(1912~1968)는 조선 총독부의 관료인 아버지와 함께 한국의 남쪽 항구 목포에서 살았다. 그는 여학교를 졸업한 후 목포에서 공생원共生園이라는 고아원을 운영하던 한국인 남성과 결혼하고 한국의 고아를 헌신적으로 돌보았다. 그는 8·15 광복 후 일본으로 귀국했다가 다시 한국으로 건너와 공생원을 운영하였다. 6·25 전쟁 때에는 남편이 행방 불명된 상황에서도 몰려드는 고아를 사랑으로 돌보았다. 한국 정부는 그녀의 국경을 초월한 인류애의 실천에 대해 문화 훈장을 수여하였다. 목포 시민들은 그가 사망하자 시민장으로 애도하여 공헌에 보답하였다.

다우치 치즈코*

편견에서 벗어나 한국사를 연구한 일본인

가지무라 히데키梶村秀樹(1935~1989)는 패전 후 일본의 한국사 연구를 이끌어간 선구적 학자이다. 그는 일본의 한국 지배에 대한 반성과 비판 위에서 한국의 역사를 새로운 시각으로 연구하였다. 그 이전의 한국사 연구는 한국사의 후진성과 타율성을 강조하는 방향으로 고정되어 있었다. 그는 이러한 시각에서 탈피하여, 한국의 역사도 한국인에 의해 자율적으로 발전해 왔음을 논증하는 많은 논저를 발표하였다. 당연하다고 할 수밖에 없는 이러한 연구가 그 전의 일본에서는 별로 없었던 것이다.

그는 역사 연구뿐만 아니라, 일본의 한국 침략과 통치에 대한 책임을 묻는 활동도 전개하였다. 또 한국의 민주화 운동을 지원하는 한편, 재일 한국인의 지위를 향상시키기 위해서도 열심히 노력하였다. 그는 젊은 나이에 세상을 떠났지만, 그가 심어놓은 한국사 연구와 한·일 연대의 나무는 지금도 무럭무럭 자라고 있다.

가지무라 히데키*

6

한국과 일본의 새로운 관계와 문화 교류

1 _ 일본에 살고 있는 한국인

일본에 사는 외국인   총리부의 통계에 따르면, 2010년 7월 현재 일본에 거주하는 외국인은 약 220만 명이며, 이 중에서 재일 한국인이 약 58만 명으로서 전체 외국인의 26%를 차지한다. 그리고 그 가운데 '특별 영주자' 가 40만 명 정도이다. 이는 다른 나라 사람들과 비교할 때 대단히 많은 수이다. 요 몇 해 사이에 중국인이 급증하여 일본에 사는 외국인의 최다수가 되었지만, 그전에는 오랫동안 한국인이 제1위였다.

일본에 건너간 한국인   1910년부터 일본이 한국을 통치하게 되자, 각종 정책의 영향으로 한국에서 일본으로 이주하는 사람들이 늘어났다. 일본으로 건너간 한국인들은 1920년대에 들어와 오사카 등의 대도시에 한국인 마을을 형성하기 시작했으며, 1930년대 말에는 그 인구가 90만 명을 넘어섰다. 한국인 마을에는 한국요리 식당과 식료품점, 한국인 대상의 옷가게와 잡화점들이 생겨났다. 대다수의 한국인은 일용직 육체 노동자나 직공으로 일했으며, 임금에서 일본인과 심한 차별을 받았다. 이러한 어려움 속에서도 재일 한국인은 독립을 위한 민족 운동을 전개하였다.

관동대진재의 혼란 속에서   1923년 9월 1일, 일본의 간토關東 지방에서 대지진이 일어나 도쿄東京, 요코하마橫浜 일대가 폐허로 변하였다. 이 대혼란의 와중에 한국인들이 폭동을 일으켰다는 등 근거 없는 헛소문이 유포되어 일본의 군대, 경찰, 민중에 의해 약 6,700명의 한국인이 학살되었다. 그 후 일본 정부는 한국인을 교화하여 통제하는 정책을 취하게 되었다.

전쟁 속에서

일본이 중국을 침략하는 전쟁을 일으키자 일본 열도에서 노동력의 부족이 심해졌는데, 이를 메우기 위해 많은 한국인이 동원되었다. 그들은 일본의 공장이나 탄광, 광산 그리고 갖가지 토목 공사 현장에서 중노동을 강요당하였다. 이 중에는 강제적으로 연행된 사람도 다수 있었다. 그들은 전쟁 말기에 일본인과 똑같이 미군의 공습을 받았으며, 히로시마廣島나 나가사키長崎에서 원자 폭탄에 피폭되기도 하였다. 일본의 압제로부터 벗어나던 1945년에는 약 230만 명에 이르는 한국인들이 일본에 거주하고 있었다.

광복 후의 재일 한국인

일본의 패전으로 한국은 광복하였고, 일본은 연합군 최고 사령부(GHQ)의 지배를 받게 되었다. 이때 일본에 살던 한국인 중에는 조국으로 돌아온 사람들도 있었지만, 일본에 계속 남은 사람들도 적지 않았다. GHQ와 일본 정부는 이들 한국인의 일본 국적을 지속시키면서도 선거권은 인정하지 않는 등 외국인으로서 관리하였다. 그러나 1952년에 연합국이 대일강화조약을 체결함에 따라 독립하게 된 일본은 그동안 일본 국적을 지녀 온 한국인에 대해 일본 국적의 인정을 취소하는 조치를 취하였다.

그러다가 1965년에 한·일 국교가 정상화되자 전쟁 때부터 일본에서 살기 시작한 한국인과 그 자식(2세)에 한하여 일본에서의 영주를 인정하였으며, 1990년에는 1945년 이전부터 줄곧 일본에 거주해 온 모든 외국인과 그 자손에게 '특별 영주자'라는 이름으로 일본에서의 영주를 인정하였다. 그러나 한국이 남북으로 분단되어 두 개의 정부가 수립된 데다가 6.25전쟁이 일어나자, 남한과 북한을 각각 모국이라고 생각하는 민족 단체 사이에 대립도 생겼다. 이 시기의 재일 한국인은 일본 국적의 유무 또는 영주권의 종류 등 조건에 따라 일본인과 달리 각종의 차별 대우를 받았고, 일본인 가운데서도 차별 의식을 가진 이들이 적지 않았으므로 생활에 많은 괴로움을 겪었다.

근년에는 일본 국적의 취득이 비교적 쉬워져서 일본인과의 결혼이 늘고 귀화하는 사람도 증가하였는데, 이러한 추세는 재일 한국인의 수가 크게 감소하는 원인으로 작용하고 있다. 한류 붐으로 말미암아 한국과 친하게 된 사람들이 늘고 있기는 하지만, 자기 주변에 사는 한국인의 생활을 존중하고 문화의 다양성을 인정하는 사회 분위기를 만드는 것이 일본인에게 남은 과제이다.

2 _ 국경을 넘나들며 문화가 서로 영향을 주고 있다

○ **사람, 물자, 정보의 폭주**　　　오늘날, 한국과 일본은 세계에서 가장 활발하게 사람, 물자, 정보가 오가는 사이가 되었다. 1년에 한국을 다녀가는 일본인은 260만 명, 일본을 다녀오는 한국인은 270만 명을 넘어섰다. 그리고 한국과 일본의 1년 무역 규모는 수출입을 합하여 9백억 달러에 육박한다. 양측 모두, 중국을 제외하면 1, 2위를 다투는 대외 무역액이다. 두 나라를 연결하는 항공편은 20여 도시로 확장되었고, 위성 방송을 통해 안방에서도 언제든지 상대국의 방송을 시청할 수가 있다. 국제 전화와 인터넷이 실시간으로 양국의 국민을 연결해 주고 있는 것은 말할 필요도 없다.

○ **체제와 가치관의 공유**　　　한국과 일본의 교류가 이렇게 활발하게 된 것은 국제화·세계화의 진전에 따른 것이지만, 더욱 중요한 이유는 한국과 일본이 자유 민주주의와 시장 경제 체제를 공유하고 있기 때문이다. 가치관을 공유하는 두 나라의 긴밀한 관계는 동아시아뿐만 아니라 세계의 평화와 번영을 위해서도 바람직한 일이다. 두 나라는 '한·일 교류의 해'를 설정하는 등의 사업을 통해 상호 유대를 강화하기 위해 노력하고 있다.

○ **일본인이 좋아하는 김치와 비빔밥**　　　한·일 간의 교류가 활발해짐에 따라 양국에서는 상대국의 음식을 좋아하는 사람들이 늘어났다. 특히 일본인 중에서는 한국의 김치와 비빔밥이 영양이 풍부하고 미용에도 좋다하여 즐겨 먹는 사람이 많아졌다. 한국에 오는 상당수의 일본인은 맛있는 한국 음식을 먹기 위해서라고 말한다.

　　김치와 마늘은 원래 일본인이 한국인을 낮출 때 예로 드는 음식이었다. 냄새가 고약하다는 이유에서였다. 심지어 나이 많은 일본인 중에는 한국인이 매운 고추와 마늘을 많이 먹기 때문에 머리가 나쁘다고까지 말하는 이도 있었다. 그런데 지금은 한국인이 축구를 잘하고 몸맵시가 좋은 것은 고추와 마늘을 많이 넣은 김치와 불고기를 잘 먹기 때문이라고 생각하는 사람이 많다. 음식도 하나의 문화이다. 일본인이 한국의 김치와 비빔밥을

김치, 일본서 '밥도둑' 3위에

후지 TV 설문조사

김치가 일본인들이 꼽은 '밥도둑' 밥반 3위에 올랐다. 일본의 민영방송인 후지TV가 지난 11일 방송한 정보(배특) 프로그램 '트리비아의 샘'에서 '일본인이 이것만 있으면 밥을 몇 공기라도 먹을 수 있는 환상의 음식'을 고려라는 별문 조사결과, 김치가 3위에 꼽혔다.

일본의 47개 도도부현(都道府縣)에서 1미명씩 모두 4천7백명을 대상으로 실시한 이번 조사에서 김치는 2천5백표를 얻었다. 1위는 명란젓(4백5표), 2위는 한국의 불고기를 비슷한 '니쿠쟈가'(쇠고기·감자조림, 3백6표)가 차지했다. 김치는 ...

4위는 ▶백김치 절임(3백...▶낫토콩(2... 5위는 ▶다쿠앙(단무지, 2백...▶카레라(2... 6위는 ▶도시라쿠(젓갈, 2백...로 모두 짜 렸다. 김치와 5위와의 일본에서 인기를 끌고 있는 '야키니쿠(불고기)'는 17위, 한국식 김치볶음밥이 40위에 올랐다.

1위를 빼면 김치는 한국 김치와 달리 만든 모습 고 단무지·다쿠앙과 절임이, 한국산의 일본식 김치도 ... 일기 위해서는 고추, 젓갈과 외화에 이 위해 오지게 말린다. 한국 발효식품이 특유의 ... 은 맛이 있어야 일본산의 단맛 상대적으로 ... 로 온다.

luckyman@joongang.co.kr

일본을 강타한 김치 열풍(「중앙일보」, 2004. 2. 14)*

좋아하게 된 것은 상대방의 문화에 대한 이해가 그만큼 깊어졌다는 것을 의미한다.

한국인이 좋아하는 카레와 라면

한국의 젊은이들에게 어떤 음식을 가장 좋아하느냐고 물으면 카레 또는 라면이라고 대답하는 경우가 많다. 반면에 나이든 사람에게 똑같은 질문을 했을 때는 자장면이라는 대답이 압도적으로 많다.

그런데 여기서 말한 카레와 라면은 일본식으로 개량된 것이다. 한국의 젊은이들은 이를 즐겨 먹으면서도, 이것이 일본에서 일본인의 구미에 맞게 변형된 것이라는 사실조차 모르고 즐기는 것이다. 어묵꼬치おでん나 우동うどん도 마찬가지이다.

한국의 도회지에는 어디를 가나 일식집이 있다. 일본 음식을 파는 곳이다. 물론 한국인의 입맛에 맞게 변형된 생선회와 구이 등을 파는 경우가 많다. 그렇지만 일식집이라는 간판을 내걸고 손님을 접대하는 음식점이 즐비하다는 것은 일본의 음식 문화가 한국인의 생활에 그만큼 깊게 침투해 있다는 것을 말해 주는 증거이다.

대중 문화의 상호 교류

한국은 십 수 년 전까지만 하더라도 일본의 대중문화 수입을 공식적으로는 허용하지 않았었다. 그렇지만 한·일 월드컵의 공동 개최를 계기로, 1998년부터 점차적으로 규제를 풀기 시작하여 2003년 말에 전면 개방하기에 이르렀다. 그리하여 한국인들은 일본의 영화와 TV드라마, 음악, 게임 등을 마음껏 즐기고 있으며, 특히 젊은이들 중에는 일본의 만화와 대중음악, 소설에 푹 빠져 있는 경우가 많다. 일본에서 인기를 끌었던 만화는 거의 모두 한국에서 번역 출판되어 젊은이들의 사랑을 받았다. 〈천지인天地人〉〈아츠히메篤姬〉 등의 일본 시대극이 한국의 동호인들에 의해 자막 처리가 되어 인터넷을 통해 널리 유포되면서, 그 무대가 되었거나 촬영지로 쓰인 지역을 단체로 찾아가는 여행이 붐을 이루기도 했다. 거꾸로, 일본인 중에서도 한국의 영화와 드라마, 대중음악과 가수를 좋아하는 경우가 적지

(위)한국에서 상영돼 인기를 끌었던 일본 영화 〈러브레터〉
(아래)일본에서 방영돼 대단한 인기를 끈 KBS 드라마 〈겨울연가〉

않다. 최근에는 K-POP으로 알려진 한국의 청소년용 음악과 율동이 일본에서 큰 인기를 얻으면서 장근석과 동방신기, KARA, 소녀시대 등 이른바 '한류 가수'들의 콘서트가 일본의 여러 도시에서 열렸다. 일본의 NHK가 연말에 방영하는 '홍백노래대결紅白歌合戰'이라는 국민적 프로에는 으레 한국 출신의 가수가 몇 명 정도 끼어 있을 때가 많다.

공생 공영을 위한 한국인과 일본인의 연대 활동

한국과 일본 사이에 사람, 물자, 정보의 교류가 빈번한 것은 이를 통해 양측이 서로 이익을 얻고 있기 때문이다. 서로 도움이 되지 않는 교류는 사실상 오래 지속되지 못한다.

그런데 한국인과 일본인은 눈앞의 경제적 이익만을 위해 교류하고 협력하는 것은 아니다. 그 중에는 인류 보편의 가치와 명분을 실현하기 위해 함께 일하고 돕는 경우도 많다.

한국의 서울 근교에는 제2차 세계 대전 때 일본군의 위안부로 끌려갔던 할머니들이 모여 사는 '나눔의 집'이 있다. 일본의 어떤 젊은 여성은 스스로 이 곳을 찾아와 궂은일을 한다거나, 할머니들의 말동무가 되어 주고 있다. 또, 일본인 중에는 이 할머니들을 지원하는 한국의 여성 단체와 힘을 합쳐 일본 정부에 사과와 보상을 요구하는 경우도 더러 있다.

일본에서는 침략 전쟁을 긍정적으로 평가하는 역사 교과서가 학교 교육에 등장하여 국내외의 비판을 받은 적이 있었다. 이때 뜻을 같이하는 한·일 양국의 시민과 단체는 힘을 합쳐 이에 대한 비판 운동을 전개하여, 이 교과서의 채택률을 아주 낮게 억제하는 데 성공하였다. 이 밖에도 한국과 일본은 환경을 비롯하여 수많은 문제를 둘러싸고, 정부 또는 민간인 차원에서 서로 협력하고 하고 있다.

이와 같은 교류 협력은 당장에 눈에 보이는 이익을 가져오지 않을지 모르지만, 상호 이해와 공존공영을 실현하기 위해 꼭 필요한 과정의 하나이다. 한·일 양국의 시민들은 불행했던 과거의 역사를 거울삼아 상호 신뢰와 존중의 교린 관계를 구축하기 위해 노력하는 중이다.

(좌)한국에 온 일본의 전통 스포츠 스모＊ 일본의 전통 스포츠인 스모 경기가 2004년 2월 14·15일에는 서울에서, 18일에는 부산에서 열려 한국인들의 관심을 모았다.
(우)한일청년교류회＊ 한일청년교류회는 한국과 일본의 가톨릭 청년들이 서로에 대한 인식의 폭을 넓히고, 이해의 키를 높이기 위한 것으로 2012년 현재 18회째를 맞고 있다. 사진은 2003년 2월 20일, 비무장 지대 제3땅굴을 방문한 뒤 두 나라의 청년들이 함께 찍은 것이다.

3 – 미래 세대에 바라는 교류의 자세

평화롭던 교류 시대　한·일 두 나라는, 긴 역사 속에서 때때로 불행한 일을 겪기도 했지만 그보다 더 오랜 기간 동안 여러 모습으로 밀접하게 교류하며 살아왔다.

원시 시대에서 고대에 걸친 동아시아 세계사의 흐름은 주로 대륙에서 해양으로 전개 되었다. 즉, 대륙에서 한반도로, 한반도에서 일본 열도로 향하는 문화의 흐름이 이 시기 의 대세였다. 한반도에서 일본으로의 흐름은 도항 이주하는 사람들을 따라 자연스럽게 평화적이고 기여적인 성격을 띠었다.

그러나 이 흐름은 신라에 의한 한반도의 정치적 통일 후 서서히 끝을 맺게 되었다. 이 로부터 19세기 중반, 구미 식민주의 세력이 동아시아로 밀어닥치며 아시아의 근대사가 열리게 되기까지 실로 1,000년간, 한·일 두 민족은 한정된 국교 관계를 유지하면서 서 로 문화를 교류하였다. 이 기간 동안의 공적 외교 관계가 전란과 정치적 갈등으로 말미 암아 수 차례 중단되어 그다지 순조롭게 진행된 것은 아니었으나, 상인商人의 무역 활동 마저 차단된 것은 아니었기 때문에 양국은 제한된 범위에서나마 문물의 교류를 계속 유 지할 수 있었다.

아픔의 이식 시대　근대에 들어와서 서양 식민주의 국가가 추진하는 '세계 의 서구화' 파동이 동아시아로 밀려들면서 세계사의 조류 는 서에서 동으로, 해양에서 대륙으로 흐르게 되었다. 동아시아에서 근대 국가로 발전한 일본은, 이런 조류를 타고 근대 식민주의적 대륙 정책을 정치적·군사적으로 강행하였 다. 근대사의 흐름은, 평화적이고 기여적이었던 고대의 그것과 달리, 아픔과 희생을 강 요하는 식민주의·제국주의적 성격을 강하게 띠었다.

한반도는 세계사의 이러한 조류를 타고 전개되는 제국주의 열강 간의 세계 분할 정책 과 국제적 야합의 제물이 되어 이웃한 일본의 식민지로 전락하여 근 반세기 동안 시련을 겪어야 하였다. 이 시기에 민족성을 말살하려는 의도에서 강행된 이질 가치, 이질 문화 의 강제 이식 정책에 따라, 한국인은 민족적 자존심에 큰 손상을 입게 되었으며, 그 상처 는 아직도 양국 간 교류의 걸림돌로 영향을 주고 있다.

희망찬 교류의 새 시대

오늘날 세계는 지구촌 시대의 새로운 국면을 맞고 있다. 미래의 세계사는 발전적 역사 의식에 바탕을 둔, 보편과 개별의 조화로운 활동에 의한 국제간의 상호 보완적 교류에 의해 전개되어 나갈 것이다. 지리적으로 가까운 한·일 두 나라의 경우는 더욱 더 그러하다. 새 시대에는, 정치와 문화가 어느 한 편을 향해 일방적으로 흘렀던 과거의 관계를 청산하고, 우애와 신의에 기초한 상호 교류를 통해 서로 이해하며 국제 공영과 세계 평화를 위한 활동을 실천해 나가야 한다.

이웃 간의 갈등과 괴리를 그냥 두고 세계화를 논하는 것은 허구의 메아리일 수밖에 없다. 그러므로 한·일 양국민은 이웃 나라의 역사와 문화를 제대로 이해하고, 서로의 사정을 감안하면서 교린을 다지는 노력을 기울일 필요가 있다. 역사적으로 청산할 과거는 진지한 대책으로 속히 해소하고, 미래지향적 역사 전개를 위해 함께 노력하여야 한다. 상호 이해를 위한 노력은 단지 우리 두 나라의 장래만이 아니라, 미래의 세계사 발전에도 기여할 수 있는 역사적 삶의 기본이다. 한·일 양국민은 바로 이웃한 나라의 국민으로서 미래의 역사를 함께 개척해 나가야 하는 만큼, 심정적으로도 서로를 가깝게 여기며 개방적이고 호의적인 자세로 상호 교류에 적극 임해야 할 것이다.

국제화된 지구촌 사회의 삶은 이웃 나라의 처지를 서로 돌아보고 챙겨주는 자세로부터 출발한다. 자국 또는 자민족이 처한 위치와 처지를 생각하며 주장할 것은 주장하되 양보할 것은 양보해야 함께 더불어 살 수가 있다. 그러자면 눈앞의 이익만 생각하는 독선적 시각에서 벗어나 세계사적 안목에서 자국의 역사를 바라보고, 이웃 나라와의 오랜 관계를 큰 맥락에서 존중하며, 더 나아가 상대편의 처지에서 스스로를 돌아볼 수 있는 역사 이해력을 갖는 자세가 필요하다.

한국 탈춤의 가면(하회탈)과 일본 노能의 가면(노멘)

이 책 제1부의 제1편은 최근의 고고 발굴 및 역사 연구의 성과를 적극적으로 반영하여 서술하였다. 그러므로 그 이해와 서술에서 다른 역사책의 그것과 다소 다른 점이 있었을지 모른다. 이와 관련하여 아직 더 연구하고 밝혀야 할 사실이 적지 않다고 생각하지만, 지금부터 함께 궁리할 과제를 제시해 보는 것도 일정한 의미를 지니리라는 학문적 전망과 이 책을 여타의 역사책과 구별되는 특징 있는 책으로 만들어 보자는 필자로서의 욕심에서 소목차를 이렇게 구성하고 내용을 서술하였다. 너그러운 이해와 관심을 기대한다. 원래 이 책은 한국인과 일본인 사이에 놓인 역사 인식의 장벽을 천주교의 정신인 평화와 사랑을 통해 허물려는 취지에서 한국 천주교 중앙 협의회가 기획하고 지원함으로써 처음 간행된 것이었다. 1996년 2월 16일 '한·일 교과서 문제 간담회'라는 이름으로 한·일 양국의 가톨릭 주교 교류 모임이 시작되었는데, 공동의 역사 인식을 갖기 위해서는 우선 역사 사실에 대한 정확한 이해가 필요하다고 생각한 양국 주교단은 두 나라의 역사학자를 초청하여 몇 차례에 걸쳐 강의를 들었다. 이때 강의에 참여한 학자가 이원순, 기미지마 가즈히코, 정재정 교수 등이다. 그리고 이 일이 계기가 되어 공동의 역사 인식을 향한 교재를 만들기로 하였고, 그러기 위해 먼저 서로 상대국이 알아주길 원하는 자국의 역사를 서술하여 제시해 보기로 하였다. 한국 천주교 중앙 협의회의 명의로 발행된 이 책의 초판은 그 열매였다.

그리고 이 개정판은 동 협의회가 개정 방침과 그 서술 일체를 집필자들에게 일임해줌으로써 출판되었다. 초판 출판 후의 여러 사정을 널리 이해하고 이와 같이 처결해준 한국 천주교 주교단과 중앙 협의회 관계자 여러분께 깊이 고개 숙여 고마운 마음을 전한다. 그리고 이 책의 쓰임새를 높이 평가하여 개정 작업을 지원해 준 동북아역사재단의 담당자 여러분께 감사한다. 또한, 한·일 모두 경제 사정이 어려워진데다 전자책이 크게 늘어 인쇄 출판 업계 전반이 난국에 처한 시점에서, 더욱이 책 전체가 천연색 도판이라서 간행 비용이 많이 드는 이 책의 개정판 발행을 흔쾌히 결단해 준 한국 솔출판사의 임우기 사장과 일본 아카시서점明石書店의 이시이 아키오石井昭男 사장께 각별한 감사의 뜻을 표한다.

도판 목록 > >> >

22쪽 · 뾰족바닥 빗살무늬토기와 평바닥 빗살무늬토기들_
국립중앙박물관 · 농경문 청동기_국립중앙박물관
24쪽 · 비파형 동검과 세형 동검_국립중앙박물관
27쪽 · 단군왕검의 영정 · 미송리식 토기
30쪽 · 여러 가지 철기_국립중앙박물관
35쪽 · 경주 석굴암 본존불상
37쪽 · 고구려 불꽃 무늬 맞새김 금동관_국립중앙박물관
· 백제 왕과 왕비의 금제관장식_국립중앙박물관
· 신라 서봉총 금관_국립경주박물관
· 가야 금동관_계명대박물관
38쪽 · 무용총 수렵도 · 황룡사 복원 모형
39쪽 · 서산 마애삼존불 · 가야의 갑옷_계명대박물관
· 가야의 말 얼굴 가리개_부산대박물관
44쪽 · 발해 중대성첩 사본
45쪽 · 신라 촌락 문서
46쪽 · 불국사 · 감은사 터와 감은사지 3층 석탑_신용철
47쪽 · 발해의 석등
48쪽 · 부석사
49쪽 · 적산 법화원
51쪽 · 왕건릉
53쪽 · 고려 시대 금동대탑
59쪽 · 여진문자명동경_국립중앙박물관
62쪽 · 삼별초 항쟁 유적 항파두리성
64쪽 · 〈천산대렵도〉
65쪽 · 팔만대장경 경판 · 해인사 경판전 내부
66쪽 · 청자상감운학문 매병_국립중앙박물관
· 청자상감동채포도동자문 주전자와 받침_국립중앙박물관
67쪽 · 『직지심체요절』(영인본)_국립청주박물관
· 무구정광대다라니경
68쪽 · 대장군포
70쪽 · 조선 태조 이성계 영정
71쪽 · 세종대왕 영정 · 훈민정음(언해본)
72쪽 · 농사직설 · 정간 악보
73쪽 · 측우기 · 해시계 앙부일구(복제품)
74쪽 · 김득신의 〈노상현알〉
75쪽 · 성균관 대성전 · 성균관 배치도

76쪽 · 소수 서원 전경
77쪽 · 도산 서원 전경_국립중앙박물관
· 이황 초상 · 이이 초상
79쪽 · 『회본태합기』에 수록된 거북선의 위용_국립진주박물관
· 남한산성
82쪽 · 탕평비
83쪽 · 보부상 · 농악놀이
84쪽 · 탈춤_국립민속박물관 · 판소리 · 홍길동전
85쪽 · 신윤복의 〈단오풍정〉
· 김홍도의 〈빨래터풍경〉〈서당풍경〉
87쪽 · 대동여지도 _ 성신여대박물관
88쪽 · 정약용 초상 · 거중기_국립중앙박물관
· 시헌력_국립중앙박물관
89쪽 · 『천주실의』
90쪽 · 절두산 성지
93쪽 · 독립문
94쪽 · 미국 콜로라도 호 · 경복궁
95쪽 · 척화비 · 흥선 대원군
96쪽 · 운요 호 · 조 · 일 수호 조규의 체결 장면
97쪽 · 김옥균 · 신식 군대의 모습
99쪽 · 단발령 공문
100쪽 · 최제우 초상 · 사발통문
101쪽 · 농민군 지도자 전봉준
103쪽 · 뮤지컬 명성황후_에이콤 · 장충단
104쪽 · 원구단과 황궁우
105쪽 · 영은문 · 독립문
107쪽 · 통감부 건물
108쪽 · 안중근
109쪽 · 대성 학교와 학생들 · 황제복을 입은 고종
· 총을 겨누고 있는 의병
110쪽 · 이화학당 한옥교사
111쪽 · 부산 초량의 일본인 거주 지역 · 전차에 오르내리는
한국인들
112쪽 · 대한매일신보의 편집 광경
· 서양 신부에게 교리 문답을 받는 천주교 신자들
113쪽 · 독립신문 · 대한매일신보 · 황성신문 · 제국신문

114쪽 · 경복궁 근정전에 내건 일장기
115쪽 · 제복에 칼을 차고 있는 교사
116쪽 · 토지를 측량하고 있는 일본인들
117쪽 · 경운궁 앞에서의 만세 시위
　　　· 3·1 운동 때 동대문에 늘어선 민중들
118쪽 · 3·1 독립 선언문
119쪽 · 조선 총독부의 검열로 공백이 생겨 버린 「동아일보」 지면
120쪽 · 일본으로 실어가기 위해 부두에 쌓아놓은 쌀가마들
122쪽 · 흥남 질소 비료 공장
123쪽 · 수풍 발전소 · 강제로 징발한 놋그릇과 생활 용품
124쪽 · 조선 신궁 강제 참배 행렬
125쪽 · 여성 근로 보국대
126쪽 · 일본, 일본인의 것으로 바뀌는 한국의 거리들
127쪽 · 카자흐스탄 알마아타의 한국인 을유 문화사
128쪽 · 조선어 학회 사건으로 고초를 겪은 한국인들
129쪽 · 1926년에 상연된 영화 <아리랑>의 출연진과 제작진
　　　· 베를린 올림픽의 금메달리스트 손기정
130쪽 · 김구와 윤봉길 · 한국 광복군
131쪽 · 조선의용대 창립 기념 사진
133쪽 · 대한민국 정부의 수립 · 태극기
134쪽 · 광복의 기쁨
135쪽 · 일본의 경제 특수
137쪽 · 첨단 IT장비의 사용
　　　· 울산 공업 단지
138쪽 · 4·19 혁명 당시 종로 거리를 메운 시민들
　　　· 5·18의 현장
140쪽 · 도시의 고층 아파트 숲
141쪽 · 주차장을 가득 메운 자가용 행렬
142쪽 · 백제 문화제
143쪽 · 한국의 반도체 실험실 한국전자통신연구원
　　　· 2002 한·일 월드컵 공식 마스코트
144쪽 · 제2차 남북 적십자 회담
145쪽 · 이산 가족 상봉(2000)
　　　· 6·15 남북 정상 회담(2000)
147쪽 · 2006년 도하 아시안 게임 남북한 선수단 동시 입장
153쪽 · 빗살무늬토기 · 조몬토기

156쪽 · 오사카 왓소 마츠리 축제
158쪽 · 백제의 금동 반가사유상_국립중앙박물관
　　　· 일본 고류지 반가사유상
159쪽 · 고마 진자의 현판
161쪽 · 통일 신라 시대의 금동 초심지 가위_국립경주박물관
　　　· 일본의 금동 가위 · 엔닌이 세운 적산 선원
163쪽 · 『고려도경』의 「예성항」조
164쪽 · 황산대첩비
166쪽 · 『해동제국기』_국립중앙박물관
167쪽 · 활자 주조 광경_국립민속박물관
168쪽 · 안토니오 코레아 · 강항의 비석
169쪽 · 조선 통신사 행렬도
170쪽 · <마상휘호도>
172쪽 · 아메노모리 호슈
173쪽 · 개화기 때 일본 자본의 방적 공장
175쪽 · 일본 최초의 정부 구미 시찰단
177쪽 · 등교(1940년대 초)
　　　· 비석에까지 새겨 놓은 내선일체
178쪽 · 야나기 무네요시 · 아사카와타쿠미 · 가네코 후미코
179쪽 · 후세 다츠지 · 다우치 치즈코 · 가지무라 히데키
182쪽 · 일본을 강타한 김치 열풍(신문 기사)
183쪽 · 한국에서 상영된 <러브레터> 포스터
　　　· 일본에서 상영돼 인기를 끈 드라마 <겨울연가>
184쪽 · 한국에 온 일본의 전통 스포츠 스모
　　　· 한일청년교류회
185쪽 · 한국 탈춤의 가면(하회탈)과 일본 노能의 가면(노멘)

*사진 자료를 제공해 주신 기상청, 계명대박물관, 국립경주박물관, 국립민속박물관, 국립중앙박물관, 국립진주박물관, 국립청주박물관, 부산대박물관, 서울시시사편찬위원회, 을유문화사, 한국전자통신연구원, 한국정신문화연구원, 에이콤, 강제규 필름, 사진 작가 신용철 님, 국민대학교 강사 김철 님께 감사드립니다.

· 한국 학생들이 쉽게 이해할 수 있도록, 이 책에 나오는 일본 역사 용어를 간단하게 설명한다.

· 연표, 1부「한국의 역사와 문화」, 2부「한국과 일본의 문화 교류」에 수록된 순서에 따라 소개한다.

· 용어의 표기는 본문의 것을 따르되, 필요한 경우에만 한자와 일본어 발음을 병기한다.

연표

조몬 시대繩文時代

약 1만 년 전부터 일본 각지에서 발생한 신석기 문화 시대. 새끼줄 무늬의 조몬 토기와 간돌검(마제석검)을 사용하고, 수렵 · 어로 생활을 하였다. 기원전 3~4세기경에 야요이 문화彌生文化로 이어진다.

야요이 시대彌生時代

한반도와 중국에서 이주한 사람들이 기타큐슈 지방에 전한 선진 문화의 시대. 일본의 동부로 전파되면서 일본 고대 사회가 발전하게 된다. 기원 후 3세기까지 계속되었으며, 야요이 토기와 금속(청동기 · 철)기를 사용하고 벼 중심의 수도작水稻作에 기초한 문화라는 점에서 앞의 조몬 시대 문화와 구별된다.

고분 시대古墳時代(고훈 시대)

야요이 시대에 이어, 일본 각지에 높이 7~8m의 큰 고분이 생겨나던 시대. 4세기에서 6세기 초에 걸친 시기로, 대략 야마토 조정의 발전기와 중흥기에 해당한다. 이 시대를 대표하는 전방후원분前方後圓墳은 주로 5세기에 축조된 고분이다. 이 시대 초기에 벼농사의 생산력이 비약적으로 증가하여 계급의 분화를 촉진하게 되었고, 그 결과 일본의 고대 국가가 형성되었다. 또한, 한반도에서 도항 이주한 사람들에 의해 여러 가지 기술과 문자가 보급되고, 유교 · 불교 등 정신 문화의 기초가 자리를 잡았다.

아스카 시대飛鳥時代

쇼토쿠 태자聖德太子의 활동 시기를 중심으로 하여, 6세기 초부터 7세기 초까지 약 1세기에 걸친 시대. 당시 정치의 중심이 나라 분지奈良盆地 남쪽 아스카 지방에 있었기 때문에 붙여진 이름이다. 천황이라는 칭호가 이 때부터 쓰이기 시작했다. 고분 시대와 아스카 시대를 합쳐 야마토 시대大和時代(4세기~709)로 구분하기도 한다.

나라 시대奈良時代

나라를 중심으로 고대사가 전개되는 시대(710~793). 784년 간무 천왕桓武天皇의 나가오카長岡 천도까지를 나라 시대로 보는 견해도 있다. 율령 국가가 성립하여 발전한 시대이다. 이 시대에 『고사기古事記(고지키)』와 『일본서기日本書紀(니혼쇼키)』가 완성되었다.

헤이안 시대平安時代

794년 헤이안경平安京(지금의 교토京都) 천도로부터 1192년 가마쿠라 막부鎌倉幕府가 성립하기까지 근 400년에 걸친 시대. 일본 중세 사회의 특징이 가장 잘 나타나는 시대이다.

가마쿠라 시대鎌倉時代

1192년 가마쿠라 막부가 성립된 후부터 1333년 멸망하기까지 약 150년간의 시대. 일본사상 처음으로 무력을 배경으로 한, 쇼군將軍이라는 지위의 무사가 막부幕府를 개설하고 무가 정치武家政治를 펼쳤던 시대이다.

남북조 시대南北朝時代(난보쿠초 시대)

14세기 후반, 일본 전역이 내란에 휩싸인 시대. 유력한 무가 세력이 각기 다른 천황 계열을 지지하여 남조南朝(난초)와 북조北朝(호쿠초)로 갈라져 정권 다툼을 전개했다. 아시카가 다카우지足利尊氏에 의해 전란이 수습되고 무로마치 시대로 이행되었다.

무로마치 시대室町時代

1338년 아시카가 다카우지가 교토 무로마치에 막부를 세운 이후 1573년까지 약 240년간의 무가 정치 시대.

전국 시대戰國時代(센고쿠 시대)

1467년의 '오닌應仁의 난亂'을 계기로 일본 전국이 무가 세력들의 내란에 휩싸였던 시대. 1573년 오다 노부나가織田信長가 전란을 수습할 때까지의 약 1세기간이다.

아즈치 · 모모야마 시대安土 · 桃山時代

오다 노부나가가 전국을 통일한 때부터 그 뒤를 이어 정권을 장악한 도요토미 히데요시豊臣秀吉가 1598년에 사망할 때까지 존재한 무가 정치의 시대. 약 30년간의 짧은 시대로 쇼쿠호 정권織豊政權의 시대라고도 한다.

에도 시대江戶時代

도쿠가와 이에야스德川家康가 에도(지금의 도쿄東京)에 막부를 개설한 후, 15대 267년간 계속된(1603~1867) 도쿠가와 씨의 무가 정권 시대. 근세 일본의 역사적 특징을 잘 보여준다.

1부 · 한국의 역사와 문화

견수사遣隋使(겐즈이시)

수隋에 파견된 고대 일본의 사절단. 정

확한 파견 횟수는 불명확하다. 이 사절단과 같이 파견된 유학생들이 중국의 정치와 문화를 접하고 귀국해 중국의 율령제도를 도입하는 계기를 조성하였다.

견당사遣唐使(겐토시)

7세기 전반에서 8세기 말까지 약 20차에 걸쳐 당唐에 파견되었던 고대 일본의 사절단. 견당사 일행에는 다수의 유학생·학문승·기술자가 동행하여 당 문화를 수입하는 데 노력하여 고대 일본의 정치 문화 발전에 기여했다.

엔닌圓仁(794~864)

헤이안 시대 초기인 838년 해로를 이용하여 당에 건너가 천태종을 연구하고 귀국해 일본 천태종 산문파山門派의 종사宗師로 활약했다. 당나라 유학 때, 각지의 신라방新羅坊에 유숙하며 도움을 받았고, 덩저우登州에 있던 신라 사찰 법화원法華院에서 수학하기도 하였다. 신라의 무역선을 이용하여 귀국한 뒤『입당구법순례여행기入唐求法巡禮旅行記』를 저술했다.

쓰시마도주對馬島島主

현재의 대마도를 다스리던 영주. 가문의 성씨는 소씨宗氏였다. 대마도는 한국과 가장 가까운 일본 섬으로 부산으로부터 약 50km 떨어져 있다. 세종 때 이종무 장군이 이곳을 근거지로 삼고 있던 왜구들을 토벌하자, 도주였던 소 사다모리宗貞盛가 조선에게 무역을 위한 삼포(부산포·염포·제포)의 개항을 간청하였고 삼포개항 이후 에도시대 말기까지 조선과의 무역을 독점했다.

미나모토요리토모源賴朝(1147~1199)

가마쿠라 막부의 초대 쇼군, 무가 정치의 창시자로 이후 7백 년간 계속된 막부 정치의 길을 열었다. 숙적인 다이라씨平氏를 몰아내고 제도를 정비하여 강력한 봉건사회를 건설하고 정이대장군征夷大將軍에 임명되었다.

도쿠카와 막부德川幕府

도쿠카와 이에야스德川家康에 의해 1603년 개설된 후, 15대 쇼군 요시노부慶喜가 1867년 정권을 황실에 반환할 때까지 지속된 무가정권. 에도막부江戶幕府라고도 한다.

센소지淺草寺

도쿄 아사쿠사에 있는 세계적으로 유명한 사찰. 628년 이 지역의 어부 형제가 스미다 강에서 관음상을 주워 안치한것이 이 절의 시초이다. 절 앞 길 양편으로 자리잡은 나카미세仲見世는 에도시대부터 내려오는 역사적인 전통 상점가이다. 관광객과 복을 빌기 위해 찾아오는 주민들로 언제나 발 디딜 틈 없이 북적인다.

지온인知恩院

교토 히가시야마東山에 있는 정토종의 총본산. '나무아미타불' 여섯 글자를 어디에 가든 누구를 만나든 지극한 마음으로 염불하면 어떤 중생이라도 극락왕생할 수 있다는 전수염불專修念佛을 주장한 호넨쇼닌法然上人이 이곳에 1175년 절을 세웠다.

류큐琉球

일본 오키나와현沖繩縣에 있던 옛 왕국. 동북아시아와 동남아시아를 잇는 해상로에 위치하여 무역으로 발전하였고, 중국은 물론 일본과 우리나라의 영향을 받아 독특한 문화를 이루었다. 1879년 일본의 침략을 받아 450년간의 왕조가 끝나고 일본의 영토가 되었다.

분에이 · 고안의 역文永 · 弘安之役

1274년과 1281년, 원元과 고려군이 일본을 공격한 전쟁을 일컫는 역사 용어.

분로쿠 · 게이초의 역文祿 · 慶長之役

1592년과 1597년에 일어난 임진왜란과 정유재란을 일본 측에서 부르는 역사 용어.

미우라 고로三浦梧樓

1895년 10월에 일어난 명성황후 시해 사건의 총책임자. 당시 주조선 일본 전권 공사였다. 삼국 간섭 이후 조선에서 일본의 영향력이 급격히 약화되자 일본은 육군 장성 출신인 미우라 고로를 외교 사절로 기용하여 조선에 파견하였다. 그는 일부 친일파 인물과 결탁하고 일본 공사관원, 일본군, 대륙낭인大陸浪人 등을 동원하여 경복궁에 침입, 친러파親露派의 배후 세력으로 지목한 명성황후 암살을 주도했다. 사건 후 한때 투옥되었으나 곧 풀려나 일본 정계의 거물로 활동했다.

이토 히로부미伊藤博文(1841~1909)

메이지 유신明治維新의 공신으로서 메이지 정부의 최고 지도자로 활약한 인물. 제국 헌법, 내각 제도, 추밀원樞密院 창설의 공로자이며, 내각 총리대신, 추밀원 의장, 정우회 총재로 일본 정계를 이끌었다. 1906년 초대 통감으로 한국에 나와 무력 강점을 추진했다. 안중근 의사에 의해 1909년 만주 하얼빈 역에서 사살되었다.

2부 · 한국과 일본의 문화 교류

흑요석黑曜石

흑색의 화산석이며, 광택이 나는 돌. 일본에서도 나는 곳이 한정되어 있어 그 분포와 전파를 통해 문화 교류의 상태를 파악할 수 있다.

인수印綬
중국의 황제가 신하에게 내리던 끈이 달린 인장.

야마토 倭·大和 위치 논쟁
일본 고대에 관한 역사적 기록이 모호하기 때문에, 야마토의 소재지를 두고 규슈설九州說과 긴키설近畿說의 두 가지 주장이 엇갈리고 있다.

기카진歸化人(귀화인)·도라이진渡來人(도래인)
일본 사람들은 고대 한국이나 중국에서 일본으로 도항 이주하여 일본인이 된 사람들을 '기카진' 또는 '도라이진'이라고 부른다. '기카진'은 그들이 어디서 어떤 경로로 왔던 상관없이 귀화하여 일본인이 되었음을 강조하려는 뜻이 담긴 용어이고, '도라이진'은 배를 타고 바다를 건너온 사람들이라는 뜻으로 그들이 한국 또는 중국에서 건너온 사람들임을 말하는 용어이다. 학술적으로는 '도라이진'이라고 부르는 게 더 타당하다고 여겨지지만, 최근 일본에서는 '기카진'이라는 용어를 더 즐겨 쓰는 경향이 있다.

하타우지秦氏와 아야우지漢氏
4~5세기경 한반도로부터 도항 이주한 사람들의 후손 가운데 대표적인 씨족. 전자는 유즈키노 기미弓月君를 시조로 하며, 농지 개발과 양잠, 광산 개발과 기술직에 종사하였으며, 야마토노 아야우지東漢氏라고도 불렸다. 후자는 아지노 후미阿知使主를 선조로 한 씨족 집단으로, 기록·계산 등 조정의 문필 직책이나 수공업 생산 등에 종사하며 고대 일본의 발전에 기여했다.

도모베品部
특수한 직능을 가지고 조정에 봉사하던 조정 직속민 집단. 구라토베藏部, 후미토베史部와 같이 궁중의 일을 담당하는 베部와 가라카누치베韓鍛冶部나 니시고리베錦織部와 같이 수공업을 중심하는 집단 등 20여 종의 베로 나뉘어 편제되었다.

오비토首
고대 일본으로 도항한 이주민 집단의 우두머리에게 주어진 칭호.

왕인王仁(와니)
5세기에 일본에 건너 간 백제의 박사. 논어와 천자문을 일본에 전해주고 문필과 출납을 담당하였다. 도항인 유력 부족이었던 가와치노 후미우지西文氏의 조상.

소가씨蘇我氏
6세기 야마토의 유력 씨족. 소가이나메

蘇我稻目와 우마고馬子 2대에 걸쳐 야마토 사회에서 세력을 누렸다. 587년 불교 배척 세력인 모노노베씨物部氏의 세력을 밀어내고 호코지法興寺(아스카지飛鳥寺라고도 함)를 건립하여 불교 수용의 기반을 굳혔다.

다카무코노 구로마루高向玄理(?~654)

한반도 도항 이주민의 후손으로, 608년에 견수사를 따라 유학생으로 수에 건너갔다. 640년에 귀국한 후 국박사國博士(구니노하카세)로 개신 정치를 주도하였다. 654년 견당사로 당에 사행使行했으나, 당의 수도 장안長安에서 사망했다.

미나미부치 세이안南淵請安(연대 미상)

한반도에서 도항 이주한 사람의 후손. 승려의 몸으로 608년 견수사를 따라 수에 유학하고 귀국한 후 다이카 개신大化改新의 개혁 정치 구상에 깊이 관여했다.

소빈僧旻(?-653)

608년 견수사를 따라 유학생으로 수에 건너간 유학승. 24년간 대륙에서 지내고 632년에 귀국. 다카무코노 구로마루와 함께 국박사로 임명되어 다이카 개신의 개혁 정치에 참여했다.

다이카 개신大化改新

645년 소가씨의 세력을 타도한 후, 나카노오에 황자中大兄皇子(후의 天智天皇)와 후지와라노 가마타리藤原鎌足가 중심이 되어 우지카바네氏姓 제도의 폐단을 개혁하며 천황가天皇家를 중심으로 한 집권적인 율령 국가 건설을 지향했던 정치 개혁.

하카다博多

규슈 북단의 항구 도시. 고대로부터 동아시아 각국과의 교역이 활발했던 항구 도시이며, 대륙 문화 수용의 국제적 창구 도시였고, 대륙의 국방상 요지로 오랜 역사를 가진 항구이다.

다자이후大宰府

현재 후쿠오카시福岡市의 지역 이름. 고대로부터 동아시아에 대한 야마토 조정의 대외 외교와 군사의 창구 기관이 놓여졌던 곳이다.

왜구倭寇(와코)

14~16세기 한반도와 중국 해안 각지에서 약탈과 해적질을 한 일본인에 대해 중국과 조선에서 부르던 역사 용어. 일본에서 오랜 내란과 경제 혼란이 계속되자 주로 서부 일본 각 해안 지대의 궁민窮民과 상인商人들이 해적 집단을 이루고 중국과 한반도의 해안 지대를 간헐적으로 침략하여 막대한 피해를 입혀 국제적 문제가 되었다. 14세기의 '전기 왜구

前期倭寇'는 각지를 노략질하였으나, 16세기에 맹위를 떨친 '후기 왜구後期倭寇'는 주로 중국 해안과 인도차이나 반도를 대상으로 창궐하였다.

아시카가 요시미쓰足利義滿(1358~1408)

무로마치 막부室町幕府 제3대 쇼군. 막부 지배나 쇼군의 권위 확립에 노력하여 아시카가 막부 전성의 기초를 이루었고, 1401년 명과의 국교를 회복하였다. 조선과의 국교 회복에도 노력했다.

슈고 다이묘守護大名

일본의 전국 시대에 군사·경찰권뿐 아니라, 자기 분국分國의 지주와 무사들을 가신화家臣化하고 장원莊園을 확대하여 토지와 무사 인민을 지배하던 지방의 실력자들.

문인文引(붕잉)

조선에 대한 무역의 공적 창구였던 쓰시마 도주對馬島主가 발행한 조선 도항 인가장.

오우치씨大內氏

일본의 남북조·전국 시대에 서부 혼슈本州를 지배하던 슈고·센고쿠 다이묘守護·戰國大名. 야마구치山口를 거점으로 조선과 명과의 무역 활동을 통해 경제적 부를 이루고, 일본 주고쿠 지방中國地方에 일대 세력을 이루었다.

후지와라 세이카藤原惺窩(1561~1619)

일본에 납치당한 조선 부로俘虜 유학자 강항姜沆과 학연을 맺고 퇴계退溪 유학을 가까이하여 일본에 주자학을 도입한 인물. 원래 승려였으나 후에 유학자가 되었다.

하야시 라잔林羅山(1583~1657)

林道春이라고도 함. 후지와라 세이카의 추천으로 도쿠가와 이에야스德川家康 밑에서 벼슬하면서 주자학을 에도 막부江戶幕府의 관학으로 굳힌 유학자. 하야시 라잔도 강항을 통해 조선 유학에 심취한 유학자였다.

야마자키 안자이山崎闇齋(1618~1682)

일본 에도 유학江戶儒學 남학파南學派에 속하는 유학자이며, 유학계의 스이카 신도垂加神道를 창시, 교토에서 학숙學塾을 경영하며 많은 유학자를 양성했다.

요코이 쇼난橫井小楠(1809~1869)

구마모토熊本 출신으로 에도 막부 말기의 유학자이며 정치가. 메이지 유신 후에 정치가로 활동하다가 보수파에 의해 암살당했다. 유학의 충효 정신을 근간으로 하는 근대 일본의 국민 정신 창도에 공로가 컸다.

모토다 나가사네元田永孚(1818~1891)

메이지 유신 후, 일본 국민 정신 함양의

기본 문서라 할 교육칙어教育勅語 기초
자로 참여하여 천황제天皇制를 정신적
으로 강화하는 데 기여한 유학자.

왕정복고王政復古 (오세이후코)

1867년 12월 9일 막부幕府, 섭정攝政,
관백關白 등을 모두 폐하고, 천황 친정
체제親政體制로 돌아가는 정치적 조치
를 취하게 되는 정치 체제 변동. 이로써
에도 막부 시대가 종언을 고하고, 근대
일본으로의 역사가 열렸다.

메이지 유신明治維新

1868년, 에도 막부가 붕괴된 후, 존황파
尊皇派에 속하는 혁신 무사들이 주도하
여 강행된 근대 지향의 개혁 정치. 천황
제 절대 정치의 확립을 위해 부국강병,
식산 흥업에 힘쓰는 한편, 일련의 근대
적 개혁 정치를 강행하여 아시아에서 가
장 먼저 근대 국가로 발전할 수 있었다.

게이오기주쿠慶應義塾

1858년 후쿠자와 유키치福澤諭吉에 의
해 동경에 수립된 란가쿠주쿠蘭學塾에
서 시작하여 1868년에 게이오기주쿠로
개편하고 고등 교육을 실시하여 많은 근
대 지식인을 키워냈다. 후에 종합 대학
으로 개편하고 게이오기주쿠대학慶應義
塾大學(흔히 게이오대학이라고 부른다)
으로 발전했다.

조선 시대의 관문關文 부산진의 수
군 절제사가 폭풍우에 떠밀려 온 쓰
시마 섬의 배를 왜관으로 호송하도
록 지시한 공문이다.

찾아 보기 > >> >

【ㄱ】

가네코 후미코金子文子 178

가락국駕洛國 37

가야加耶 37~41, 73

가야 연맹체 92

가야금加耶琴 39

가와치노 후미우지西文氏 157

가지무라 히데키梶村秀樹 179

간무 천황恒武天皇 158

감은사感恩寺 46

갑신정변甲申政變 97

갑오개혁甲午改革 92, 98

갑인자甲寅字 73

강항姜沆 169

강화도조약江華島條約 96

개경開京 58

개항장開港場 96, 110

개화 사상開化思想 95

거란 50

거추사巨酋使 165

게이오기주쿠慶應義熟 174

겨울연가 183

견당사遣唐使 129, 136

견명사遣明使 165

견발해사遣渤海使 162

견수사遣隋使 159

견일본사遣日本使 160, 162

견훤甄萱 50, 51

경국대전經國大典 70

경상京商 80

경세론經世論 86

경운궁慶運宮 104

경제 개발 5개년 계획 132, 136

경제 협력 개발 기구(OECD) 136

경천사 10층 석탑 66

고구려高句麗 32~43, 154, 159

고닌 천황光仁天皇 158

고려高麗 44, 51~69, 163

고려사高麗史 72

고령화 사회高齡化社會 141

고분 시대古墳時代 155

고선지高仙芝 43

고안무高安茂 157

고조선古朝鮮 26~32, 104

고종高宗 94, 104, 109

고증학考證學 87

골품제骨品制 38, 45

공민왕恭愍王 63

공부貢賦 74

공생원共生園 179

광개토대왕廣開土大王 40

광무개혁光武改革 92, 104

광복군光復軍 130

광주 민주 항쟁 138

교린제성交隣提醒 172

교서관校書館 73, 168

교우촌教友村 90

교종教宗 47

구청求請 165

구텐베르크 67

국자감國子監 67

국제 연합 안전 보장 이사회(UNSC) 134

국제 연합(UN) 145

국제 통화 기금(IMF) 137

국채 보상 운동國債報償運動 109

군무群舞 38

군현郡縣 23, 154

궁예弓裔 50, 51

귀족貴族 54, 56, 60

귀화인歸化人 158

규장각奎章閣 82

금관가야金官加耶 39, 41

금金 55, 164

금속 활자 67

금주金州 58

기기창機器廠 174

기대승奇大升 77

기독교基督敎 112

기자箕子 28

기타큐슈北九州 154

기호학파畿湖學派 77

김교각金喬覺 49

김대중金大中 139, 145

김영삼金泳三 139

김옥균金玉均 97

김일성金日成 134

김정호金正浩 87

김치 182

김홍도金弘道 84

【ㄴ】

나라奈良 155

낙랑樂浪 37

남북 정상 회담 145

남북국 44

남북조 시대 164

남송南宋 58, 163

내상萊商 80

노무현盧武鉉 139

노송당사행록老松堂使行錄 81

노적奴籍 74

노토能登 162

녹읍祿邑 45

농사직설農事直設 72

닌포寧波 163

【ㄷ】

다보탑 46, 66

다우치 치즈코田內鶴子 179

다이쇼大正 데모크라시 119

다이카 개신大化改新 159

다자이후大宰府 160

다카노노 니이가사高野新笠 158

다카무코노 구로마루高向玄理 159

단군왕검 26

단양이段楊爾 157

당唐 41, 50, 54

대가야 39

대동아 공영권大東亞共榮圈 122

대동여지도大東輿地圖 87

대왕암大王岩 46

대일 선전 포고문 131

대일 협력자對日協力者 125

대한 민국 134

대한 민국 임시 정부 118

대한 제국 104, 114

도라이 분카渡來文化 156

도라이진渡來人 155

도모베品部 156

도서圖書 166

도지샤대학同志社大學 129

도요토미 히데요시豊臣秀吉 78

도항 이주민渡航移住民 155

독립 선언서 117

독립신문獨立新聞 105

독립 협회獨立協會 104

동검銅劍 153

동과銅戈 153

동국통감東國通鑑 72

동모銅鉾 153

동북 9성 55

동서 냉전 체제 132, 143

동예東濊 32

동의보감東醫寶鑑 88

동이東夷 22

동진東晉 40

동학 농민군 92, 100~102, 105

동학東學 91, 100

동화 정책同化政策 124

【ㄹ】

라면 183

러ㆍ일 전쟁 105~108, 176

러브레터 183

【ㅁ】

마애삼존불磨崖三尊佛 39

마쓰바라松原 162

마한馬韓 29, 31, 33

만민 공동회萬民共同會 105

만상灣商 80

만월대 66

만주국滿洲國 122

만주사변滿洲事變 122, 130

메이지 유신明治維新 95, 172

면미 교환 무역綿米交換貿易 107

명성황후明成皇后 95, 103

모토다 나가사네元田永孚 169

목화씨 68

몽골군 61

묘청妙淸 55

무단 통치武斷統治 114

무반武班 56

무사시노쿠니武藏野國 159

무신武臣 60

문무왕文武王 46

문반文班 56

문신文臣 60

문인文引 166

문화 정치文化政治 119

미나미부치 세이안南淵請安 159

미륵사지 석탑彌勒寺址石塔 39

민비閔妃 95

【ㅂ】

박열朴烈 178

박정희朴正熙 136, 138

박혁거세朴赫居世 36

반청反淸 79

발해渤海 35~51, 162~163

방곡령防穀令 111

방약합편方藥合編 88

백운동 서원白雲洞書院 76

백제百濟 34~41, 155, 157

법화원法華院 49

벽란도碧瀾渡 57, 59, 163

변한弁韓 29, 31

병인양요丙寅洋擾 95

병자호란丙子胡亂 79

보빙사報聘使 174

보아 155

봉오동鳳梧洞 118

봉정사 극락전 66

부경사赴京使 80

부로俘虜 142

부산포釜山浦 166

부석사浮石寺 48

부석사 무량수전 66

부세賦稅 38

부여夫餘 40

북국北國 35, 44

북위 38도선 132

북조선 104

북진 정책 55

북학北學 86

불국사佛國寺 46

불국사 3층 석탑 39, 66

비빔밥 182

비파형 동검 22, 25

빗살무늬토기櫛文土器 22, 25, 153

【ㅅ】

사림파士林派 76

사무역私貿易 80

사상의학설四象醫學說 88

사천대司天臺 67

산림령山林令 115

산미 증식 계획 120

살수薩水 41

삼강행실도三綱行實圖 72

삼별초三別抄 62

삼포 166

삼포왜란三浦倭亂 78
삼한三韓 29
상감 기술象嵌技術 65
상감 청자 67
상정고금예문詳定古今禮文 67
상하이上海 118,130
상회사商會社 111
새마을 운동 136
서운관書雲觀 67
서울 올림픽 143
서적포書籍鋪 67
서학서書學書 89
서학西學 86
서희徐熙 55
석굴암石窟庵 46
석불사石佛寺 46
선종禪宗 47
성균관成均館 95
성리학性理學 76~77, 86
세도 정치世道政治 90~91
세종실록지리지世宗實錄地理志 72
세형 동검 24~25
소가씨蘇我氏 157
소국 연맹체 36
소케 문서宗家文書 172
송상松商 58, 80, 163
송宋 54, 55, 163
쇼소인正倉院 161
수덕사 대웅전 66
수隋 41

수신사修信使 98, 174
수호 통상 조약修好通商條約 92, 96
순종純宗 109, 120
슈고 다이묘守護大名 165
스에키須惠器 39
스탈린 127
시모노세키 조약下關條約 102
시정 협의회施政協議會 107
시지柴地 56
시헌력時憲曆 88
식화지食貨志 64
신간회新幹會 120
신라新羅 34~51, 155, 159~160
신라방新羅坊 160
신라원新羅院 160
신미양요辛未洋擾 95
신민회新民會 109
신사神祀 124
신사 참배 177
신석기 시대 22
신숙주申叔舟 81, 166
신유한申遊翰 81
신윤복申潤福 84
신진 사대부 63
실학實學 86, 89
심상審祥 161
쓰시마 도주對馬島主 58, 166, 170, 172
쓰시마 섬對馬島 80, 152, 164~166

【ㅇ】

아관파천俄館播遷 103
아라가야阿羅加耶 40~41
아라비아 상인 158
아리랑 129
아메노모리 호슈雨森芳州 172
아사카와 타쿠미淺川巧 178
아시카가 요시미쓰足利義滿 164
아악서雅樂署 72
아야우지漢氏 156
아직기阿直岐 157
안녹산安祿山 48
안시성安市城 41
안익태安益泰 129
안정복安鼎福 87
안중근安重根 108
애국반愛國班 125
야나기 무네요시柳宗悅 178
야마자키 안자이山崎闇齊 169
야마토노 아야우지東漢氏 157
야마토大和 37, 154, 156
야마토우지和氏 158
야요이 시대彌生時代 153~155
양반兩班 74
에도 유학江戶儒學 169
엔닌圓仁 49, 160
여지도서輿地圖書 87
여진 35, 52, 55
역산서曆算書 73, 88
염포鹽浦 166

영남학파嶺南學派 77
영선사領選使 98
영조英祖 82
오경 박사五經博士 157
오비토首 156
오우치씨大內氏 167
오츠카 타이야大塚退野 169
옥저沃沮 32
온조溫祚 34, 37
왕건王建 51
왕도 정치王道政治 70
왕오천축국전往五天竺國傳 49
왕인王仁 157
왜倭 37, 154
왜구倭寇 59, 164
요遼 55
요코이 쇼난橫井小楠 169
우경牛耕 68
우동 183
우정국郵政局 97
운요 호雲揚號 96
웅진熊津 40
원구단圜丘壇 84
원元 44, 47
원효元曉 161
위만조선衛滿朝鮮 28, 30, 31
위사僞使 167
위정 척사론衛正斥邪論 95
유기론唯氣論 77
유상柳商 80

유전流傳 176

유학儒學 52

율령律令 40

을미개혁乙未改革 99

을사조약乙巳條約 107

을지문덕乙支文德 41

의방유취醫方類聚 72

의병義兵 78, 79, 105

의상義湘 47, 48, 161

의열단義烈團 130

의용군義勇軍 131

이노우에 가오루井上馨 99

이도차완井戸茶碗 167

이마기노 데히토今來才伎 156

이매계李梅溪 169

이성계李成桂 69, 70

이순신李舜臣 78

이승만李承晩 118, 134, 135

이식移植 176

이이李珥 77

이익李瀷 86, 87

이정기李正己 48

이제마李濟馬 88

이진영李眞榮 169

이키 섬壹岐島 69, 152

이토 히로부미伊藤博文 107, 108

이황李滉 77

인수印綬 154

일본서기日本書紀 37

임나일본부任那日本府 37

임오군란壬午軍亂 96

임진·정유왜란壬辰·丁酉倭亂78

【ㅈ】

장면張勉 136

장보고張保皐 49

장수왕長壽王 40

재러 한국인 127

재일 한국인 126

재중 한국인 127

전두환全斗煥 138

전봉준全琫準 100

전조田租 45

전지田地 56

정간 악보井間樂譜 72

정당성政堂省 회의 44

정동행성征東行省 62

정명가도征明假道 78, 79

정묘호란丁卯胡亂 79

정신대挺身隊 125

정조正祖 82

정한론征韓論 172

정혜공주貞惠公主 47

정효공주貞孝公主 47

제국주의 53

제물포조약濟物浦條約 97

제암리 117

제추사諸酋使 165

제포薺浦 166

조계租界 118

조공朝貢 80

조몬토기繩文土器 153

조사시찰단 174

조선朝鮮 70~91

조선 민주주의 인민 공화국 132, 134

조선 어학회朝鮮語學會 128

조선 총독부朝鮮總督府 93, 129, 130, 114

조식曺植 77

조총鳥銃 78

졸본부여卒本夫餘 37

종두법種痘法 88

주몽朱蒙 34, 36

주세붕周世鵬 76

주자가례朱子家禮 74

주자학朱子學 64, 76

중·일 전쟁 122, 124, 130

중앙 집권 체제 52

중인中人 74

중화학 공업 122

진골眞骨 45

진국辰國 29

진국震國 44

진봉선進奉船 59

진포珍浦 68

진한辰韓 21, 31, 33

집강소執綱所 101

집현전集賢殿 71

징용徵用 125

【ㅊ】

창씨 개명創氏改名 177

창조創造 119

척화비斥和碑 95

천리장성 55

천세력千歲歷 88

천주교 89, 91, 94, 95, 100

천주天主 신앙 89, 90

철시 운동撤市運動 111

청淸 52

청·일 전쟁 99, 102

청구도靑邱圖 87

청동기 시대 17

청래 문물請來文物 167

청산리靑山里 118

청해淸海 49

초닌町人 169

최무선崔茂宣 68

최씨 정권 60

최제우崔濟愚 100

최충헌崔忠獻 60

최치원崔致遠 49

춘추 전국 시대 28

춘향전 84

측우기測雨器 73

치평요람治平要覽 72

칠정산내편七政算內篇 73

칠정산외편七政算外篇 73

침구경험방鍼灸經驗方 88

【ㅋ · ㅌ】

카레 183

타시켄트 127

태봉泰封 50

태의감太醫監 68

태평양 전쟁 122

태학太學 40

텐노주의天皇主義 177

텐진 조약天津條約 97

토지 조사 사업 115

토지조사령土地調査令 115

토황소격문討黃巢檄文 49

통감부統監府 107

통신사通信使 165,170

통일 신라 44, 45, 160

퇴율 시대退栗時代 77

【ㅍ】

팔관회八關會 57, 58, 65

팔만대장경八萬大藏經 65

평민平民 74

평양성平壤城 40

폐정 개혁弊政 改革 101

포츠머스 조약 106

포함 외교砲艦外交 173

【ㅎ】

하야시 라잔林羅山 169

하지키土師器 39

하카다博多 160, 163, 166

하타우지秦氏 156

하호下戶 32, 36

한 무제漢武帝 30

한 · 일 월드컵 143

한 · 일 의정서韓日議定書 106

한강의 기적 136

한류韓流 142

한반도 144, 152

한반도기韓半島旗 145

한성조약漢城條約 97

한양漢陽 70

한인 애국단韓人愛國團 130

한족漢族 34

한韓민족 34, 52, 53, 68, 132

항거왜恒巨倭 166

해동성국海東盛國 44

해동제국기海東諸國記 81, 166

해유록海遊綠 81

핵가족核家族 140

향가鄕歌 46

향교鄕校 75

향약구급방鄕藥救急方 68

향약집성방鄕藥集成方 72

허준許浚 88

헤이안 시대平安時代 55

혜초慧超 48

호족豪族 50, 54

호족胡族 70

홍건적紅巾賊 64, 69

홍길동전 84

홍호연洪浩然 169

화랑도花郎徒 38

화백和白 회의 44

화엄일승법계도華嚴一乘法系圖 48

화엄종華嚴宗 48, 161

화쟁 사상和諍思想 44

화통도감火㷁都監 68

환두대도 39

황국 신민의 서사皇國臣民誓詞 124

황국 신민 체조 125

황룡사皇龍寺 38

황필수黃泌秀 88

회답겸쇄환사回答兼刷還使 81, 170

회답사回答使 81

회례사回禮使 165

회사령會社令 116

회사回賜 80

후고구려後高句麗 50

후백제後百濟 50~51

후삼국後三國 50~53

후세 다츠지布施辰治 179

후지와라 세이카藤原惺窩 169

훈구파勳舊派 76

훈민정음訓民正音 71

흑요석黑曜石 153

흑치상지黑齒常之 42

흠천감欽天監 89

흥덕사興德寺 67

흥선 대원군興宣大院君 94, 103

【기타】

10만 양병설 77

10월 유신十月維新 138

3·1 운동 117~118

4·19 혁명 118

5·16 군사 정변 138

5경 44

5대 10국 45

5소경 44

6·25 전쟁 134~135, 144

IT(Information Technology) 137

젊은이들에게 전하는

열린 한국사

1판 1쇄 인쇄 2012년 7월 18일
1판 1쇄 발행 2012년 8월 1일

지은이_ 서울대학교 서의식 교수 · 서울대학교 안지원 강사 · 서울대학교 이원순 명예교수 · 서울시립대학교 정재정 교수
자문 위원 _ 동경학예대학 기미지마 가즈히코君島和彦 명예교수
펴낸이_ 임양묵
펴낸곳_ 솔출판사

주소_ 서울 마포구 서교동 342-8
전화번호_ 02-332-1526~8
팩시밀리_ 02-332-1529
홈페이지_ www.solbook.co.kr
출판등록_ 1990년 9월 15일 제10-420호
ISBN 978-89-8133-708-7 03900

• 이 도서의 국립중앙도서관 출판시도서목록(CIP)은 e-CIP 홈페이지(http://www.nl.go.kr/ecip)와
  국가자료공동목록시스템(http://www.nl.go.kr/kolisnet)에서 이용하실 수 있습니다.
  (CIP제어번호: 2012003204)